职业院校财经商贸类专业"十三五"规划教材

主 审 罗厚朝 顾关胜

基础会计习题集

主　编	李建红	陈以东	
副主编	李晓红	高月玲	蔡燕春
	杭冬梅	施金花	
参　编	魏　涛	朱　琴	周　羽
	王惠惠	成玉祥	王登芳
	孙　燕		

图书在版编目(CIP)数据

基础会计习题集 / 李建红,陈以东主编. —苏州:苏州大学出版社,2017.3

职业院校财经商贸类专业"十三五"规划教材

ISBN 978-7-5672-2062-1

Ⅰ.①基… Ⅱ.①李… ②陈… Ⅲ.①会计学－高等职业教育－习题集 Ⅳ.①F230－44

中国版本图书馆 CIP 数据核字(2017)第 041388 号

基础会计习题集

李建红　陈以东　主编

责任编辑　施小占

苏州大学出版社出版发行
(地址:苏州市十梓街 1 号　邮编:215006)
常州市武进第三印刷有限公司印装
(地址:常州市武进区湟里镇村前街　邮编:213154)

开本 787 mm×1 092 mm　1/16　印张 14　字数 341 千
2017 年 3 月第 1 版　2017 年 3 月第 1 次印刷
ISBN 978-7-5672-2062-1　定价:36.00 元

苏州大学版图书若有印装错误,本社负责调换
苏州大学出版社营销部　电话:0512-65225020
苏州大学出版社网址　http://www.sudapress.com

职业院校财经商贸类专业"十三五"规划教材

编 委 会

主 任 张建初

编 委（排序不分先后）

陈以东	王登芳	高月玲	蒲　忠
李建红	费　蕾	张志明	沈进城
杭冬梅	周丽萍	王惠惠	陈明可
朱　琴	李　彦	罗厚朝	顾关胜
潘朝中	成玉祥	吴明军	邹小玲
李国松	李玉生	周　羽	魏　涛

职业院校财经商贸类专业"十三五"规划教材

参加编写学校名单(排序不分先后)

盐城生物工程高等职业技术学校

苏州旅游与财经高等职业技术学校

江苏省大丰中等专业学校

江苏省东台中等专业学校

江苏省吴中中等专业学校

苏州工业园区工业技术学校

江苏省张家港中等专业学校

江苏省相城中等专业学校

江苏省苏州丝绸中等专业学校

江苏省阜宁中等专业学校

盐城交通技师学院

盐城机电高等职业技术学校

前言

《基础会计习题集》作为《基础会计》的配套练习,是在结合职业学校学业水平考试大纲的基础上,精编相关的习题而成。

本习题集具有以下特点:

1. 配套性 本习题集以配套性为其特色之一。与《基础会计》教材匹配,学生可根据学习进度选做相应的题目,从而巩固所学知识,提高学习效果。

2. 全面性 本习题集题目面广量大,紧扣考试大纲,按照《基础会计》的章节层次及知识点的排列顺序,本着"重要考点不同角度反复测,一般考点能覆盖"的原则,遴选出贴近全国命题现状的典型性和代表性的题目。

3. 针对性 本习题集体现了知识迁移和能力培养的要求,注重了知识宽、新、用、全,70%是常规题目,20%是有一定难度的题目,10%是较难题目,从而开阔学生的视野、拓宽学生的知识面,既有利于学生提高考核达标率,又有利于学生增强会计核算的操作能力。

本基础会计习题集由李建红、陈以东任主编,李晓红、高月玲、蔡燕青、杭冬梅、施金花任副主编,并由省市职业院校主要财经教师组成编审委员会,对于试题的内容、梯度、质量等做了周密务实的反复推敲。在此,我们对在编写、出版过程中,对本书给予大力支持和悉心指导的老师和相关组织单位表示诚挚的感谢!

本书可供学业水平考试辅导和财经类学生学习"基础会计"课程时参考选用。

由于编者水平有限,时间仓促,书中疏漏在所难免,希望读者与专家不吝赐教,以便进一步完善。

第一部分　教材配套练习

项目一　认知会计 ·· (1)
项目二　划分会计要素与建立会计等式 ······················ (12)
项目三　设置会计科目与开设会计账户 ······················ (26)
项目四　会计记账方法 ·· (37)
项目五　核算企业的主要经济业务 ····························· (50)
项目六　填制和审核会计凭证 ···································· (93)
项目七　设置和登记会计账簿 ···································· (106)
项目八　选择和应用账务处理程序 ····························· (126)
项目九　组织和开展财产清查 ···································· (135)
项目十　编制和报送财务会计报告 ····························· (148)

第二部分　综合练习

综合练习(一) ·· (160)
综合练习(二) ·· (166)
综合练习(三) ·· (173)
综合练习(四) ·· (179)
综合练习(五) ·· (186)

参考答案 ·· (193)

第一部分　教材配套练习

项目一　认知会计

一、单项选择题(下列每小题备选答案中只有一个符合题意的正确答案,请将选定答案前的英文字母填入括号内。)

1. 下列关于会计的说法不正确的有(　　)。
   A. 会计是一项经济管理活动
   B. 会计的主要工作是核算和监督
   C. 会计的对象具体是指社会再生产过程中以货币表现的经济活动
   D. 货币是会计唯一的计量单位
2. 以下属于会计的主要计量单位的是(　　)。
   A. 实物　　　　　B. 货币　　　　　C. 工时　　　　　D. 劳动耗费
3. 下列不属于会计基本特征的是(　　)。
   A. 会计是一种经济管理活动　　　　B. 会计是一个经济信息系统
   C. 会计以货币为主要计量单位　　　D. 会计具有预测和决策的基本职能
4. 会计的本质是(　　)。
   A. 反映与分析　　　　　　　　B. 核算和监督
   C. 一种经济管理活动　　　　　D. 记账、算账和报账
5. 我国在(　　)时期把主管会计的官职称为"司会"。
   A. 西周　　　　　B. 商朝　　　　　C. 秦朝　　　　　D. 春秋战国
6. 在宋朝时期,我国会计采用的是(　　)。
   A. 复式记账法　　B. 单式记账法　　C. 四柱结算法　　D. 增减记账法
7. 会计对象是指(　　)。
   A. 资金运动　　　B. 经济活动　　　C. 经济资源　　　D. 劳动成果
8. 企业的资金运动由各个环节组成,它不包括(　　)。
   A. 资金的投入　　B. 资金的运用　　C. 资金的退出　　D. 资金的增值
9. 不属于工业企业资金运动形态的是(　　)。
   A. 预算资金　　　B. 生产资金　　　C. 成品资金　　　D. 货币资金
10. 企业领用库存材料生产产品反映的资金运动是(　　)。
    A. 货币资金转化为储备资金　　　　B. 储备资金转化为成品资金
    C. 储备资金转化为生产资金　　　　D. 生产资金转化为成品资金
11. 引起资金进入企业的业务有(　　)。
    A. 从银行提取现金　　　　　　　　B. 预收商品货款
    C. 用银行存款上交税金　　　　　　D. 分派股票股利

12. 会计的基本职能是( )。
    A. 计划和核算　　B. 预测和监督　　C. 决策和监督　　D. 核算和监督
13. 会计以货币为主要计量单位,通过确认、记量、报告等环节,对特定主体的经济活动进行记账、算账、报账,为各有关方面提供会计信息的功能称为( )。
    A. 会计核算职能　　B. 会计监督职能　　C. 会计控制职能　　D. 会计预测职能
14. 会计人员在进行会计核算的同时,对特定主体经济活动的合法性、合理性进行审查称为( )。
    A. 会计核算职能　　B. 会计监督职能　　C. 会计控制职能　　D. 会计预测职能
15. 会计核算的最终环节是( )。
    A. 确认　　　　　B. 计量　　　　　C. 记录　　　　　D. 报告
16. ( )主要是解决某项会计事项如何入账、如何登记的问题。
    A. 会计确认　　　B. 会计计量　　　C. 会计记录　　　D. 会计报表
17. 下列不属于会计核算方法的是( )。
    A. 复式记账　　　B. 成本计算　　　C. 财产清查　　　D. 编制财务预算
18. 会计主体在会计核算中常用的三种核算方法就是会计凭证的取得和填制、会计账簿的登记和( )。
    A. 复式记账　　　　　　　　　　　B. 成本计算
    C. 财产清查　　　　　　　　　　　D. 会计报表的编制
19. 会计核算方法体系的核心是( )。
    A. 设置会计科目和账户　　　　　　B. 填制和审核会计凭证
    C. 复式记账　　　　　　　　　　　D. 登记会计账簿
20. 下列经济业务,不需要进行会计核算的是( )。
    A. 从银行提取现金　B. 收取销售定金　C. 结算销售货款　D. 签订销售合同
21. 下列不需要进行会计核算的是( )。
    A. 款项的支付　　　　　　　　　　B. 签订劳动合同
    C. 有价证券的收付　　　　　　　　D. 资本、基金的增减
22. 下列属于款项的是( )。
    A. 债券　　　　　B. 股票　　　　　C. 提货单　　　　D. 银行汇票存款
23. 下列不属于企业财物的是( )。
    A. 燃料　　　　　B. 在产品　　　　C. 设备　　　　　D. 专利技术
24. 以下应作为债权处理的项目是( )。
    A. 应付账款　　　B. 应交税费　　　C. 预收款项　　　D. 预付款项
25. 债务是指由于过去的交易、事项形成的企业需要以( )等偿付的现时义务。
    A. 资产或劳务　　B. 资本或劳务　　C. 资产或债权　　D. 收入或劳务
26. 下列项目中,利益关系比较明确、用途基本定向的有( )。
    A. 无形资产　　　B. 资本　　　　　C. 财物　　　　　D. 款项
27. 下列符合会计上的资本概念的是( )。
    A. 实收资本　　　　　　　　　　　B. 股本
    C. 资本公积　　　　　　　　　　　D. 实收资本(或股本)和资本公积

28. 费用与成本的联系可以用一句话概括,即( )。
    A. 费用是对象化的成本   B. 费用就是成本
    C. 成本就是费用   D. 成本是对象化的费用
29. 财务成果具体表现为企业的( )。
    A. 资产   B. 收入   C. 盈利或亏损   D. 费用
30. 以下不属于企业财务成果的计算与处理的是( )。
    A. 计算分配利润   B. 提取盈余公积
    C. 向国家计算缴纳所得税   D. 向国家缴纳增值税
31. 下列不属于会计假设的是( )。
    A. 会计主体   B. 持续经营   C. 会计分期   D. 权责发生制
32. 会计核算时,应将本企业的财产与其他单位的财产、企业投资者的财产区分开来,这是( )的要求。
    A. 会计主体前提 B. 重要性原则 C. 清晰性原则   D. 可比性原则
33. ( )界定了从事会计工作和提供会计信息的空间范围。
    A. 会计职能   B. 会计对象   C. 会计内容   D. 会计主体
34. 在生产经营过程中,企业将按照既定的用途使用资产和既定的合约条件清偿债务,会计人员在此基础之上选择会计原则和方法,是基于会计核算的( )。
    A. 会计主体假设 B. 持续经营假设 C. 会计分期假设 D. 货币计量假设
35. 企业固定资产可以按照其价值和使用情况,确定采用某一方法计提折旧,它所依据的会计基本假设是( )。
    A. 会计主体   B. 持续经营   C. 会计分期   D. 货币计量
36. 会计核算上所使用的一系列会计原则和方法如历史成本原则等,都是建立在( )基础上的。
    A. 会计主体前提 B. 持续经营前提 C. 会计分期前提 D. 货币计量前提
37. ( )是将一个会计主体持续经营的生产经营活动人为划分成若干个相等的会计期间。
    A. 会计时段   B. 会计分期   C. 会计区间   D. 会计年度
38. 在会计核算中,产生权责发生制和收付实现制两种不同的记账基础所依据的会计基本假设是( )。
    A. 会计主体   B. 持续经营   C. 会计分期   D. 货币计量
39. 下列不属于会计中期的是( )。
    A. 月度   B. 季度   C. 半年度   D. 年度
40. 会计上所指的中期,是指( )的报告期间。
    A. 短于一个完整的会计年度   B. 等于一个完整的会计年度
    C. 长于一个完整的会计年度   D. 半年度
41. 会计核算应当以( )作为记账本位币。
    A. 人民币   B. 外币   C. 港元   D. 澳门元
42. 在境外设立的中国企业向国内报送的财务会计报告,应当折算为( )。
    A. 美元反映   B. 欧元反映

C. 所在国家的货币反映 D. 人民币反映

43. 下列关于会计基本假设不正确的是( )。
   A. 会计核算的四个基本假设具有相互依存、相互补充的关系
   B. 没有会计主体就不会有持续经营
   C. 没有持续经营就不会有会计分期
   D. 没有会计分期就不会有货币计量

44. 下列属于企业会计核算基础的是( )。
   A. 会计分期 B. 持续经营 C. 权责发生制 D. 收付实现制

45. ( )是的会计基础。
   A. 会计核算 B. 权责发生制 C. 会计决策 D. 会计监督

46. 适用于划分各会计期间收入和费用的原则是( )。
   A. 配比原则 B. 可比性原则
   C. 谨慎性原则 D. 权责发生制原则

47. 我国行政单位会计进行会计确认、计量和报告时采用( )。
   A. 收付实现制 B. 权责发生制 C. 应收应付制 D. 统收统支制

48. 货款已经收到,但销售并未实现,则企业当期不确认销售商品收入,这一做法是( )。
   A. 收付实现制基础的要求 B. 谨慎性信息质量的要求
   C. 可比性信息质量的要求 D. 权责发生制基础的要求

49. 根据权责发生制原则,以下属于本期收入和费用的是( )。
   A. 支付明年的房屋租金 B. 本期已经收款,但商品尚未制造完成
   C. 当期按照税法规定预缴的税费 D. 商品在本期销售,但货款尚未收到

50. 采用权责发生制基础时,下列业务不能确认为当期收入的有( )。
   A. 收到当期销货款 B. 销售商品,货款尚未收到
   C. 销售商品,同时收到货款 D. 收到以前月份的销货款

51. 某企业10月份销售A产品一批,价款20 000元,款未收;销售B产品一批,取得转账支票一张,价款8 000元;收到9月份所欠货款5 000元,按权责发生制确定该企业10月份销售收入应为( )元。
   A. 25 000 B. 28 000 C. 8 000 D. 5 000

52. 某企业6月份销售甲产品一批,取得商业承兑汇票一张,价款10 000元,销售乙产品一批,取得转账支票一张,价款5 000元,收到5月份所欠货款5 000元,按收付实现制确定该企业6月份销售收入( )元。
   A. 20 000 B. 15 000 C. 10 000 D. 5 000

53. 某企业20×4年1月发生以下经济业务:①本月预付全年水电费3 600元;②本月购入办公用品2 000元,款项尚未支付;③计提本月长期借款利息5 000元。按照权责发生制,该企业本月应确认费用( )元。
   A. 5 600 B. 7 300 C. 8 600 D. 10 600

54. 以下经济业务中,按权责发生制来处理经济业务的是( )。
   A. 20×5年11月支出1 200元预订下一年的报纸,全部计入了20×5年11月的管理费用

B. 某中专学校将9月收到某班学生下一年的学费960 000元,全部计入当月收入

C. 本月销售产品500 000元,销货款尚未收到,待收款时计入当月收入

D. 某车间一次领取工人三季度的高温费6 000元,平均分3次计入7、8、9月的费用

55. 下列符合会计信息质量要求的是( )。

    A. 有意遗漏应予披露的会计信息

    B. 提前进行会计确认、计量和报告

    C. 对与会计信息使用者决策相关的有用信息,都予以充分披露

    D. 有意高估费用、低估收入

56. 下列属于会计信息质量要求的一组是( )。

    A. 可理解性、相关性和及时性   B. 可靠性、谨慎性和收付实现制

    C. 重要性、实质重于形式和权责发生制   D. 平均年限法、工作量法和备抵法

57. 企业将融资租入固定资产视同自有固定资产核算,所体现的是会计信息质量要求的( )。

    A. 客观性要求   B. 一致性要求

    C. 可比性要求   D. 实质重于形式要求

58. 在会计核算过程中,会计处理采用的政策方法前后各期( )。

    A. 应当一致,不得随意变更   B. 经管理层批准后,可以变动

    C. 可以任意变动   D. 应当一致,不得变动

59. 下列没有体现会计信息质量谨慎性要求的是( )。

    A. 对可能发生的收益予以确认、入账

    B. 计提坏账准备

    C. 对固定资产采用加速折旧法计提折旧

    D. 对售出商品可能发生的保修义务确认预计负债

60. 某企业发出材料的计价方法前半年采用先进先出法,后半年随意改为加权平均法,这主要违背了( )。

    A. 谨慎性原则   B. 可比性原则   C. 相关性原则   D. 重要性原则

61. 下列不属于会计准则的有( )。

    A. 企业会计准则   B. 小企业会计准则

    C. 财务会计报告条例   D. 事业单位会计准则

62. 下列各项中,《小企业会计准则》和《企业会计准则》均可以使用的方法是( )。

    A. 计算存货发出成本的先进先出法   B. 实际利率摊销法

    C. 计提固定资产减值准备的方法   D. 所得税核算的债务法

二、**多项选择题**(下列每小题备选答案中有两个或两个以上符合题意的正确答案,请将选定答案前面的英文字母填入括号内。)

1. 会计以货币为主要计量单位,通过( )等环节,对特定主体的经济活动进行记账、算账、报账,为各有关方面提供会计信息。

    A. 确认   B. 计量   C. 分析   D. 报告

2. 下列说法正确的是( )。

    A. 会计核算过程中采用货币为主要计量单位

B. 我国企业的会计核算只能以人民币为记账本位币
C. 业务收支以人民币以外货币为主的单位可以选择某种一种货币为记账本位币
D. 在境外设立的中国企业向国内报送的财务报告,应当折算为人民币

3. 下列有关会计的说法,正确的有(　　)。
   A. 本质上是一种经济管理活动　　B. 对经济活动进行核算和监督
   C. 以货币为主要计量单位　　　　D. 核算特定主体的经济活动

4. 下列表现出资金投入企业的有(　　)。
   A. 取得投资者投入的固定资产　　B. 银行借入长期借款
   C. 将购入的原材料验收入库　　　D. 预收货款

5. 企业筹集资金主要来源有(　　)。
   A. 向债权人借入　　B. 购入股票　　C. 发行股票　　D. 发行债券

6. 下列属于企业会计目标的有(　　)。
   A. 进行会计核算,实施会计监督
   B. 进行财产物资的收发、增减和使用
   C. 反映企业管理层受托责任的履行情况
   D. 向财务报告使用者提供有用的会计信息

7. 会计的基本职能有(　　)。
   A. 反映　　　　B. 计划　　　　C. 监督　　　　D. 预测

8. 下列属于会计基本职能的有(　　)。
   A. 进行会计核算　　B. 预测经济前景　　C. 评价未来业绩　　D. 实施会计监督

9. 下列能够反映会计核算职能要求的有(　　)。
   A. 对特定主体的经济活动进行确认
   B. 对特定主体的经济活动进行计量
   C. 对特定主体的经济活动进行报告
   D. 对特定主体的经济活动的合法性进行审查

10. 下列有关会计职能的表述,正确的有(　　)。
    A. 会计核算是会计的基本职能　　B. 会计监督是会计核算的质量保障
    C. 预测经济前景是会计的基本职能　　D. 评价经营业绩是会计的拓展职能

11. 下列属于会计核算方法的有(　　)。
    A. 评价经营业绩　　B. 复式记账　　C. 成本计算　　D. 财产清查

12. 下列属于会计核算的具体内容的有(　　)。
    A. 款项和有价证券的收付
    B. 财物的收发、增减和使用
    C. 债权债务的发生和结算
    D. 收入、支出、费用、成本的计算

13. 下列不属于款项的有(　　)。
    A. 银行存款　　B. 应收款项　　C. 预收款项　　D. 库存现金

14. 《会计法》中所称的财物包括(　　)等。
    A. 库存现金和银行存款　　B. 原材料
    C. 包装物　　　　　　　　D. 固定资产

15. 下列属于财务成果的计算和处理内容的有( )。
    A. 利润的计算　　　　　　　　　B. 所得税费用的计算
    C. 利润分配　　　　　　　　　　D. 亏损弥补

16. 下列属于会计核算的基本前提的有( )。
    A. 会计主体　　B. 持续经营　　C. 会计分期　　D. 货币计量

17. 下列可以作为一个会计主体进行核算的有( )。
    A. 母公司
    B. 分公司
    C. 母公司和子公司组成的企业集团　　D. 销售部门

18. 下列有关会计主体假设的叙述,正确的有( )。
    A. 法律主体通常也是一个会计主体
    B. 会计主体也等同于法律主体
    C. 界定会计主体是开展会计确认、计量和报告工作的重要前提
    D. 明确会计主体,才能划定会计所要处理的各项交易或事项的空间范围

19. 下列符合我国《企业会计准则》中有关会计期间划分规定的有( )。
    A. 年度　　　　B. 半年度　　　C. 季度　　　　D. 月度

20. 属于会计中期的会计期间有( )。
    A. 年度　　　　B. 半年度　　　C. 季度　　　　D. 月度

21. 下列属于会计基础的有( )。
    A. 权责发生制　B. 永续盘存制　C. 收付实现制　D. 实地盘存制

22. 下列有关企业会计基础的表述,错误的是( )。
    A. 权责发生制的会计基础,在企业会计核算中发挥了统驭作用
    B. 收付实现制的会计基础,是企业会计核算的根本
    C. 凡不属于当期的收入,即使款项已在当期收取,也不作为当期的收入计入利润表
    D. 凡不属于当期的费用,即使款项已在当期支付,也不作为当期的费用计入利润表

23. 采用权责发生制基础时,下列业务能确认为当期收入的有( )。
    A. 收到购货方前欠销货款　　　　B. 销售商品,货款尚未收到
    C. 销售商品,同时收到货款　　　　D. 收到以前年度的销货款

24. 按照权责发生制原则,下列各项应确认为本月费用的有( )。
    A. 本月支付的下半年房屋租金
    B. 本月预提的短期借款利息
    C. 本月支付以前已计提的借款利息
    D. 年初已支付,本月应分摊的报刊订阅费

25. 下列属于会计核算信息质量要求的有( )。
    A. 重要性　　　B. 及时性　　　C. 可比性　　　D. 权责发生制

26. 下列属于会计信息质量要求的有( )。
    A. 货币计量　　B. 实质重于形式　C. 重要性　　　D. 会计分期

27. 下列属于会计信息质量要求的有(   )。
    A. 可比性   B. 相关性   C. 可靠性   D. 可理解性
28. 下列反映了可靠性会计信息质量要求的有(   )。
    A. 各类企业执行的会计政策应当统一，便于比较
    B. 以实际发生的交易或者事项为依据进行确认、计量
    C. 在符合重要性和成本效益原则的前提下，保证会计信息的完整性
    D. 在财务报告中的会计信息应当是真实、完整的
29. 下列符合可比性信息质量要求的有(   )。
    A. 企业提供的会计信息应确保使用者充分理解
    B. 同一企业不同时期的会计信息相互可比
    C. 企业选定的会计政策，以后期间不得变更
    D. 不同企业相同会计期间会计信息应该相互可比
30. 下列关于会计准则体系的说法，正确的有(   )。
    A. 我国已颁布的会计准则有《企业会计准则》《小企业会计准则》和《事业单位会计准则》
    B. 我国的企业会计准则体系包括基本准则、具体准则、应用指南和解释公告等。
    C. 2006年2月15日，财政部发布的《企业会计准则》自2007年1月1日起在上市公司范围内执行，并鼓励其他企业执行。
    D. 财政部于2012年12月5日修订发布了《事业单位会计准则》，自2013年1月1日施行。
31. 下列属于《企业会计准则》中基本准则规范内容的有(   )。
    A. 会计基本假设   B. 会计要素及其确认标准
    C. 会计信息质量要求   D. 金融工具的确认和计量
32. 下列不属于《小企业会计准则》规定的会计方法有(   )。
    A. 固定资产折旧的年限平均法   B. 实际利率摊销法
    C. 计提资产减值准备的方法   D. 所得税核算的债务法
33. 与一般企业相比，小企业的会计核算存在的不同点是(   )。
    A. 适用的会计基础   B. 适用的会计基本假设
    C. 适用的会计信息质量要求   D. 适用的会计计量属性

三、判断题(要求在括号答题，正确的用"√"表示，错误的用"×"表示。)
1. 会计是以货币为主要计量单位，核算和监督一个单位经济活动的一种经济管理工作。(   )
2. 企业的会计工作主要是通过一系列会计程序，积极参与企业经营管理决策，并对企业的经济活动和财务收支进行核算和监督。(   )
3. 实物计量也能反映企业的生产经营状况，也可以成为会计的主要计量单位。(   )
4. 现代会计可以分为财务会计和管理会计两大重要分支。(   )
5. 凡是能够用货币计量的经济资源或事项才能作为会计核算的对象。(   )
6. 企业会计对象的具体内容就是企业的资金运动。(   )

7. 作为会计对象的交易或事项是指企业、单位所发生的全部经济活动。（　　）
8. 鉴定经济合同是一项经济活动，因此属于会计对象。（　　）
9. 企业的资金筹集业务按其来源只有所有者权益筹资一种方式。（　　）
10. 企业将生产的产品对外销售并取得收入，属于企业的分配过程。（　　）
11. 企业劳动者借助机器设备对原材料进行加工、生产出产品，企业支付职工工资和生产经营中必要的开支，这属于生产过程。（　　）
12. 企业进行采购，将投入的资金用于建造或购置厂房、购买机器设备、购买原材料，为生产产品做必要的物资准备，这属于供应过程。（　　）
13. 企业收取现金股利，是在资金投入过程中发生的经济活动。（　　）
14. 会计的基本职能是会计核算和会计监督，其中会计监督是首要职能。（　　）
15. 会计的监督职能是会计人员在进行会计核算的同时，对特定会计主体经济活动的合法性和合理性进行审查。（　　）
16. 会计监督是一种事后监督。（　　）
17. 以财务报表等形式对特定主体的财务状况、经营成果和现金流量信息进行报告，属于事后会计监督的重要手段。（　　）
18. 根据财务会计报告等信息，运用定量分析和定性分析方法，对备选方案进行经济可行性分析，为企业生产经营管理决策提供相关的信息。这说明会计具有参与经济决策的功能。（　　）
19. 会计核算是会计监督的基础，没有会计核算，会计监督就失去了依据。（　　）
20. 会计方法是会计的基本方法，包括设置会计科目和账户、复式记账、填制和审核会计凭证、登记会计账簿、成本计算、财产清查和编制会计报告等专门方法。（　　）
21. 会计方法体系是由会计核算方法、会计分析方法和会计检查方法等所组成的完整的方法体系。（　　）
22. 企业召开全体职工会议，这项活动不需要进行会计核算。（　　）
23. 会计上说的资金就是现金和银行存款。（　　）
24. 库存现金和银行存款都是货币资金，股票则应作为有价证券。（　　）
25. 银行汇票、银行本票和信用证都属于有价证券。（　　）
26. 财物是财产、物资的简称，包括原材料、机器设备和应收款项。（　　）
27. 各项借款、应付和预付款项都是企业的债务。（　　）
28. 资本是投资者为开展生产经营活动而投入的资金，会计上的资本既包括投入资本也包括借入资本。（　　）
29. 支出是企业发生的各项开支，以及在正常生产经营活动以外发生的支出和损失。（　　）
30. 成本是企业为生产产品、提供劳务而发生的各种耗费，因而企业发生的各项费用都是成本。（　　）
31. 对于工业企业，发生的所有费用最终都要记入产品成本，以便正确计算产品销售利润。（　　）
32. 成本核算是会计核算方法体系的核心。（　　）
33. 财务成果只能表现为盈利，亏损就不能称为财务成果。（　　）

34. 会计基本假设是企业会计确认、计量和报告的前提,是对会计核算所处时间、空间环境等所做的合理设定。(   )

35. 会计主体是进行会计核算的基本前提之一,一个企业可以根据具体情况确定一个或若干个会计主体。(   )

36. 所有的法律主体都是会计主体,但会计主体不一定都具有法人资格。(   )

37. 法人一定是会计主体,但会计主体不一定是法人。(   )

38. 在持续经营的基本假设下,会计确认、计量和报告应当以企业持续、正常的生产经营活动为前提。(   )

39. 即使企业已经开始进行破产清算,也应坚持持续经营的会计基本假设进行会计确认、计量和报告。(   )

40. 持续经营假设能使企业成为"百年老店",因而即使企业进入破产清算,也不会改变会计核算方法。(   )

41. 在我国,会计年度一般采用公历年度,即从每年的1月1日至12月31日为一个会计年度。(   )

42. 在我国境内设立的业务收支以人民币以外的货币为主的单位,会计核算可以选定其中一种货币为记账本位币,但编制的财务会计报告应当折算为人民币反映。(   )

43. 我国《企业会计准则——基本准则》规定,企业可以根据自身的行业特点和经营活动的需要选择权责发生制或收付实现制为会计基础。(   )

44. 企业会计的确认、计量和报告应当以权责发生制为基础。(   )

45. 企业在会计确认、计量和报告中应当以收付实现制为基础。(   )

46. 除企业会计采用权责发生制外,其他单位和组织机构都采用收付实现制。(   )

47. 目前,我国的事业单位会计除经营业务外,其他大部分业务采用权责发生制。(   )

48. 企业应当在收到以前月份销售货款的时候确认主营业务收入。(   )

49. 按照权责发生制,企业预付下年度财产保险费,不应计入本年度费用。(   )

50. 出纳领取60元的办公用品,单位按权责发生制和收付实现制的标准进行处理的结果是相同的。(   )

51. 按照权责发生制的要求,企业收到货币资金必定意味着本月收入的增加。(   )

52. 会计信息的使用者主要包括投资者、债权人、企业管理者、政府及其相关部门和社会公众等。(   )

53. 有意遗漏应予披露的会计信息,不会降低所提供的会计信息质量。(   )

54. 以实际发生的交易或者事项为依据进行确认、计量和报告,充分体现了可理解性这一会计信息质量要求。(   )

55. 企业必须根据实际发生的经济业务事项进行会计核算,编制财务会计报告。(   )

56. 会计信息质量的相关性要求企业提供的会计信息应当与财务报告使用者的经济决策需要相关,有助于财务报告使用者对企业过去、现在和未来的情况做出评价。(   )

57. 企业及时收集、处理和传递会计信息,符合及时性的会计信息质量要求。(   )

58. 会计信息可比性要求包括同一企业不同时期可比和不同企业相同会计期间可比两

层含义。（　　）

59. 对于某些比较复杂但与财务报告使用者的经济决策密切相关的会计信息,企业应当在财务报告中予以充分披露,这才能充分体现可理解性的会计信息质量要求。（　　）

60. 以融资租赁方式租入的资产,从其经济实质来看,应视为企业的资产列入企业资产负债表。（　　）

61. 企业对已售出商品提供产品质量保证并因此确认为一项预计负债,主要体现了谨慎性的基本要求。（　　）

62. 企业应当遵循交易或者事项的法律形式进行会计确认、计量和报告,而不需要考虑交易或者事项的经济实质。（　　）

63. 我国的企业会计准则体系包括基本准则、具体准则、应用指南和解释公告等。（　　）

64. 会计准则是政府干预经济活动、规范经济秩序、从事国际经济交往的重要手段。（　　）

65. 会计准则是生成和提供会计信息的重要依据。（　　）

66. 我国的企业会计准则,可适用于境内上市公司和所有大中型企业。（　　）

四、计算分析题

1. 下面左右两边各有一些概念,要求：将左右两边相关的内容用线连接起来。

① 会计对象　　　　　　　　A. 货币计量
② 会计职能　　　　　　　　B. 管理活动
③ 会计任务　　　　　　　　C. 资金运动
④ 会计方法　　　　　　　　D. 可比性
⑤ 会计假设　　　　　　　　E. 成本计算
⑥ 会计原则　　　　　　　　F. 货币、实物
⑦ 会计本质　　　　　　　　G. 提供会计信息
⑧ 会计计量单位　　　　　　H. 会计核算
⑨ 会计要素　　　　　　　　I. 利润表
⑩ 会计报表　　　　　　　　J. 负债

2. 某公司4月份经济业务如下表所示,请分别按权责发生制和收付实现制计算4月份的收入、费用和利润,将有关数据填入表中。

经济业务	收付实现制		权责发生制	
	收入金额	费用金额	收入金额	费用金额
1. 销售产品56 000元,其中36 000元收到现款,存入银行;另有20 000元货款尚未收到				
2. 收到上月提供劳务收入560元				
3. 支付本月份的水电费680元				
4. 预付下半年房租1 800元				
5. 支付上月份借款利息340元				

续表

经济业务	收付实现制		权责发生制	
	收入金额	费用金额	收入金额	费用金额
6. 本月应计劳务收入890元				
7. 预收销货款24 000元				
8. 本月负担年初已支付的保险费210元				
9. 上月预收货款的产品本月实现销售收入18 900元				
10. 本月负担下月支付的修理费150元				
本月收入				
本月费用				
本月利润				

项目二 划分会计要素与建立会计等式

一、单项选择题(下列每小题备选答案中只有一个符合题意的正确答案,请将选定答案前的英文字母填入括号内。)

1. 对会计对象的基本分类是(　　)。
   A. 会计科目　　　B. 会计原则　　　C. 会计要素　　　D. 会计方法
2. 2006年2月15日财政部发布的《企业会计准则——基本准则》明确列示的企业会计要素共(　　)个。
   A. 五　　　　　B. 六　　　　　C. 八　　　　　D. 十二
3. 下列关于会计要素的表述,不正确的是(　　)。
   A. 会计要素是对会计对象的基本分类
   B. 会计要素是编制记账凭证的依据
   C. 资产、负债和所有者权益称为静态会计要素
   D. 收入、费用和利润反映企业的经营成果
4. 下列不属于企业与事业单位共有的会计要素是(　　)。
   A. 利润　　　　B. 资产　　　　C. 负债　　　　D. 收入
5. 资产、负债和所有者权益是(　　)。
   A. 表示企业财务状况的会计要素　　B. 表示企业经营状况的会计要素
   C. 表示企业经营成果的会计要素　　D. 表示企业财务成果的会计要素
6. 反映企业动态、经营成果会计信息的要素是(　　)。
   A. 资产　　　　B. 负债　　　　C. 利润　　　　D. 所有者权益
7. 由过去的交易、事项形成并由企业拥有或者控制的资源,并且该资源预期会给企业

带来经济利益的为( )。
    A. 资产   B. 负债   C. 所有者权益   D. 收入

8. 经确认是主要的、最为基本的会计要素是( )。
    A. 资产   B. 负债   C. 收入   D. 利润

9. 下列关于资产的叙述,不正确的是( )。
    A. 是过去的交易或事项形成的   B. 必须由企业拥有
    C. 预期会给企业带来经济利益   D. 由企业拥有或控制

10. 下列符合资产定义的是( )。
    A. 购入的某项设备   B. 经营租入的设备
    C. 待处理的财产损失   D. 计划购买的某项设备

11. 下列属于资产项目的是( )。
    A. 原材料   B. 预收账款   C. 应付利息   D. 资本公积

12. 下列属于资产要素项目的是( )。
    A. 应收账款   B. 销售收入   C. 实收资本   D. 主营业务成本

13. 下列项目不属于资产的是( )。
    A. 应收票据   B. 预收账款   C. 应收账款   D. 预付账款

14. 流动资产一般预计变现或耗用的时间是( )。
    A. 一年内   B. 一个营业周期内
    C. 一年或一个正常营业周期中   D. 一定会计期间内

15. 下列属于企业的流动资产的是( )。
    A. 存货   B. 厂房   C. 机器设备   D. 专利权

16. 下列不属于流动资产的是( )。
    A. 存货   B. 库存现金   C. 应收账款   D. 无形资产

17. 下列不属于固定资产的是( )。
    A. 运输工具   B. 在产品   C. 建筑物   D. 设备

18. 下列属于无形资产的是( )。
    A. 银行存款   B. 专利权
    C. 应收票据   D. 交易性金融资产

19. 下列不是负债要素特点的是( )。
    A. 是所有者权益的一项剩余权益
    B. 预期会导致经济利益流出企业
    C. 现时义务
    D. 企业在过去的交易或事项中形成的

20. 从特定企业看,下列属于流动负债的是( )。
    A. 生产设备
    B. 库存现金
    C. 欠银行的贷款3万元,将于3年后偿还
    D. 向银行贷款6万元,将于6个月后偿还

21. 下列属于流动负债的是( )。
    A. 银行存款　　　　B. 应付利息　　　　C. 预付款项　　　　D. 存货
22. 下列属于流动负债的是( )。
    A. 应付债券　　　　B. 预付账款　　　　C. 预收账款　　　　D. 长期借款
23. 下列不属于流动负债的是( )。
    A. 长期应付款　　　B. 应付股利　　　　C. 预收账款　　　　D. 应交税费
24. 下列属于非流动负债的是( )。
    A. 应付职工薪酬　　B. 应交税费　　　　C. 应付股利　　　　D. 应付债券
25. 某日,甲公司的资产总额为400万元,流动负债总额为50万元,所有者权益总额为250万元,则当日该公司的非流动负债总额为( )。
    A. 100万元　　　　B. 150万元　　　　C. 300万元　　　　D. 350万元
26. 所有者权益是企业投资人对企业( )的所有权。
    A. 资产　　　　　　B. 负债　　　　　　C. 净资产　　　　　D. 收入
27. 反映企业期末所有者权益总额等式的是( )。
    A. 期末资产－期末负债＝期末所有者权益
    B. 本期收入－本期费用＝期末所有者权益
    C. 期末资产－本期费用＝期末所有者权益
    D. 期末负债＋本期费用＝期末所有者权益
28. 所有者权益在数量上等于( )。
    A. 全部资产减去全部负债后的净额　　B. 所有者的投资
    C. 实收资本与资本公积之和　　　　　D. 实收资本与未分配利润之和
29. 某公司的所有者权益为50万元,即( )。
    A. 该公司的实收资本为50万元　　　　B. 该公司的权益总额为50万元
    C. 该公司的资产总额为50万元　　　　D. 该公司的净资产总额为50万元
30. 从构成内容看,所有者权益不包括( )。
    A. 实收资本　　　　　　　　　　　　B. 资本公积
    C. 盈余公积　　　　　　　　　　　　D. 职工个人福利费
31. "利润分配"归属于( )。
    A. 资产要素　　　　　　　　　　　　B. 负债要素
    C. 利润要素　　　　　　　　　　　　D. 所有者权益要素
32. 下列不属于所有者权益的是( )。
    A. 实收资本　　　　B. 资本公积　　　　C. 盈余公积　　　　D. 长期股权投资
33. 企业在销售商品、提供劳务及让渡资产使用权等日常活动中形成的经济利益总流入属于( )。
    A. 库存现金　　　　B. 银行存款　　　　C. 货币资金　　　　D. 收入
34. 企业在日常活动中形成的、会导致所有者权益增加的、与所有者投入资本无关的经济利益的总流入称为( )。
    A. 资产　　　　　　B. 利得　　　　　　C. 收入　　　　　　D. 利润

35. 我国会计要素中的收入定义是指( )。
    A. 主营业务收入   B. 营业收入
    C. 营业收入＋投资收益   D. 营业收入＋投资收益＋营业外收入
36. 下列符合会计要素收入定义的是( )。
    A. 出售材料收入   B. 出售无形资产净收益
    C. 销售商品收到的增值税   D. 出售固定资产净收益
37. 计算营业收入时,应在主营业务收入基础上增加的项目为( )。
    A. 其他业务收入   B. 营业外收入
    C. 投资收益   D. 公允价值变动损益
38. 下列不属于收入要素内容的是( )。
    A. 销售商品取得的收入   B. 提供劳务取得的收入
    C. 出租固定资产取得的收入 D. 营业外收入
39. 经济业务发生涉及收入增加,同时不可能引起发生变动的有( )。
    A. 资产增加   B. 资产减少
    C. 负债减少   D. 利润增加
40. 下列关于收入的说法,错误的是( )。
    A. 收入是指企业在日常活动中形成的、会导致所有者权益增加的、与所有者投入资本无关的经济利益的总流入
    B. 收入表现为资产的增加或负债的减少
    C. 符合收入定义和收入确认条件的项目,应当列入利润表
    D. 收入必须在收到相关的货币资金时才可以确认
41. 由企业在日常活动所发生的、会导致所有者权益减少的、与向所有者分配利润无关的经济利益的总流出称为( )。
    A. 损失   B. 费用   C. 负债   D. 所有者权益
42. 下列不属于费用要素内容的是( )。
    A. 销售费用   B. 管理费用   C. 财务费用   D. 预付账款
43. 下列属于生产费用的是( )。
    A. 管理费用   B. 销售费用   C. 财务费用   D. 制造费用
44. 由企业非日常活动所发生的、会导致所有者权益减少的、与向所有者分配利润无关的经济利益的流出称为( )。
    A. 费用   B. 损失   C. 负债   D. 所有者权益
45. 利润是指企业在一定会计期间的经营成果,不包括( )。
    A. 收入   B. 费用   C. 当期利得   D. 股本
46. 下列项目中,影响营业利润的因素是( )。
    A. 营业外收入 B. 所得税费用 C. 管理费用   D. 营业外支出
47. 下列不会影响营业利润金额增减的是( )。
    A. 资产减值损失 B. 财务费用   C. 投资收益   D. 营业外收入
48. 影响净利润计算但不影响利润总额计算的项目是( )。
    A. 所得税费用   B. 管理费用   C. 主营业务成本 D. 营业外收入

49. 在利润表上,利润总额减去( )后,得出净利润。
    A. 管理费用、财务费用　　　　　　B. 增值税
    C. 营业外收支净额　　　　　　　　D. 所得税费用

50. 企业经营亏损,最终会导致( )。
    A. 负债增加　　　　　　　　　　　B. 负债减少
    C. 所有者权益增加　　　　　　　　D. 所有者权益减少

51. 以下不属于会计计量属性的是( )。
    A. 历史成本　　B. 重置成本　　C. 公允价值　　D. 成本计算

52. 资产计量最重要的基础是( )。
    A. 现行成本　　B. 历史成本　　C. 现行市价　　D. 可变现净值

53. "除法律、行政法规和国家统一的会计制度另有规定外,企业不得自行调整其账面价值。"上述规定所遵守的会计计量属性是( )。
    A. 公允价值　　B. 重置成本　　C. 可变现净值　　D. 历史成本

54. 企业在取得资产时,一般应按( )计量。
    A. 历史成本　　B. 重置成本　　C. 可变现净值　　D. 现值

55. 资产按照现在购买相同或相似资产所需支付的现金或者现金等价物的金额计量的会计计量属性是( )。
    A. 历史成本　　B. 重置成本　　C. 公允价值　　D. 现值

56. 按照当前市场条件,重新取得同样一项资产所需支付的现金或现金等价物金额称为( )。
    A. 实际成本　　B. 现行成本　　C. 历史成本　　D. 可变现净值

57. 通常应用于存货资产减值情况下的后续计量为( )。
    A. 可变现净值　　B. 重置成本　　C. 现值　　D. 市场价值

58. 企业的负债按照预计期限内需要偿还的未来净现金流出量的折算金额计量是以( )作为计量属性的。
    A. 历史成本　　B. 公允价值　　C. 可变现净值　　D. 现值

59. 资产和负债按照在公平交易中,熟悉情况的交易双方自愿进行资产交换或者债务清偿的金额计量的会计计量属性是( )。
    A. 现值　　B. 公允价值　　C. 历史成本　　D. 重置成本

60. 资产与权益的平衡关系是指( )。
    A. 一项资产金额与一项权益金额的相等关系
    B. 几项资产金额与一项权益金额的相等关系
    C. 资产总额与所有者权益总额的相等关系
    D. 资产总额与权益总额的相等关系

61. 最基本的会计等式是( )。
    A. 资产 = 负债 + 所有者权益
    B. 期初余额 + 本期增加额 − 本期减少额 = 期末余额
    C. 收入 − 费用 = 利润
    D. 资产 = 负债 + 所有者权益 + (收入 − 费用)

62. 下列属于会计静态等式的是( )。
    A. 收入 – 费用 = 利润
    B. 资产 = 负债 + 所有者权益
    C. 资产 = 负债 + 所有者权益 + 利润
    D. 资产 = 负债 + 所有者权益 +（收入 – 费用）

63. 会计等式错误的描述是( )。
    A. 资产 + 所有者权益 = 负债   B. 资产 – 负债 = 所有者权益
    C. 资产 = 负债 + 所有者权益   D. 资产 – 所有者权益 = 负债

64. 某企业资产总额为 100 万元,负债为 20 万元,所有者权益为( )万元。
    A. 100   B. 20   C. 120   D. 80

65. 某企业所有者权益总额为 6 000 万元,负债总额为 4 000 万元,那么该企业的资产总额为( )万元。
    A. 2 000   B. 10 000   C. 6 000   D. 以上答案都不对

66. 某日,扬帆公司的资产总计为 3 600 万元,流动负债合计为 900 万元,所有者权益合计为 1 200 万元,则当日扬帆公司的长期负债合计应该为( )万元。
    A. 2 700   B. 2 400   C. 2 100   D. 1 500

67. 某企业期初资产总计 100 万元,负债 60 万元,本期所有者追加投资 40 万,此时企业所有者权益总计为( )万元。
    A. 40   B. 100   C. 80   D. 140

68. 某企业 6 月初的资产总额为 60 000 元,负债总额为 25 000 元。6 月初取得收入共计 28 000 元,发生费用共计 18 000 元。则 6 月末该企业的所有者权益总额为( )元。
    A. 85 000   B. 35 000   C. 10 000   D. 45 000

69. 记账之后,在月末结账之前,会计等式的表现形式为( )。
    A. 资产 = 负债 + 所有者权益
    B. 资产 = 负债 + 所有者权益 +（收入 – 费用）
    C. 资产 = 负债 + 所有者权益 + 利润
    D. 资产 – 负债 = 所有者权益

70. 某企业本期期初资产总额为 18 万元,本期期末负债总额比期初减少 1 万元,所有者权益比期初增加 3 万元。该企业期末资产总额是( )万元。
    A. 19   B. 21   C. 20   D. 18

71. 某企业资产总额为 100 万元,负债为 20 万元,在以银行存款 30 万元购进材料,并以银行存款 10 万元偿还借款后,资产总额为( )万元。
    A. 60   B. 90   C. 50   D. 40

72. 企业原有资产 10 万元,本期收回应收帐款 3 万元,用银行存款归还借款 2 万元,投资者投入资金 5 万元,期末资产总额为( )万元。
    A. 10   B. 13   C. 16   D. 18

73. 公司向银行借入款项 20 万元,并用其中 10 万元购入机器一台,则企业总资产增加了( )万元。
    A. 20   B. 10   C. 30   D. 0

74. 某企业月初权益总额为 80 万元，假定本月仅发生一笔以银行存款 10 万元偿还银行借款的经济业务，则该企业月末资产总额为(   )万元。
    A. 80   B. 90   C. 100   D. 70

75. 某公司 8 月末负债总额 100 万元，9 月份收回外单位所欠货款 15 万元，用银行存款归还借款 10 万元，用银行存款预付购货款 5 万元，则 9 月末负债总额为(   )万元。
    A. 80   B. 90   C. 105   D. 110

76. 某企业资产总额为 150 万元，当发生下列两笔经济业务后其权益总计为(   )万元：(1) 向银行借款 10 万元存入银行；(2) 用银行存款偿还应付账款 25 万元。
    A. 135   B. 185   C. 165   D. 175

77. 经济业务发生仅涉及负债这一会计要素时，两个负债项目将会(   )变动。
    A. 同减   B. 一增一减   C. 同增   D. 无

79. 企业向银行借款购买固定资产，表现为(   )。
    A. 一项资产增加，另一项资产减少   B. 一项资产增加，一项负债增加
    C. 一项资产减少，一项负债增加   D. 一项资产减少，一项负债减少

80. 企业收回应收账款 50 000 元，存入银行。这一业务引起的会计要素的变动是(   )。
    A. 资产总额不变   B. 资产增加，负债增加
    C. 资产增加，负债减少   D. 资产减少，负债增加

81. 借记"银行存款"，贷记"应收账款"的业务，表明(   )。
    A. 资产内部变化   B. 负债内部变化
    C. 权益内部变化   D. 所有者权益内部变化

82. 以银行存款交纳所得税，所引起的变化为(   )。
    A. 一项资产减少，一项权益减少   B. 一项资产减少，一项负债减少
    C. 一项负债减少，一项资产增加   D. 一项资产减少，一项资产增加

83. 企业用银行存款归还前欠货款，会使(   )。
    A. 资产减少，负债增加
    B. 资产不变，负债减少
    C. 资产和负债同时减少，且净资产减少
    D. 资产和负债同时减少，但净资产不变

84. 企业以银行存款偿还债务，表现的是(   )。
    A. 一项资产增加，另一项资产减少
    B. 一项负债增加，另一项负债减少
    C. 一项资产减少，一项负债增加
    D. 一项资产减少，一项负债减少

85. 收到所有者投资的价值 30 万元的机器设备，(   )。
    A. 资产总额和所有者权益总额不变
    B. 资产总额和所有者权益总额同时减少
    C. 资产总额和所有者权益总额同时增加
    D. 资产总额和权益总额一增一减，增减金额相等

86. 以资本公积转增实收资本,(   )。
    A. 资产与负债和所有权益同时增加
    B. 资产与负债和所有者权益同时减少
    C. 负债减少,所有者权益增加
    D. 资产、负债、所有者权益总额均没有变化

87. 某企业向银行借入3个月到期的借款归还欠购货款10 000元,该业务使得企业(   )。
    A. 短期借款增加10 000元,应付账款减少10 000元
    B. 短期借款增加10 000元,其他应付款减少10 000元
    C. 长期借款增加10 000元,应付账款减少10 000元
    D. 长期借款增加10 000元,其他应付款减少10 000元

88. 引起资产和权益同时增加的业务是(   )。
    A. 从银行提取现金   B. 从银行借款存入银行
    C. 用银行存款上交税费   D. 用银行存款支付前欠购货款

89. 下列能同时引起资产和负债总额减少的是(   )。
    A. 归还前欠货款   B. 收回应收账款
    C. 接受固定资产投资   D. 借入短期借款

90. 下列引起资产和负债同时减少的经济业务是(   )。
    A. 从银行提取现金   B. 赊购材料一批
    C. 用银行存款偿还银行借款   D. 通过银行收到应收账款

91. 下列会引起资产类项目和负债类项目同时增加的经济业务是(   )。
    A. 从银行提取现金
    B. 用银行存款归还企业的银行短期借款
    C. 赊购原材料
    D. 接受投资者投入的现金资产

92. 下列引起资产和负债同时减少的经济业务是(   )。
    A. 从银行提取现金   B. 赊购材料一批
    C. 用银行存款偿还银行借款   D. 通过银行收到应收账款

93. 下列会引起企业的资产和所有者权益总额变化的经济业务是(   )。
    A. 企业以银行存款购买存货(不考虑增值税)
    B. 企业以银行存款支付应付现金股利
    C. 投资者以银行存款对企业进行投资
    D. 企业将资本公积转增资本

94. 引起资产内部一个项目增加,另一个项目减少,而资产总额不变的经济业务是(   )。
    A. 收到外单位前欠货款   B. 向银行借入短期借款
    C. 用银行存款偿还短期借款   D. 收到投资者投入的机器一台

95. 企业开出一张商业汇票用于抵偿上期形成的应付账款,该笔业务会导致(   )。
    A. 资产和负债同时减少   B. 资产和负债同时增加

C. 资产内部此增彼减,总额不变 D. 负债内部此增彼减,总额不变
96. 下列引起所有者权益项目有增有减的经济业务是( )。
   A. 以短期借款直接偿还应付账款 B. 以银行存款支付投资者的利润
   C. 接受捐赠的固定资产 D. 经批准将盈余公积转增资本
97. 将资本公积转增资本的经济业务使企业会计要素发生变动的是( )。
   A. 资产和所有者权益同时增加 B. 资产和负债同时增加
   C. 负债增加,所有者权益减少 D. 所有者权益一增一减
98. 下列经济业务中,影响会计等式总额发生变化的业务是( )。
   A. 以银行存款50 000元购买材料 B. 结转完工产品成本40 000元
   C. 购买机器设备20 000元,货款未付 D. 收回客户所欠的货款30 000元
99. 在下列经济业务中,只能引起同一个会计要素内部增减变动的业务是( )。
   A. 取得借款存入银行 B. 用银行存款归还前欠货款
   C. 用银行存款购买材料 D. 赊购原材料
100. 某公司资产总额为60 000元,负债总额为30 000元,以银行存款20 000元偿还短期借款,并以银行存款15 000元购买设备,则上述业务入账后该公司资产总额为( )元。
   A. 30 000 B. 40 000 C. 25 000 D. 15 000
101. 某企业资产总额为150万元,当发生下列三笔经济业务后其资产总额为( )万元:(1)从银行取得借款30万元存入银行;(2)用银行存款偿还债务15万元;(3)收回应收账款4万元存入银行。
   A. 166 B. 170 C. 180 D. 165
102. M公司月初资产总额为100万元,本月发生下列业务:(1)以银行存款购买原材料10万元;(2)向银行借款60万元,款项存入银行;(3)以银行存款归还前欠货款30万元;(4)收回应收账款20万元,款项已存入银行。则月末该公司资产总额为( )万元。
   A. 130 B. 160 C. 100 D. 110
103. 某企业资产总额100万元,发生以下4笔业务之后其资产总额应为( )万元:(1)收到投资者投入资金10万元;(2)从银行借入短期借款,直接偿还应付账款3万元;(3)以银行存款购入原材料5万元(不考虑增值税);(4)收回其他应收款4万元。
   A. 98 B. 106 C. 107 D. 110
104. M公司月初资产总额为1 000万元。本月发生下列业务:(1)以银行存款购买一项固定资产,价值100万元(不考虑增值税);(2)从银行借入短期借款300万元,款项存入银行;(3)以银行存款兑付到期商业汇票60万元;(4)收到应收账款50万元,款项已存入银行。则月末该公司权益总额为( )万元。
   A. 1 240 B. 1 250 C. 1 400 D. 1 290

二、多项选择题(下列每小题备选答案中有两个或两个以上符合题意的正确答案,请将选定答案前面的英文字母填入括号内。)

1. 下列属于会计要素的是( )。
   A. 资产 B. 固定资产 C. 负债 D. 费用
2. 下列反映企业财务状况的会计要素有( )。
   A. 所有者权益 B. 资产 C. 财务费用 D. 负债

3. 下列各项中,反映企业经营成果的会计要素有(　　)。
   A. 利润　　　　　　B. 费用　　　　　　C. 收入　　　　　　D. 所有者权益
4. 下列会计要素中,称为动态会计要素的有(　　)。
   A. 资产　　　　　　B. 负债　　　　　　C. 收入　　　　　　D. 费用
5. 我国确定会计要素反映的经济内容有(　　)。
   A. 经营成果　　　　B. 偿债能力　　　　C. 持续经营　　　　D. 财务状况
6. 企业资产按其流动性可分为(　　)。
   A. 固定资产　　　　B. 流动资产　　　　C. 无形资产　　　　D. 非流动资产
7. 流动资产包括(　　)等。
   A. 库存现金　　　　B. 原材料　　　　　C. 应收账款　　　　D. 预付账款
8. 下列属于非流动资产的有(　　)。
   A. 长期债权投资　　　　　　　　　　　B. 交易性金融资产
   C. 无形资产　　　　　　　　　　　　　D. 投资性房地产
9. 下列属于无形资产的有(　　)。
   A. 房屋　　　　　　B. 专利权　　　　　C. 商标权　　　　　D. 土地使用权
10. 下列属于负债的是(　　)。
    A. 应付账款　　　　B. 应付利息　　　　C. 预付账款　　　　D. 短期借款
11. 企业负债按其流动性可分为(　　)。
    A. 固定资产　　　　B. 流动负债　　　　C. 短期借款　　　　D. 非流动负债
12. 下列项目中,属于流动负债项目的有(　　)。
    A. 预付账款　　　　B. 预收账款　　　　C. 应付账款　　　　D. 应收账款
13. 下列属于流动负债的有(　　)。
    A. 应付债券　　　　　　　　　　　　　B. 预付账款
    C. 应付账款　　　　　　　　　　　　　D. 交易性金融负债
14. 下列属于非流动负债的有(　　)。
    A. 长期应付款　　　　　　　　　　　　B. 长期借款
    C. 应付债券　　　　　　　　　　　　　D. 应付职工薪酬
15. 企业期末计算所有者权益,下列等式错误的有(　　)。
    A. 期末资产－期末负债＝期末所有者权益
    B. 本期收入－本期费用＝期末所有者权益
    C. 期末资产－本期费用＝期末所有者权益
    D. 期末负债＋本期费用＝期末所有者权益
16. 下列属于企业所有者权益的有(　　)。
    A. 资本公积　　　　B. 实收资本　　　　C. 未分配利润　　　D. 盈余公积
17. 下列属于所有者权益要素的有(　　)。
    A. 股本　　　　　　B. 资本公积　　　　C. 未分配利润　　　D. 应付股利
18. 下列属于企业所有者权益的有(　　)。
    A. 未分配利润　　　B. 盈余公积　　　　C. 长期股权投资　　D. 资本公积

19. 下列属于留存收益的有( )。
    A. 应付利润   B. 盈余公积   C. 股本   D. 未分配利润
20. 收入是指企业在日常活动中形成的,下列活动属于收入的有( )。
    A. 销售商品   B. 提供劳务
    C. 让渡资产使用权   D. 接受投资者投入的股票
21. 作为会计要素的收入,包括( )。
    A. 主营业务收入   B. 营业外收入
    C. 投资收益   D. 其他业务收入
22. 作为会计要素的收入包括有( )。
    A. 销售商品收入   B. 提供劳务收入
    C. 营业外收入   D. 让渡资产使用权收入
23. 下列不属于收入要素内容的是( )。
    A. 接受捐赠形成的收入   B. 提供劳务取得的收入
    C. 出租固定资产取得的收入 D. 罚款取得的收入
24. 某企业12月份共增加银行存款80 000元,其中:出售商品收入30 000元;增值税5 100元;出售固定资产收入20 000元;接受捐赠收入10 000元;出租固定资产收入14 900元。则不是该月收入的为( )元。
    A. 35 100   B. 64 900   C. 50 000   D. 44 900
25. 下列各项属于费用的有( )。
    A. 制造费用   B. 管理费用   C. 财务费用   D. 销售费用
26. 下列属于费用要素的有( )。
    A. 制造费用   B. 管理费用   C. 预付账款   D. 财务费用
27. 企业生产过程中的期间费用包括( )。
    A. 管理费用   B. 制造费用   C. 销售费用   D. 财务费用
28. 企业发生费用的同时,可能会引起变动的有( )。
    A. 资产的增加 B. 资产的减少 C. 负债的增加 D. 负债的减少
29. 利润是指企业在一定会计期间的经营成果,包括有( )。
    A. 收入   B. 费用   C. 当期利得   D. 股本
30. 企业利润表中的利润有( )。
    A. 营业利润   B. 利润总额   C. 净利润   D. 发行股票收入
31. 通常反映资产或者负债现时成本或者现时价值的计量属性有( )。
    A. 重置成本   B. 可变现净值   C. 公允价值   D. 现值
32. 根据基本会计准则的规定,企业对会计要素进行计量时,可以选择运用的会计计量属性有( )。
    A. 历史成本   B. 重置成本   C. 可变现净值   D. 公允价值
33. 下列属于会计计量属性的有( )。
    A. 历史成本   B. 重置成本   C. 现值   D. 公允价值
34. 下列各项属于会计等式的有( )。
    A. 资产 = 负债 + 所有者权益

B. 收入 – 费用 = 利润

C. 借方发生额 = 贷方发生额

D. 期初余额 + 本期增加额 – 本期减少额 = 期末余额

35. 下列可以反映财务状况的会计等式有(　　)。

　　A. 资产 – 负债 = 所有者权益　　　　B. 资产 = 负债 + 所有者权益

　　C. 收入 – 费用 = 利润　　　　　　　D. 收入 – 成本 = 利润

36. 经济业务发生涉及负债增加时,同时可能引起变动的有(　　)。

　　A. 资产增加　　　　　　　　　　　B. 资产减少

　　C. 另一项负债减少　　　　　　　　D. 所有者权益减少

37. 企业向银行借款 10 万元存入银行,这项业务引起(　　)要素的增减变化。

　　A. 资产　　　B. 负债　　　C. 所有者权益　　　D. 收入

38. 下列引起资产和负债同时增加的经济业务有(　　)。

　　A. 赊购材料　　　　　　　　　　　B. 从银行提取现金

　　C. 以银行存款购入材料　　　　　　D. 向银行借款并将款项存入银行

39. 下列引起资产和负债同时增加的经济业务有(　　)。

　　A. 购进材料款项尚未支付　　　　　B. 向银行借款存入银行存款户

　　C. 用闲置房屋向外单位投资　　　　D. 用银行存款偿还应付账款

40. 下列引起资产与负债同时增加的经济业务有(　　)。

　　A. 从银行提取现金　　　　　　　　B. 从银行取得短期借款

　　C. 用银行存款偿还应付货款　　　　D. 购买固定资产款项尚未支付

41. 下列会导致企业资产总额和负债总额同时减少的经济业务有(　　)。

　　A. 用现金支付职工薪酬　　　　　　B. 从某企业购买材料一批,货款未付

　　C. 将资本公积转增资本　　　　　　D. 用银行存款偿还所欠货款

42. 下列能使企业负债总额增加的是(　　)。

　　A. 计提应付债券利息　　　　　　　B. 从银行取得短期借款

　　C. 签发并承兑商业汇票抵付前欠货款　D. 短期借款转长期借款

43. 下列不会引起资产和所有者权益同时变动的有(　　)。

　　A. 资本公积转增资本　　　　　　　B. 盈余公积转增资本

　　C. 宣告发放现金股利　　　　　　　D. 收到投资者投入资本存入银行

三、判断题(要求在括号答题,正确的用"√"表示,错误的用"×"表示。)

1. 会计要素是对会计对象的基本分类。(　　)

2. 会计要素是指根据交易或者事项的经济特征所确定的会计对象的基本分类。(　　)

3. 会计要素中既有反映财务状况的要素,又有反映经营成果的要素。(　　)

4. 收入、费用和利润三项会计要素表现相对静止状态的资金运动,能够反映企业的财务状况。(　　)

5. "资产 = 负债 + 所有者权益"这一会计等式被称为动态的会计等式。(　　)

6. 收入、费用和利润是集中反映企业在一定时日的经营成果。(　　)

7. 由于许多事业单位具有公益性组织的特征,因此在事业单位的会计要素中不设利润要素。(　　)

8. 资产是指企业过去的交易或事项形成并由企业拥有或者控制的,预期会给企业带来经济利益的资源。(   )

9. 资产是指企业现时的交易或者事项形成的、由企业拥有或者控制的、预期会给企业带来经济利益的资源。(   )

10. 某项财产物资要成为企业的资产,只要该企业拥有其所有权就能将其确认为资产。(   )

11. 按照实质重于形式的要求,企业融资租入的固定资产应视同自有固定资产核算。(   )

12. 资产是指企业拥有的各项经济资源。(   )

13. 未来交易或事项可能产生的结果可以确认为企业的资产。(   )

14. 没有交换价值和使用价值的物品,不能给企业带来未来效益,不能作为资产确认。(   )

15. 资产按流动性分为无形资产和有形资产。(   )

16. 预计在一个正常营业周期中变现、出售或者耗用的资产属于流动资产。(   )

17. 一个营业周期通常短于一年,但也存在正常营业周期长于一年的情况。(   )

18. 固定资产一般包括建筑物、机器设备和存货等。(   )

19. 资产可以是有实物形态的,也可以是无形的。(   )

20. 企业预付的货款实质上也是企业的一项资产。(   )

21. 无形资产属于流动资产。(   )

22. 商誉属于流动资产。(   )

23. 按照我国的会计准则,负债不仅指现实已存在的债务责任,还包括某些将来可能发生的、偶然事项形成的债务责任。(   )

24. 负债是指过去的交易、事项形成的过去义务,履行该义务预期会导致经济利益流出企业。(   )

25. 应收及预收款是资产,应付及预付款是负债。(   )

26. 权益是所有者权益的简称。(   )

27. 所有者权益是指企业投资人对企业资产的所有权。(   )

28. 所有者权益与企业特定的、具体的资产并无直接关系,不与企业任何具体的资产项目发生对应关系。(   )

29. 所有者权益等于实收资本加上未分配利润。(   )

30. 资本公积属于企业的留存收益。(   )

31. 收入是指企业在销售商品、提供劳务及让渡资产使用权等日常活动中所形成的经济利益的总流入。(   )

32. 只要有经济利益流入,就是企业的收入。(   )

33. 任何流入企业的资产都可以定义为企业的收入。(   )

34. 收入只包括本企业经济利益的流入,不包括为第三方或客户代收的款项。(   )

35. 收入要素包括主营业务收入、其他业务收入、营业外收入。(   )

36. 收入能够导致企业所有者权益增加,但是导致企业所有者权益增加的不一定都是收入。(   )

37. 收入可以表现为企业资产的增加或负债的清偿,或两者兼而有之,比如销售商品收

到的货款和增值税就可以确认为企业的收入。（　　）

38. 企业发生收入往往表现为货币资产的流入，但是并非所有货币资产的流入都是企业的收入。（　　）

39. 企业收入是指企业取得各项经济利益的总和。（　　）

40. 企业主营和兼营业务所带来的收入全部属于其他业务收入。（　　）

41. 企业的利得和损失包括直接计入所有者权益的利得和损失以及直接计入当期利润的利得和损失。（　　）

42. 利得分为直接计入当期损益的利得和计入所有者权益的利得。（　　）

43. 费用一定是企业日常活动中所发生的经济利益的总流出。（　　）

44. 企业非日常活动所发生的经济利益的流出也可以确认为费用。（　　）

45. 期间费用在发生时应直接计入当期损益。（　　）

46. 费用发生后直接计入当期损益，成本则不直接计入。（　　）

47. 费用最终会减少企业的所有者权益，但不减少资产。（　　）

48. 费用可表现为资产的减少或负债的增加。（　　）

49. 收入和费用的增加，实质上都是所有者权益的增加。（　　）

50. 利润是企业一定会计期间的经营成果。（　　）

51. 利润包括收入减去费用后的净额、直接计入当期损益的利得或损失等。（　　）

52. 利润是企业的一项资产。（　　）

53. 利润金额的确定主要取决于收入、费用、利得、损失金额的计量。（　　）

54. 利润反映收入减去费用后的净额。（　　）

55. 企业如果在一定期间内发生了亏损，必将导致该企业的所有者权益减少。（　　）

56. 企业实现了利润会导致所有者权益的增加。（　　）

57. 投资收益的大小不影响营业利润。（　　）

58. 营业利润是指利润总额减去所得税费用后的金额。（　　）

59. 《企业会计准则》仅要求企业采用历史成本进行会计计量。（　　）

60. 重置成本多应用于盘盈固定资产的计量等。（　　）

61. 在可变现净值计量下，资产按照其正常对外销售所能收到的现金或现金等价物的金额计量。（　　）

62. 现行成本是指正常情况下，出售一项资产所能获得的现金或现金等价物。（　　）

63. 资产按照预计从其持续使用和最终处置中所产生的未来现金流量以恰当的折现率进行折现后的价值计量称为现值计量。（　　）

64. 负债按照预计期限内需要偿还的未来现金流出量的折现金额计量称为现值计量。（　　）

65. 在投资性房地产的计量中符合条件的，可以采用公允价值计量。（　　）

66. 负债按照在公平交易中熟悉情况的交易双方自愿进行债务清偿的金额计量称为可变现净值计量。（　　）

67. 会计恒等式是"有借必有贷，借贷必相等"。（　　）

68. 资产与权益是同一事物的两个方面，两者在数量上必然相等。（　　）

69. 即使是亏损的企业，其资产总额也必然会等于权益总额。（　　）

70. 资产与所有者权益在数量上始终是相等的。（　）

71. "收入-费用=利润"这一会计等式,是复式记账法的理论基础,也是编制资产负债表的依据。（　）

72. "收入-费用=利润"是会计的基本恒等式,任何经济业务的发生都不会破坏这一平衡等式。（　）

73. 无论发生什么样的经济业务,资产和权益之间的平衡关系不变。（　）

74. 从任何一个时点看,一个企业的资产总额与权益总额之间必然保持数量上的平衡关系。（　）

75. 所有经济业务的发生,都会引起会计等式两边发生变化。（　）

76. "资产=负债+所有者权益"是会计等式,任何经济业务的发生都不会破坏这一平衡等式。（　）

77. 经济业务发生可能引起资产与权益总额发生变化,但是不会破坏会计基本等式的平衡关系。（　）

78. 收回以前的货款存入银行将使企业资产总额增加。（　）

79. 当采购员预借差旅费时,资产总额就会减少。（　）

80. 用盈余公积转增资本不影响所有者权益总额的变化,但会使企业净资产减少。（　）

81. 用银行存款偿还短期借款的经济业务不会使得"资产=负债+所有者权益"这一会计等式左右双方的总额发生变动。（　）

82. 支付已宣告的现金股利时所有者权益不会减少。（　）

项目三　设置会计科目与开设会计账户

一、单项选择题(下列每小题备选答案中只有一个符合题意的正确答案,请将选定答案前的英文字母填入括号内。)

1. 会计科目是指对(　)的具体内容进行分类核算的项目。
   A. 会计对象　　　B. 会计要素　　　C. 会计账户　　　D. 会计信息

2. 下列属于会计对象的第三层次的是(　)。
   A. 会计要素　　　B. 会计科目　　　C. 会计分录　　　D. 资金运动

3. 下列关于会计科目的说法,不正确的是(　)。
   A. 会计科目是对会计要素的进一步分类
   B. 会计科目按其所提供信息的详细程度不同,可分为总分类科目和明细分类科目
   C. 会计科目是根据企业的具体情况自行设定的
   D. 会计科目是复式记账和编制记账凭证的基础

4. 下列关于会计科目的说法,不正确的是(　)。
   A. 会计科目是复式记账基础,也为编制会计报表提供了条件
   B. 会计科目是对会计对象进行的基本分类,是会计核算对象的具体化

C. 会计科目简称为科目

D. 会计科目的设置既要适应经济业务发展的需要,又要保持相对稳定

5. 会计科目按归属的会计要素不同具体内容可分为( )。
   A. 资产、负债、所有者权益、收入、费用等五类
   B. 资产、负债、共同类、成本、损益等五类
   C. 资产、负债、共同类、所有者权益、利润、损益等六类
   D. 资产、负债、共同类、所有者权益、成本、损益等六类

6. 下列各项中,会计科目不按其所属会计要素分类的项目是( )。
   A. 资产类　　　　B. 所有者权益类　　　C. 成本类　　　　D. 利润类

7. 下列关于会计科目分类的说法,正确的有( )。
   A. 会计科目按其所提供信息的详细程度,分为总分类科目和明细分类科目
   B. 会计科目按照会计要素的不同,分为资产类、负债类、所有者权益类,收入类和费用类
   C. "存货跌价准备"、"坏账准备"、"资产减值损失"都属于资产类科目
   D. 为了适应企业管理精细化的要求,每一个总账科目下都应设置明细科目

8. 以下各项目,属于会计科目的是( )。
   A. 应收购货单位款项　　　　B. 应付销货单位款项
   C. 本年利润　　　　　　　　D. 投入资本

9. 会计科目按其反映的经济内容划分,"预付账款"属于( )科目。
   A. 资产类　　　　B. 负债类　　　　C. 所有者权益类　　　D. 损益类

10. 下列属于资产类科目的有( )。
    A. 现金　　　　B. 应收账款　　　C. 短期借款　　　D. 主营业务收入

11. ( )是属于资产类的科目。
    A. 累计折旧　　　B. 制造费用　　　C. 主营业务收入　　　D. 实收资本

12. 下列不属于资产类科目的是( )。
    A. 预付账款　　　B. 坏账准备　　　C. 累计折旧　　　D. 预收账款

13. 下列( )属于负债类科目。
    A. 预付账款　　　B. 应交税费　　　C. 长期股权投资　　　D. 实收资本

14. 下列属于流动负债的是( )。
    A. 预收账款　　　B. 应收账款　　　C. 应收票据　　　D. 应付债券

15. 下列不属于流动负债的是( )。
    A. 应付账款
    B. 预付账款
    C. 在1年的一个营业周期内偿还的债务
    D. 应付职工薪酬

16. 下列属于非流动负债项目的是( )。
    A. 应付票据　　　B. 长期借款　　　C. 应付股利　　　D. 应付职工薪酬

17. 下列属于所有者权益类科目的是( )。
    A. 银行存款　　　B. 短期借款　　　C. 应收账款　　　D. 本年利润

18. 下列不属于所有者权益项目的是（　　）。
    A. 盈余公积　　　B. 实收资本　　　C. 长期股权投资　　　D. 资本公积
19. 下列属于所有者权益类科目的有（　　）。
    A. 利润分配　　　B. 应交税费　　　C. 长期借款　　　D. 制造费用
20. 下列属于所有者权益账户的有（　　）。
    A. 以前年度损益调整　　　　　　B. 公允价值变动损益
    C. 本年利润　　　　　　　　　　D. 待处理财产损溢
21. 根据核算的需要，利润要素被细分命名成科目后，属于（　　）类科目。
    A. 盈余公积　　　B. 负债　　　C. 所有者权益　　　D. 损益
22. 下列属于成本类科目的有（　　）。
    A. 交易性金融资产　　　　　　　B. 应付利息
    C. 制造费用　　　　　　　　　　D. 管理费用
23. 在下列项目中与"生产成本"科目属于同一类会计科目的是（　　）。
    A. 主营业务成本　　B. 其他业务成本　　C. 制造费用　　D. 营业成本
24. 下列不属于成本类科目的是（　　）。
    A. 其他业务成本　　B. 制造费用　　C. 生产成本　　D. 劳务成本
25. 对收入和费用等的具体内容进行分类核算的项目是（　　）。
    A. 利润类科目　　B. 损益类科目　　C. 资产类科目　　D. 成本类科目
26. 下列属于损益类科目的是（　　）。
    A. 待处理财产损溢　　　　　　　B. 本年利润
    C. 生产成本　　　　　　　　　　D. 所得税费用
27. 下列不属于损益类科目的是（　　）。
    A. 制造费用　　B. 资产减值损失　　C. 投资收益　　D. 其他业务成本
28. 下列不属于损益类科目的是（　　）。
    A. 其他业务收入　　B. 投资收益　　C. 营业外收入　　D. 本年利润
29. 按其所归属的会计要素不同，"其他业务成本"属于（　　）类科目。
    A. 成本　　　B. 资产　　　C. 损益　　　D. 所有者权益
30. 按会计科目所归属的会计要素不同，"管理费用"属于（　　）类科目。
    A. 资产　　　B. 负债　　　C. 成本　　　D. 损益
31. 按其所归属的会计要素不同，"主营业务收入"属于（　　）类科目。
    A. 资产　　　B. 所有者权益　　　C. 成本　　　D. 损益
32. "预付账款"科目按其所归属的会计要素不同，属于（　　）类科目。
    A. 资产　　　B. 负债　　　C. 所有者权益　　　D. 成本
33. "应交税费"科目按其所归属的会计要素不同，属于（　　）类科目。
    A. 资产　　　B. 负债　　　C. 所有者权益　　　D. 成本
34. "应付职工薪酬"属于（　　）账户。
    A. 资产类　　　B. 负债类　　　C. 所有者权益类　　　D. 损益类
35. 根据所属会计科目分类，下列会计科目全部归属于同一类会计科目的是（　　）。
    A. 管理费用，待处理财产损溢，销售费用，所得税费用

B. 累计摊销,待处理财产损溢,长期待摊费用,固定资产清理

C. 累计折旧,利润分配,财务费用,本年利润

D. 库存现金,应付利息,预收账款,生产成本

36. 会计科目按其所(　　)不同,分为总分类科目和明细分类科目。
   A. 反映的会计对象　　　　　　　B. 反映的经济业务
   C. 归属的会计要素　　　　　　　D. 提供信息的详细程度及其统驭关系

37. 下列关于会计科目分类的表述,不正确的是(　　)。
   A. 明细分类科目反映各种经济业务的详细情况
   B. 明细分类科目是对其所属的总分类科目的补充和说明
   C. 明细分类科目又称明细科目,是对总分类科目做进一步详细说明的科目
   D. 二级明细科目是对明细科目进一步分类的科目

38. 下列属于总分类会计科目的是(　　)。
   A. 应交增值税　　B. 应付账款　　C. 专利权　　D. 专用设备

39. 下列属于总分类科目的是(　　)。
   A. 原材料　　　　　　　　　　　B. 机器设备
   C. 职工福利费　　　　　　　　　D. 应交企业所得税

40. 下列会计科目是一级科目的有(　　)。
   A. 辅助生产成本　　B. 生产成本　　C. 修理用备件　　D. A 产品

41. 下列属于二级科目的是(　　)。
   A. 应交增值税　　B. 进项税额　　C. 销项税额　　D. 应交税费

42. 某企业设置了"原材料——燃料——焦炭"会计科目,在此科目中,"燃料"属于(　　)。
   A. 总分类科目　　B. 一级明细科目　　C. 二级明细科目　　D. 三级明细科目

43. 下列科目设置子目的是(　　)。
   A. 固定资产——机器设备——车床　　B. 原材料
   C. 库存商品　　　　　　　　　　　　D. 生产成本

44. 下列不属于会计科目设置原则的是(　　)。
   A. 合法性原则　　B. 相关性原则　　C. 实用性原则　　D. 一贯性原则

45. 下列不属于会计科目设置原则的是(　　)。
   A. 合法性原则　　B. 相关性原则　　C. 合理性原则　　D. 实用性原则

46. (　　)原则,要求所设置的会计科目应为有关各方对会计信息的需要服务,满足对外报告与对内管理的需要。
   A. 合法性　　B. 相关性　　C. 谨慎性　　D. 实用性

47. 下列关于会计科目设置原则的表述,正确的有(　　)。
   A. 合法性原则是指所设置的会计科目应当符合会计行政法规
   B. 相关性原则是以可靠性为基础,会计信息在可靠性前提下,尽可能地做到相关,以满足对外报告的要求
   C. 会计科目设置原则包括合法性、相关性、实用性和可比性
   D. 实用性原则是指所设置的会计科目应符合单位自身特点、满足单位实际需要

48. (　　)不是设置会计科目的原则。
   A. 实用性原则 B. 相关性原则
   C. 权责发生制原则 D. 合法性原则

49. (　　)原则,是指所设置的会计科目应符合单位自身特点,满足单位实际需要。
   A. 合法性 B. 相关性 C. 谨慎性 D. 实用性

50. 下列关于会计科目的说法,不正确的是(　　)。
   A. 会计科目是对会计要素具体内容所作的进一步分类
   B. 会计科目按其所提供信息的详细程度及其统驭关系不同,分为总分类科目和明细分类科目
   C. 会计科目只需根据企业的具体情况自行设定
   D. 会计科目的设置应遵循国家统一的会计制度的规定

51. 账户是根据会计科目设置的,具有一定(　　),用于分类反映会计要素增减变动情况及其结果的载体。
   A. 格式和结构 B. 格式和内容 C. 内容和结构 D. 格式和标志

52. 核算资料和经济信息主要来源于(　　)。
   A. 账户 B. 科目 C. 要素 D. 核算

53. 账户是根据(　　)设置的、具有一定的格式和结构、用于分类反映会计要素增减变动情况及其结果的载体。
   A. 会计对象 B. 会计要素 C. 会计科目 D. 会计账簿

54. 各账户之间最本质的差别在于(　　)。
   A. 反映的经济用途不同 B. 反映的经济内容不同
   C. 反映的结构不同 D. 反映的格式不同

55. 根据总分类科目设置的、用于对会计要素具体内容进行总括分类核算的账户称为(　　)。
   A. 总账 B. 明细账 C. 备查账 D. 综合账

57. 开设明细分类账户的依据是(　　)。
   A. 总分类科目 B. 明细分类科目 C. 试算平衡表 D. 会计要素内容

58. 总分类账户与明细分类账户的主要区别在于(　　)。
   A. 记账内容不同 B. 记账方向不同
   C. 记账依据不同 D. 记录的详细程度不同

59. 账户的基本结构是由(　　)的数量变化情况决定的。
   A. 会计对象 B. 会计科目 C. 会计凭证 D. 会计要素

60. 账户的"丁"字结构是指(　　)。
   A. 账户的正规格式 B. 账户登记的方向
   C. 账户登记的日期 D. 会计要素所发生的增减变动情况

61. 会计科目和账户之间的区别主要是(　　)。
   A. 反映的经济内容不同
   B. 记录资产和权益的增减变动情况不同
   C. 记录资产和权益的结果不同

D. 账户有结构而会计科目无结构

62. 会计科目是( )的名称。
   A. 账户　　　　　B. 会计凭证　　　　C. 会计报表　　　　D. 会计要素

63. 以下有关账户概念的阐述,不正确的是( )。
   A. 账户是根据会计科目设置的
   B. 账户具有一定格式和结构
   C. 账户是用于分类反映会计要素增减变动情况及其结果的载体
   D. 账户不具有格式和结构

64. 总分类科目对明细分类科目具有( )作用。
   A. 统驭控制　　　B. 补充说明　　　　C. 指导　　　　　　D. 辅助

65. 明细分类科目对总分类科目具有( )作用。
   A. 统驭控制　　　B. 详细说明　　　　C. 指导　　　　　　D. 辅助

二、多项选择题(下列每小题备选答案中有两个或两个以上符合题意的正确答案,请将选定答案前面的英文字母填入括号内。)

1. 下列项目不属于会计科目的有( )。
   A. 交易性金融资产　　　　　　　　B. 短期负债
   C. 在产品　　　　　　　　　　　　D. 库存商品

2. 下列属于资产类会计科目的是( )。
   A. 应收账款　　　B. 预付账款　　　　C. 预收账款　　　　D. 无形资产

3. 下列属于资产类科目的是( )。
   A. 原材料　　　　B. 累计折旧　　　　C. 坏账准备　　　　D. 固定资产清理

4. 下列( )属于所有者权益类总分类科目。
   A. 应付股利　　　B. 实收资本　　　　C. 盈余公积　　　　D. 未分配利润

5. 下列会计科目,属于所有者权益科目的有( )。
   A. 实收资本　　　B. 资本公积　　　　C. 本年利润　　　　D. 利润分配

6. 下列会计科目,属于成本类科目的有( )。
   A. 生产成本　　　B. 财务费用　　　　C. 制造费用　　　　D. 主营业务成本

7. 下列不属于反映劳务成本的科目有( )。
   A. 生产成本　　　B. 主营业务成本　　C. 劳务成本　　　　D. 其他业务成本

8. 下列会计科目,属于损益类科目的有( )。
   A. 营业外支出　　B. 本年利润　　　　C. 销售费用　　　　D. 税金及附加

9. 下列会计账户,属于权益类账户的是( )。
   A. 应交税费　　　B. 实收资本　　　　C. 资本公积　　　　D. 应付职工薪酬

10. 下列与"税金及附加"同属一类会计科目的有( )。
    A. 主营业务成本　B. 其他业务成本　　C. 营业外支出　　　D. 管理费用

11. 下列属于总分类科目的有( )。
    A. 其他货币资金　B. 主营业务成本　　C. 其他应收款　　　D. 银行本票存款

12. 下列属于二级科目的是( )。
    A. 辅助材料　　　B. 制造费用　　　　C. 应交增值税　　　D. 主营业务成本

13. 下列属于会计科目设置原则的有(　　)。
    A. 相关性原则　　B. 真实性原则　　C. 合法性原则　　D. 实用性原则
14. 下列有关会计科目设置原则的阐述,正确的有(　　)。
    A. 合法性原则是指为了保证会计信息的可比性,所设置的会计科目应该符合国家有关法律法规的规定
    B. 相关性原则是指会计科目的设置,应为提供有关各方所需要的会计信息服务,满足对外报告与对内管理的要求
    C. 实用性原则是指在合法性的基础上,应该根据企业自身特点,设置符合企业需要的会计科目
    D. 可比性原则是指会计科目的设置,应为提供有关各方所需要的会计信息服务,满足对外报告与对内管理的要求
15. 有关总分类科目和明细分类科目的关系,下列表述正确的有(　　)。
    A. 总分类科目对明细分类科目具有统驭控制作用
    B. 明细分类科目对总分类科目具有补充说明作用
    C. 总分类科目与其所属明细分类科目在总金额上应当相等
    D. 总分类科目与明细分类科目提供信息的详细程度不同
16. 下列关于余额和发生额的说法,正确的是(　　)。
    A. 不是每一个账户都有发生额的
    B. 不是每一个账户都有余额的
    C. 不是每一个账户的期末余额都等于期初余额加本期借方发生额减本期贷方发生额的
    D. 不是每一个账户都既可以有借方发生,也可以有贷方发生的
17. 下列关于会计科目与账户的联系与区别的说法,不正确的有(　　)。
    A. 账户是会计科目的名称,反映经济内容的增减变动情况
    B. 会计科目是根据账户开设的,是账户所要登记的内容
    C. 账户是会计科目的具体运用
    D. 账户可以根据企业的自身需要在账簿中开设,会计科目不能

三、判断题(要求在括号答题,正确的用"√"表示,错误的用"×"表示。)

1. 会计科目是对会计对象按经济特征所作的最基本分类,是对会计核算对象的具体化。(　　)
2. 会计科目是对会计要素按照不同的经济内容和管理需要进行分类的项目,简称科目。(　　)
3. 会计科目仅仅是对会计要素的具体内容进行分类核算的项目或标志。(　　)
4. 会计科目为成本计算与财产清查提供了前提条件。(　　)
5. 会计科目按其反映的经济内容的不同分为资产类、负债类、共同类、所有者权益类、成本类和损益类。(　　)
6. 反映留存收益的科目有资本公积、盈余公积、本年利润和利润分配。(　　)
7. 管理费用和制造费用一样,都属于成本类科目。(　　)
8. 所有的总账科目都应该设置明细科目,进行明细核算。(　　)

9. 明细分类科目是对总分类科目进一步分类,提供更详细、更具体的会计信息的科目。(   )
10. 任何明细科目都对应着一个所属的总账科目。(   )
11. 对于明细科目较多的总账科目,可在总分类科目与明细分类科目之间设置二级或多级科目。(   )
12. 为了适应核算工作的需要,可在总账科目和二级科目之间增设明细科目。(   )
13. 明细分类科目是对会计要素具体内容进行总括分类核算的账户。(   )
14. 明细分类科目就是二级科目。(   )
15. 总分类科目对所属的明细分类科目起着统驭和控制作用,明细分类科目是对其总分类科目的详细和具体说明。(   )
16. 在不影响会计核算要求和会计报表指标汇总,对外提供统一的财务会计报表的前提下,企业可以自行增设、减少或合并某些会计科目。(   )
17. 为了满足管理的需要,企业的会计账户设置得越细越好。(   )
18. 在不违反国家统一会计制度的前提下,明细会计科目可以根据企业内部管理的需要自行制定。(   )
19. 设置会计科目的相关性原则是指所设置的会计科目应当符合国家统一的会计制度的规定。(   )
20. 在会计核算的具体方法中,设置账户占有重要位置,它决定着会计科目的开设,是正确进行会计核算的一个重要条件。(   )
21. 账户是根据会计科目设置的,没有一定结构,用于分类反应会计要素增减变动情况及其结果的载体。(   )
22. 会计科目是根据会计账户设置的。(   )
23. 账户按其所反映的经济内容分类,可分为总分类账户和明细分类账户。(   )
24. "其他业务成本"账户属于成本类账户。(   )
25. 生产成本及主营业务成本都属于成本类科目。(   )
26. "本年利润"账户按详细程度分属于损益类账户。(   )
27. 财务费用属于成本类项目,而制造费用属于损益类科目。(   )
28. 收入类科目与费用类科目一般没有期末余额,但有期初余额。(   )
29. 收入类账户期末结转后无余额。(   )
30. 账户核算的经济业务内容,从数量变化来看,不外乎增加和减少两种情况。(   )
31. 账户的本期发生额是动态资料,而期末余额与期初余额是静态资料。(   )
32. 账户的四个金额要素之间的关系可用下面等式表示:期末余额 = 期初余额 + 本期增加发生额 − 本期减少发生额。(   )
33. 账户的四个金额要素的基本关系是"期末余额 = 期初余额 + 本期借方发生额 − 本期贷方发生额"。(   )
34. "应收账款"账户的期末余额 = 期初余额 + 本期贷方发生额 − 本期借方发生额。(   )
35. 科目分为左右两方,左方登记增加,右方登记减少。(   )
36. 账户中增减相抵后的金额为期末余额。(   )

37. 明细分类账户是根据明细分类科目设置的、用于对会计要素具体内容进行总括分类核算的账户。（   ）

38. 由于会计账户是根据会计科目设置的,会计科目就是账户的名称,因此,会计科目和账户在数量、名称、结构上是完全一致的。（   ）

39. 在实际工作中,对会计科目和账户一般不严格区分,两者可以通用。（   ）

40. 没有账户,会计科目就失去了设置的依据。（   ）

四、综合题

（一）指出下列各项属于哪些会计要素,并写出相应的会计科目。

序号	内　　容	会计要素	会计科目
1	厂房一幢,价值10万元		
2	银行存款12万元		
3	投资者甲的资本额200万元		
4	应交税费4 000元		
5	须于半年后归还的借款2万元		
6	尚未收回的货款12万元		
7	生产甲产品的专利权5万元		
8	机器设备5台,价值15万元		
9	库存零用的现金6 000元		
10	公司送货用的卡车6万元		
11	欠原材料供应单位的货款10万		
12	将于2年后归还的银行借款4万元		
13	企业当年实现净利润2万元		
14	在产品200件,价值1万元		
15	盈余公积金1万元		

（二）三江企业某年5月末有关资产与权益情况如下（金额单位：千元）：

项　　目	金额
出纳员保管的现金	1 000
银行的存款	100 000
库存原材料	55 000
正在加工中的产品	20 000
库存完工产品	30 000
暂借给职工的差旅费	2 000
暂付给供应单位的包装物押金	2 000

续表

项　　目	金额
应收购货单位的销货款	40 000
房屋、建筑物	100 000
机器及设备	100 000
运输汽车	150 000
投资者投入资本	450 000
机器设备的损耗价值	360 000
已宣布但尚未支付给投资人的利润	215 000
企业发行的五年期债券	500 000
准备长期持有的向乙单位投入的资本	200 000
本年度实现的利润	234 100
本年度分配的利润	142 100
历年累计未分配的利润	40 000
向银行借入的期限为6个月的借款	50 000
应付供应单位的购料款	30 000
暂收购货单位的包装物押金	4 000
应交未交的税金	26 000

要求：根据以上资料，按照资产和权益（负债及所有者权益）项目进行分类，计算资产、负债和所有者权益三个要素的总额，并列出会计等式。

项　　目	会计要素	会计科目
出纳员保管的现金		
银行的存款		
库存原材料		
正在加工中的产品		
库存完工产品		
暂借给职工的差旅费		
暂付给供应单位的包装物押金		
应收购货单位的销货款		
房屋、建筑物		
机器及设备		
运输汽车		
投资者投入资本		

项 目	会计要素	会计科目
机器设备的损耗价值		
已宣布但尚未支付给投资人的利润		
企业发行的五年期债券		
准备长期持有的向乙单位投入的资本		
本年度实现的利润		
本年度分配的利润		
历年累计未分配的利润		
向银行借入的期限为6个月的借款		
应付供应单位的购料款		
暂收购货单位的包装物押金		
应交未交的税金		

（三）资料：假设某公司某年12月31日的资产、负债和所有者权益状况如下表所示（金额单位:元）：

资　产	金额	负债及所有者权益	金额
库存现金	2 000	短期借款	20 000
银行存款	54 000	应付账款	64 000
应收账款	70 000	应交税费	18 000
原材料	104 000	长期借款	B
长期股权投资	A	实收资本	480 000
固定资产	400 000	资本公积	46 000
合计	750 000	合计	C

要求：

1. 计算表中应填的数据 A、B、C 各是多少。
2. 计算该企业的流动资产总额。
3. 计算该企业的负债总额。
4. 计算该企业的净资产总额。

项目四　会计记账方法

一、单项选择题（下列每小题备选答案中只有一个符合题意的正确答案，请将选定答案前的英文字母填入括号内。）

1. 复式记账法是以（　　）为记账基础的一种记账方法。
   A. 试算平衡　　　　　　　　　B. 资产和权益平衡关系
   C. 会计科目　　　　　　　　　D. 经济业务

2. 在我国使用过的主要的复式记账方法有（　　）。
   A. 收付记账法、单式记账法和复式记账法
   B. 增减记账法、收付记账法和借贷记账法
   C. 复式记账法、收付记账法和单式记账法
   D. 单式记账法、复式记账法和增减记账法

3. 我国企事业单位会计核算统一采用的记账方法是（　　）。
   A. 借贷记账法　　　　　　　　B. 收付记账法
   C. 增减记账法　　　　　　　　D. 单式记账法

4. 每一项经济业务的发生，都会引起（　　）会计要素的具体项目发生增减变化。
   A. 一个　　　　　　　　　　　B. 两个
   C. 两个或两个以上的　　　　　D. 全部

5. 以下不是借贷记账法的优点是（　　）。
   A. 操作简单易行　　　　　　　B. 账户对应关系清楚
   C. 试算平衡简便　　　　　　　D. 设置账户比较灵活

6. 借贷记账法依据的会计等式是（　　）。
   A. 复式记账法　　　　　　　　B. 资产 = 负债 + 所有者权益
   C. 有借必有贷，借贷必相等　　D. 利润 = 收入 - 费用

7. 运用借记贷法，哪方登记增加，哪方登记减少，取决于（　　）。
   A. 账户的性质及所记录的经济业务　　B. 账户的用途和核算方法
   C. 账户的格式和性质　　　　　　　　D. 账户的结构和格式

8. 一个账户的增加发生额与该账户的期末余额一般都应在该账户的（　　）。
   A. 借方　　　B. 贷方　　　C. 相同方向　　　D. 相反方向

9. 表示某个会计科目金额关系的等式是（　　）。
   A. 期末余额 = 期初余额 + 本期增加发生额 - 本期减少发生额
   B. 资产 = 负债 + 所有者权益
   C. 资产 = 负债 + 所有者权益 + 收入 - 费用
   D. 全部会计科目本期借方发生额合计 = 全部账户本期贷方发生额合计

10. 如果某一账户的左方登记增加，右方登记减少，期初余额在左方，而期末余额在右

方,则表明( )。

    A. 本期增加发生额超过本期减少发生额的差额小于期初余额

    B. 本期增加发生额超过本期减少发生额的差额大于期初余额

    C. 本期增加发生额低于本期减少发生额的差额小于期初余额

    D. 本期增加发生额低于本期减少发生额的差额大于期初余额

11. 某账户的期初余额为500元,期末余额为3 000元,本期减少发生额为800元,则本期增加发生额为( )元。

    A. 4 300   B. 2 200   C. 1 700   D. 3 300

12. 用借贷记账法时,资产账户的结构特点是( )。

    A. 借方登记增加,贷方登记减少,期末余额在借方

    B. 借方登记减少,贷方登记增加,期末余额在贷方

    C. 借方登记增加,贷方登记减少,期末一般无余额

    D. 借方登记减少,贷方登记增加,期末一般无余额

13. 资产类账户的借方登记( )。

    A. 增加发生额   B. 减少发生额

    C. 增加或减少发生额   D. 以上都不对

14. "应收账款"账户月末余额等于( )。

    A. 期初余额 + 本期借方发生额 - 本期贷方发生额

    B. 期初余额 - 本期借方发生额 + 本期贷方发生额

    C. 本期借方发生额 - 本期贷方发生额 - 期初余额

    D. 本期贷方发生额 - 本期借方发生额 - 期初余额

15. 甲企业"原材料"账户的期初余额为1 200元,本期购入600元,本期发出500元,请问"原材料"账户的期末余额是( )元。

    A. 1 300   B. 100   C. 2 300   D. 800

16. 在借贷记账法下,负债类账户的结构特点是( )。

    A. 借方记增加,贷方记减少,余额在借方

    B. 贷方记增加,借方记减少,余额在贷方

    C. 借方记增加,贷方记减少,一般无余额

    D. 贷方记增加,借方记减少,一般无余额

17. "应付账款"账户的期初贷方余额为8 000元,本期借方发生额为12 000元,期末贷方余额为6 000元,则本期贷方发生额为( )元。

    A. 10 000   B. 4 000   C. 2 000   D. 14 000

18. "应交税费"账户期初贷方余额为35 400元,本期贷方发生额为26 300元,本期借方发生额为17 900元,该账户期末余额为( )元。

    A. 借方43 800   B. 借方27 000   C. 贷方43 800   D. 贷方27 000

19. 某企业月初的短期借款科目的贷方余额为60万元,本月向银行借入6个月的借款20万元,归还以前的短期借款30万元,则本月末短期借款科目的余额为( )万元。

    A. 贷方80   B. 贷方50   C. 借方50   D. 贷方30

20. 假定某企业"长期借款"月初账户余额为1 000 000元,当月借入3年期的银行存款

80 000 元,当月偿还已经到期流动资金借款 50 000 元,请问当月"长期借款"月末余额为( )元。

  A. 1 030 000 B. 1 080 000 C. 1 050 000 D. 1 230 000

21. 某账户的记录如下:

××账户

(1) 80 000	期初余额	30 000
	(2)	70 000
	(3)	( )
	期末余额	50 000

则该账户括号栏中应为( )。

  A. 150 000 元 B. 30 000 元 C. 20 000 元 D. 5 000 元

22. 某企业"预收账款"账户期末贷方余额为 50 000 元,本期共增加 30 000 元,减少 40 000 元,则该账户的期初余额为( )。

  A. 借方 40 000 元 B. 贷方 60 000 元 C. 借方 60 000 元 D. 贷方 40 000 元

23. "所有者权益"类账户的本期增加数和期末余额,应登记在该账户的( )。

  A. 借方 B. 贷方 C. 借方和贷方 D. 贷方和借方

24. "资本公积"账户期初余额 50 万元,本期贷方发生额 20 万元,本期借方发生额 8 万元,期末余额为( )万元。

  A. 58 B. 70 C. 80 D. 62

25. 权益类科目的余额一般在( )。

  A. 借方 B. 贷方 C. 无余额 D. 借方或贷方

26. 在借贷记账法下,成本类账户的结构特点是( )。

  A. 借方记增加,贷方记减少,余额在借方
  B. 贷方记增加,借方记减少,余额在贷方
  C. 借方记增加,贷方记减少,一般无余额
  D. 贷方记增加,借方记减少,一般无余额

27. "生产成本"科目的期末余额应归属于( )类会计要素。

  A. 利润 B. 负债 C. 所有者权益 D. 资产

28. "生产成本"账户期初余额 110 000 元,本期借方发生额 500 000 元,贷方发生额 300 000 元,期末余额为( )。

  A. 130 000 元 B. 310 000 元 C. 910 000 元 D. 600 000 元

29. 采用借贷记账法时,损益支出类账户的结构特点是( )。

  A. 借方登记增加,贷方登记减少,期末余额在借方
  B. 借方登记减少,贷方登记增加,期末余额在贷方
  C. 借方登记增加,贷方登记减少,期末一般无余额
  D. 借方登记减少,贷方登记增加,期末一般无余额

30. 在借贷记账法下,收入类账户的结构特点是( )。

  A. 借方记增加,贷方记减少,余额在借方

B. 贷方记增加,借方记减少,余额在贷方
C. 借方记增加,贷方记减少,一般无余额
D. 贷方记增加,借方记减少,一般无余额

31. 与资产类账户记账方向基本相同的账户是( )。
    A. 收入类账户   B. 费用类账户   C. 利润类账户   D. 权益类账户

32. 在借贷记账法下,费用类账户的结构特点是( )。
    A. 借方记增加,贷方记减少,余额在借方
    B. 贷方记增加,借方记减少,余额在贷方
    C. 借方记增加,贷方记减少,一般无余额
    D. 贷方记增加,借方记减少,一般无余额

33. 损益类账户的期末余额及方向表现为( )。
    A. 有借方余额   B. 有贷方余额
    C. 有借贷方余额   D. 期末结转后无余额

34. 年末所有损益类账户的余额均为零,表明( )。
    A. 当年利润一定是零
    B. 当年利润一定是正数
    C. 当年利润一定是负数
    D. 损益类账户在结账时均已转入"本年利润"账户

35. 期末结转后无余额的账户是( )。
    A. 资产类账户   B. 负债类账户
    C. 所有者权益类账户   D. 收入类账户

36. 下列账户中,期末结转后无余额的有( )。
    A. 实收资本   B. 管理费用   C. 固定资产   D. 应付账款

37. 年终结账后有余额的账户是( )。
    A. 本年利润   B. 制造费用   C. 利润分配   D. 税金及附加

38. 某企业本月发生管理费用开支计58万元,月末应结平"管理费用"账户,则"管理费用"账户( )。
    A. 月末借方余额58万元   B. 本月期末余额为0
    C. 月末贷方余额58万元   D. 月末借方余额29万元

39. 下列账户中期末余额一般在借方的是( )账户。
    A. 应付账款   B. 应收账款   C. 实收资本   D. 预收账款

40. 在借贷记账法下,账户的借方表示( )。
    A. 资产的增加和负债的减少   B. 负债的增加和资产的减少
    C. 收入的增加和负债的减少   D. 利润和所有者权益的增加

41. 期末余额一般在借方的账户是( )。
    A. 累计折旧   B. 交易性金融资产
    C. 应付债券   D. 盈余公积

42. 下列不符合借贷记账法记账规则的是( )。
    A. 资产所有者权益同时减少   B. 两项资产同时增加

C. 资产负债同时增加　　　　　　　D. 资产负债同时减少

43. 会计分录的基本要素不包括(　　)。
    A. 记账的时间　　B. 记账符号　　C. 记账金额　　D. 账户名称

44. 下列关于会计分录的表述,不正确的是(　　)。
    A. 应借应贷方向、科目名称和金额构成了会计分录的三要素
    B. 会计分录按涉及科目多少,可以分为简单会计分录和复合会计分录
    C. 复合会计分录是指涉及两个以上(不含两个)对应科目所组成的会计分录
    D. 会计实际工作中,最常用的会计分录为一借一贷、多借多贷分录

45. 账户之间的对应关系是指(　　)。
    A. 总分类账户与明细分类账户之间的关系
    B. 有关账户之间的应借应贷关系
    C. 资产类账户与负债类账户之间的关系
    D. 成本类账户与损益类账户之间的关系

46. 采用借贷记账法在账户中登记经济业务时,会在有关账户中形成(　　)。
    A. 从属关系　　　　　　　　　　B. 对应关系
    C. 平衡关系　　　　　　　　　　D. 统驭与补充说明关系

47. 对某项经济业务事项标明应借应贷账户及其金额的记录称为(　　)。
    A. 对应关系　　B. 会计分录　　C. 对应账户　　D. 试算平衡

48. 在实际工作中,是通过(　　)来确定会计分录的。
    A. 编制原始凭证　　B. 编制记账凭证　　C. 设置账簿　　D. 设置会计科目

49. 下列会计分录中,正确的会计分录是(　　)。
    A. 借:资本公积　　　　100 000　　　　B. 借:财务费用　　　　　100
       贷:实收资本　　　　　10 000　　　　　 贷:原材料　　　　　　 100
    C. 借:库存商品　　　　100 000　　　　D. 借:制造费用　　　　10 000
       贷:主营业务成本　　　10 000　　　　　 管理费用　　　　　16 000
                                              贷:原材料　　　　　26 000

50. 企业购入材料价值5 000元,其中3 000元以银行存款支付,余款未付的分录属于(　　)。
    A. 一借一贷　　B. 一借多贷　　C. 多借多贷　　D. 一贷多借

51. 下列会计分录中,属于复合会计分录的是(　　)。
    A. 借:制造费用　　　　　　　　　　　　　　10 000
          管理费用　　　　　　　　　　　　　　 5 000
          贷:累计折旧　　　　　　　　　　　　 15 000
    B. 借:银行存款　　　　　　　　　　　　　　80 000
          贷:实收资本——A公司　　　　　　　 55 000
                    ——B公司　　　　　　　 25 000
    C. 借:管理费用——维修费　　　　　　　　　80 000
          贷:原材料——甲材料　　　　　　　　 60 000
                    ——乙材料　　　　　　　 20 000
    D. 借:制造费用　　　　　　　　　　　　　　　500

贷：库存现金   500

52. 试算平衡是指根据"资产 = 负债 + 所有者权益"的恒等关系以及(　　)检查和验证所有账户记录是否正确的一种方法。

  A. 会计恒等式　　　　　　　　B. 借贷记账法的记账规则

  C. 会计第一等式　　　　　　　　D. 会计第二等式

53. 试算平衡分为发生额试算平衡和(　　)两种。

  A. 余额试算平衡　　B. 差额试算平衡　　C. 等额试算平衡　　D. 总额试算平衡

54. 发生额试算平衡法是根据(　　)确定的。

  A. 借贷记账法的记账规则　　　　B. 经济业务内容

  C. 资产 = 负债 + 所有者权益　　　D. 经济业务类型

55. 下列属于发生额试算平衡公式的是(　　)。

  A. 全部账户本期借方发生额合计 = 全部账户本期贷方发生额合计

  B. 全部账户借方本期发生额合计 = 期初借方余额 + 本期借方发生额 + 本期贷方发生额

  C. 全部账户贷方本期发生额合计 = 期初贷方余额 + 本期贷方发生额 – 本期借方发生额

  D. 全部账户借方期末余额合计 = 全部账户贷方期末余额合计

56. 账户期末余额试算平衡的平衡公式为(　　)。

  A. 全部账户的期末借方余额合计 = 全部账户的期初借方余额合计 – 全部账户的期初贷方余额合计 + 全部账户的期末贷方余额合计

  B. 全部账户的期末借方余额合计 = 全部账户的期初借方余额合计 + 全部账户的期初贷方余额合计 + 全部账户的期末贷方余额合计

  C. 全部账户的期末借方余额合计 = 全部账户的期初借方余额合计 + 全部账户的期初贷方余额合计 – 全部账户的期末贷方余额合计

  D. 全部账户的期末借方余额合计 = 全部账户的期末贷方余额合计

57. 某企业期末余额试算平衡表的资料如下(单位：元)：

账户名称	期末借方余额	期末贷方余额
H 账户	15 000	
I 账户	75 000	
J 账户		
K 账户		20 000
L 账户		35 000

则 J 账户(　　)。

  A. 有借方余额 90 000　　　　　　B. 有贷方余额 55 000

  C. 有借方余额 35 000　　　　　　D. 有贷方余额 35 000

58. 丙公司月末编制的试算平衡表中，全部账户的本月贷方发生额合计为 120 万元，除银行存款以外的本月借方发生额合计 104 万元，则银行存款账户(　　)。

  A. 本月借方余额为 16 万元　　　　B. 本月贷方余额为 16 万元

        C. 本月贷方发生额为 16 万元　　　　D. 本月借方发生额为 16 万元
59. 会计试算平衡的结果平衡了,说明会计记录(　　)。
    A. 基本正确　　　B. 绝对正确　　　C. 没有错误　　　D. 绝对不正确
60. 下列错误事项能通过试算平衡查找的是(　　)。
    A. 某项经济业务未登记入账　　　　B. 某项经济业务重复记账
    C. 应借应贷账户中借贷方向颠倒　　D. 应借应贷账户中金额不等
61. 下列错误事项不能通过试算平衡查找的是(　　)。
    A. 某项经济业务把登记在贷方金额记在借方
    B. 某项经济业务把登记在借方金额记在贷方
    C. 应借应贷账户中借贷方向颠倒
    D. 应借应贷账户中金额不等
62. 下列关于试算平衡法的说法,不正确的是(　　)。
    A. 编制试算平衡表时必须保证所有账户的发生额和余额均已记入试算平衡表
    B. 试算不平衡,表明账户记录肯定有错误
    C. 理论依据有"有借必有贷,借贷必相等"
    D. 试算平衡了,说明账户记录一定正确

二、多项选择题(下列每小题备选答案中有两个或两个以上符合题意的正确答案,请将选定答案前面的英文字母填入括号内。)
1. 下列属于复式记账法的有(　　)。
    A. 借贷记账法　　B. 增减记账法　　C. 收付记账法　　D. 正负记账法
2. 下列关于复式记账法意义的表述,正确的有(　　)。
    A. 可以反映资金运动的来龙去脉　　B. 可以反映账户之间的对应关系
    C. 可以便于检查账户记录是否正确　D. 可以便于检查账户记录的完整性
3. 复式记账法与单式记账法相比,具有的显著优点有(　　)。
    A. 能够全面反映经济业务内容
    B. 能够反映资金运动的来龙去脉
    C. 能够进行试算平衡,便于查账和对账
    D. 记账手续简单
4. 下列关于借贷记账法的表述,正确的有(　　)。
    A. 借贷记账法以"借"和"贷"作为记账符号
    B. 借贷记账法是一种复式记账方法
    C. 借贷记账法遵循"有借必有贷,借贷必相等"的记账规则
    D. 借贷记账法下,"借"表示增加,"贷"表示减少
5. 下列账户的四个金额要素,属于本期发生额的是(　　)。
    A. 期初余额　　　　　　　　　　　B. 本期增加金额
    C. 本期减少金额　　　　　　　　　D. 期末余额
6. 在借贷记账法下,资产类账户的结构特点是(　　)。
    A. 借方记增加　　　　　　　　　　B. 贷方记增加
    C. 一般无余额　　　　　　　　　　D. 一般有借方余额

7. 对于资产、成本类账户而言（　　）。
   A. 增加记借方　　　B. 增加记贷方　　　C. 减少记贷方　　　D. 期末无余额
8. 在借贷记账法下，下列各项关于负债类账户结构描述正确的有（　　）。
   A. 借方登记减少数　　　　　　　　　B. 贷方登记增加数
   C. 期末余额一般在借方　　　　　　　D. 期末余额一般在贷方
9. 在借贷记账法下，下列关于所有者权益类账户结构的描述正确的有（　　）。
   A. 借方登记减少数
   B. 贷方登记增加数
   C. 期末余额一般在贷方
   D. 期末贷方余额＝期初贷方余额＋本期贷方发生额－本期借方发生额
10. 在借贷记账法下，下列关于费用类账户结构的描述正确的有（　　）。
    A. 借方登记增加额　　　　　　　　　B. 贷方登记减少额
    C. 期末结转后一般无余额　　　　　　D. 期末余额一般在贷方
11. 下列有关费用(成本)类账户的说法，正确的是（　　）。
    A. 借方登记费用(成本)金额的增加
    B. 贷方登记费用(成本)金额的减少或转销
    C. 账户结构与资产类账户基本相同
    D. 借方登记费用(成本)的减少或转销
12. 期末结转后无余额的账户有（　　）。
    A. 实收资本　　　B. 主营业务成本　　　C. 库存商品　　　D. 销售费用
13. 下列结转后一般无余额的账户是（　　）。
    A. 财务管理　　　B. 管理费用　　　C. 其他业务收入　　　D. 原材料
14. 期末结账后，一般没有余额的账户是（　　）。
    A. 资产账户　　　　　　　　　　　　B. 收入账户
    C. 所有者权益账户　　　　　　　　　D. 费用账户
15. 下列有关损益类账户的表述，正确的有（　　）。
    A. 费用类账户的增加额记借方
    B. 收入类账户的减少额记借方
    C. 期末一般无余额
    D. 年末一定要直接结转到"利润分配"账户
16. 下列关于借贷记账法下的账户结构的表述，正确的有（　　）。
    A. 资产增加记借方，资产减少记贷方　　B. 负债增加记借方，负债减少记贷方
    C. 收入增加记贷方，收入减少记借方　　D. 费用增加记借方，费用减少记贷方
17. 在借贷记账法下，账户的借方应登记（　　）。
    A. 资产、费用的增加数　　　　　　　B. 权益、收入的减少数
    C. 资产、费用的减少数　　　　　　　D. 权益、收入的增加数
18. 借方记录增加发生额的账户有（　　）。
    A. 无形资产　　　B. 累计折旧　　　C. 预付账款　　　D. 营业外支出

19. 贷方登记本期减少发生额的账户有( )。
    A. 资产类账户   B. 负债类账户   C. 收入类账户   D. 费用类账户

20. 下列各项中,不属于科目对应关系的是( )。
    A. 总分类科目与明细分类科目之间的关系
    B. 有关科目之间的应借应贷关系
    C. 资产类科目与负债类科目之间的关系
    D. 成本类科目与损益类科目之间的关系

21. 在借贷记账法下,当贷记"银行存款"时,下列账户可能成为其对应账户的有( )。
    A. 应交税费   B. 库存现金   C. 材料采购   D. 本年利润

22. 下列账户中,可能成为"本年利润"的对应账户的有( )。
    A. 管理费用   B. 所得税费用   C. 利润分配   D. 制造费用

23. 在借贷记账法下,当借记"银行存款"时,下列会计科目可能成为其对应科目的有( )。
    A. 实收资本   B. 库存现金   C. 主营业务成本   D. 本年利润

24. 会计分录的构成要素有( )。
    A. 应借方向   B. 应贷方向   C. 账户名称   D. 金额

25. 运用借贷记账法编制会计分录时,可以编制的会计分录有( )分录。
    A. 一借一贷   B. 多借多贷   C. 多借一贷   D. 一借多贷

26. 下列属于复合会计分录的有( )。
    A. 一借一贷的分录   B. 一借多贷的分录
    C. 多借一贷的分录   D. 多借多贷的分录

27. 下列会计分录中,属于复合会计分录的是( )。
    A. 借:材料采购   5 000   B. 借:应付账款   500
         贷:应付账款   5 000   银行存款   4 500
                                              贷:实收资本   5 000
    C. 借:长期股权投资   100   D. 借:长期股权投资   5 000
         银行存款   4 900   贷:实收资本   5 000
         贷:应收账款   5 000

28. 某项经济业务发生后,一个资产账户记借方,则可能( )。
    A. 另一个资产账户记贷方   B. 另一个负债账户记贷方
    C. 另一个所有者权益账户记贷方   D. 涉及的其他账户都记借方

29. 某项经济业务发生后,一个负债账户记贷方,则可能( )。
    A. 另一个负债账户记借方
    B. 另一个所有者权益账户记借方
    C. 另一个资产账户记借方
    D. 涉及的其他账户有可能记借方,也有可能记贷方

30. 下列各项中,编制会计分录时必须考虑的因素有( )。
    A. 经济业务发生导致会计要素的变动是增加还是减少
    B. 登记哪些账户

C. 记入账户的借方还是贷方

D. 账户的余额在借方还是贷方

31. 下列选项中属于借贷记账法下试算平衡的方法有(　　)。
   A. 发生额试算平衡法　　　　　　B. 余额试算平衡法
   C. 增加额试算平衡法　　　　　　D. 减少额试算平衡法

32. 试算平衡的理论依据是(　　)。
   A. 借贷记账法的记账规则　　　　B. 经济业务的内容
   C. 资产 = 负债 + 所有者权益　　D. 收入 – 费用 = 利润

33. 下列关于试算平衡的等式表述,正确的有(　　)。
   A. 全部账户本期借方发生额合计 = 全部账户本期贷方发生额合计
   B. 全部账户借方期末余额合计 = 全部账户贷方期末余额合计
   C. 全部账户借方期初余额合计 = 全部账户贷方期初余额合计
   D. 全部账户借方期初余额合计 = 全部账户贷方期末余额合计

34. 不会影响借贷双方平衡关系的记账错误有(　　)。
   A. 从开户银行提取现金500元,记账时重复登记一次
   B. 收到现金100元,但没有登记入账
   C. 收到某公司偿还欠款的转账支票5 000元,但会计分录的借方科目错记为"现金"
   D. 到开户银行存入现金1 000元,但编制记账凭证时误为"借记现金,贷记银行存款"

35. 以下错误不能通过试算平衡发现的有(　　)。
   A. 将应记入"管理费用"借方的金额记入"制造费用"的借方
   B. 重复登记了某项经济业务
   C. 借方金额少记,贷方金额正确
   D. 漏记了一项经济业务

36. 下列不影响试算平衡的有(　　)。
   A. 漏记某项经济业务　　　　　　B. 重记某项经济业务
   C. 借贷科目用错　　　　　　　　D. 借贷方向颠倒

37. 下列关于试算平衡表的说法,正确的有(　　)。
   A. 包括发生额试算平衡法和余额试算平衡法
   B. 试算不平衡,表明会计分录记录肯定有错误
   C. 试算平衡了,说明会计科目记录一定正确
   D. 余额试算平衡的理论依据是"有借必有贷,借贷必相等"

三、判断题(要求在括号答题,正确的用"√"表示,错误的用"×"表示。)

1. 单式记账法是指对发生的每一项经济业务,只在一个账户中进行登记的记账方法。(　　)

2. 复式记账法是以资产和权益平衡关系作为记账基础,对于每一笔经济业务,都要在两个相互联系的账户中进行登记,系统地反映资金运动变化结果的一种记账方法。(　　)

3. 目前,我国主要采用的是复式记账法,但是对于个别企业和组织也可以采用单式记账法。(　　)

4. 借贷记账法即是世界通用的记账方法,又是目前我国法定的记账方法。(　　)

5. 借贷记账法是以"借"、"贷"作为记账符号,对每一笔经济业务在两个或两个以上相互联系的账户中以相同的方向、相同的金额全面地进行记录的一种复式记账法。(　　)
6. "有借必有贷,借贷必相等"是试算平衡法中余额试算平衡法的理论依据。(　　)
7. 复式记账法的记账规则是"有借必有贷,借贷必相等"。(　　)
8. 在借贷记账法下,"借"、"贷"只作为记账符号使用,用以表明记账方向。(　　)
9. 本期发生额是一个期间指标,它说明某类经济内容的增减变动情况。(　　)
10. 账户中本期增加发生额,是增减相抵后的净增加额。(　　)
11. 在借贷记账法下,账户的借方登记增加数,贷方登记减少数。(　　)
12. 一般地说,各类账户的期末余额与记录减少额的一方都在同一方向。(　　)
13. 一个账户的借方如果用来登记增加额,其贷方一定用来登记减少额。(　　)
14. 在借贷记账法下,资产类账户的借方登记增加数,贷方登记减少数,期末余额一定在借方。(　　)
15. 如果某一账户的期初余额为 50 000 元,本期增加发生额为 80 000 元,本期减少发生额为 40 000 元,则期末余额为 90 000 元。(　　)
16. "累计折旧"、"存货跌价准备"反映资产的价值损耗或损失的账户属于所有者权益类账户。(　　)
17. 某企业银行存款期初借方余额为 10 万元,本期借方发生额为 5 万元,本期贷方发生额为 3 万元,则期末借方余额为 12 万元。(　　)
18. 资产类账户的余额,一般在贷方;权益类账户的余额,一般在借方。(　　)
19. 权益类账户发生增加额时登记在该账户的贷方,发生减少额时登记在该账户的借方,其余额一般出现在账户的借方。(　　)
20. 负债类账户与所有者权益类账户结构相同,即借方登记减少数,贷方登记增加数。(　　)
21. 费用(成本)类账户期末一般无余额,如果有余额,则期末余额在贷方。(　　)
22. 在借贷记账法下,损益类账户的借方登记增加数,贷方登记减少数,期末一般无余额。(　　)
23. 在借贷记账法下,费用类科目与资产类科目的结构截然相反。(　　)
24. 会计分录中的账户之间的相互依存关系称为账户的对应关系。(　　)
25. 账户的对应关系是指总账与明细账之间的关系。(　　)
26. 任何两个或两个以上账户均可能发生对应关系形成对应账户。(　　)
27. 会计科目之间的对应关系是固定不变的。(　　)
28. 会计分录是对某项经济活动表明其应借应贷会计科目及其金额的记录。(　　)
29. 会计分录按照所涉及的账户多少,可以分为简单会计分录和复杂会计分录。(　　)
30. 复合分录可以分解为几个简单分录,几个简单分录可以合并为一个复合分录。(　　)
31. 在实务中,会计分录是在记账凭证上登记的。(　　)
32. 编制试算平衡表时,也应包括只有期初余额而没有本期发生额的账户。(　　)
33. 借贷记账法的试算平衡包括发生额差额平衡和余额差额平衡。(　　)

34. 发生额试算平衡是根据资产与权益的恒等关系,检查本期发生额记录是否正确的方法。(   )

35. 在实际工作中,余额试算平衡通过编制试算平衡表进行。(   )

36. 某企业月末编制试算平衡表借方余额合计为 100 000 元,贷方余额合计为 80 000 元,经检查后发现,漏记一个账户是 180 000 元。(   )

37. 借方或贷方发生额中,偶然多记或少记并相互抵销,借贷仍然不平衡。(   )

38. 记账时,将借贷方向记错,不会影响借贷双方的平衡关系。(   )

39. 通过试算平衡检查账簿记录,若借贷平衡就可以肯定记账准确无误。(   )

40. 记账过程发生串户的错误难以通过试算平衡来检查发现。(   )

四、计算分析题

(一)甲公司某年 9 月末资产总额为 300 万元,负债总额为零,10 月份公司发生如下经济业务:

(1)以银行存款购买一台价值 30 万元不需要安装的机器设备。

(2)购买生产用原料 12 万元(不考虑相关税费),材料已入库,款项未付。

(3)接受投资者投入的无形资产 20 万元。

(4)向银行借入 2 年期借款 10 万元。

要求:

(1)编制购入机器设备的分录。

(2)按流动性划分,与 2 年期借款属于同一类别的有哪个科目?

(3)计算 10 月末资产总额。

(4)计算 10 月末负债总额。

(5)10 月末所有者权益总额。

(答案中的金额单位用万元表示)

(二)中意公司某年12月31日有关账户的资料如下(单位:元):

账户名称	期初余额		本期发生额		期末余额	
	借方	贷方	借方	贷方	借方	贷方
长期股权投资	400 000		220 000	10 000	( )	
银行存款	60 000		( )	80 000	90 000	
应付账款		80 000	70 000	60 000		( )
短期借款		45 000	( )	10 000		30 000
应收账款	( )		30 000	50 000	20 000	
实收资本		350 000		( )		620 000
其他应付款		25 000	25 000			( )

要求:根据账户期初余额、本期发生额和期末余额的计算方法,填列上表中的空缺部分。

(三)要求:根据银光工厂20×9年5月份"总分类账户本期发生额及余额表"资料,计算填列括号中的有关数字并进行试算平衡。(表中"_____"表示没有发生额)

总分类账户本期发生额及余额表
20×9年5月31日 (单位:元)

账户名称	期初余额		本期发生额		期末余额	
	借方	贷方	借方	贷方	借方	贷方
库存现金	300		_____	_____	( )	
银行存款	38 000		13 000	( )	29 700	
应收账款	3 000		_____	3 000	( )	
原材料	80 000		60 000	( )	90 000	
生产成本	( )		70 000	80 000	20 000	
产成品	( )		80 000	20 000	100 000	
固定资产	200 000		( )	20 000	220 000	
短期借款		( )	_____	10 000		49 000
应付账款		( )	9 300	60 000		60 000
实收资本		343 000	( )	40 000		351 000
合 计	( )	( )	( )	( )	( )	( )

项目五 核算企业的主要经济业务

一、单项选择题(下列每小题备选答案中只有一个符合题意的正确答案,请将选定答案前的英文字母填入括号内。)

1. 下列会计分录是反映企业负债筹资业务的为(　　)。
   A. 借：银行存款　　　　　　　　　B. 借：固定资产
      贷：其他业务收入　　　　　　　　　贷：银行存款
   C. 借：银行存款　　　　　　　　　D. 借：银行存款
      贷：主营业务收入　　　　　　　　　贷：长期借款

2. 某企业从银行借入期限为 10 个月的借款 10 000 元,存入银行,应编制会计分录为(　　)。
   A. 借：银行存款　　10 000　　　　B. 借：银行存款　　10 000
      贷：短期借款　　10 000　　　　　　贷：长期借款　　10 000
   C. 借：长期借款　　10 000　　　　D. 借：短期借款　　10 000
      贷：银行存款　　10 000　　　　　　贷：银行存款　　10 000

3. 甲企业向银行借入期限为 3 年期的借款 40 000 元。甲企业应编制的会计分录是(　　)。
   A. 借：银行存款　　40 000　　　　B. 借：银行存款　　40 000
      贷：短期借款　　40 000　　　　　　贷：长期借款　　40 000
   C. 借：银行存款　　40 000　　　　D. 借：银行存款　　40 000
      贷：实收资本　　40 000　　　　　　贷：营业外收入　　40 000

4. 甲企业于月末支付本季度短期借款利息 1 500 元(已预提 1 000 元)。甲企业应编制的会计分录为(　　)。
   A. 借：财务费用　　1 500　　　　 B. 借：财务费用　　1 000
      贷：银行存款　　1 500　　　　　　 应付利息　　　500
   　　　　　　　　　　　　　　　　　　　贷：银行存款　　1 500
   C. 借：财务费用　　　500　　　　 D. 借：应付利息　　1 500
      应付利息　　　1 000　　　　　　　贷：银行存款　　1 500
      贷：银行存款　　1 500

5. 企业取得 6 个月的流动资金借款,应贷记(　　)账户。
   A. 实收资本　　　B. 短期借款　　　C. 长期借款　　　D. 投资收益

6. 若企业本月支付借款利息费用金额低,可于实际支付时一次计入当期损益,则下列做法正确的是(　　)。
   A. 借：财务费用　　　　　　　　　　　　贷：应付利息

B. 借：财务费用　　　　　　　　　　　　贷：银行存款
C. 借：短期借款　　　　　　　　　　D. 借：应付利息
　　贷：银行存款　　　　　　　　　　　　贷：银行存款

7. 某企业月末计提短期借款利息600元，应借记(　　)科目。
　　A. 管理费用　　B. 销售费用　　C. 财务费用　　D. 制造费用

8. 企业归还短期借款本息，不可能涉及的账户是(　　)。
　　A. 短期借款　　B. 长期借款　　C. 财务费用　　D. 应付利息

9. 企业取得14个月的固定资产建造借款，应贷记(　　)科目。
　　A. 实收资本　　B. 短期借款　　C. 长期借款　　D. 投资收益

10. 通常长期借款在购建的资产达到预定可使用状态后发生的费用，应作为(　　)列支。
　　A. 在建工程　　B. 固定资产　　C. 营业外支出　　D. 财务费用

11. "实收资本"属于(　　)账户。
　　A. 资产类　　B. 负债类　　C. 损益类　　D. 所有者权益类

12. (　　)是指企业实际收到投资人投入的资本。
　　A. 实收资本(股本)　　　　　　　　B. 盈余公积
　　C. 资本公积　　　　　　　　　　　D. 未分配利润

13. 企业接受货币资金投资10 000元存入银行(假定不产生资本溢价)，应编制会计分录(　　)。
　　A. 借：银行存款　　10 000　　　　B. 借：银行存款　　10 000
　　　　贷：短期借款　　10 000　　　　　　贷：长期借款　　10 000
　　C. 借：银行存款　　10 000　　　　D. 借：实收资本　　10 000
　　　　贷：实收资本　　10 000　　　　　　贷：银行存款　　10 000

14. 甲企业收到某投资者投入的专利权，双方协议作价20 000元。甲企业应编制的会计分录为(　　)。
　　A. 借：专利　　　　20 000　　　　B. 借：固定资产　　20 000
　　　　贷：实收资本　　20 000　　　　　　贷：实收资本　　20 000
　　C. 借：无形资产　　20 000　　　　D. 借：专利权　　　20 000
　　　　贷：实收资本　　20 000　　　　　　贷：实收资本　　20 000

15. 三晋企业收到某投资者投入的货币资金580 000元，双方确认该投资者投入的资本溢价为80 000元。甲企业应编制的会计分录为(　　)。
　　A. 借：银行存款　　580 000　　　　B. 借：银行存款　　580 000
　　　　贷：实收资本　　580 000　　　　　　贷：实收资本　　500 000
　　　　　　　　　　　　　　　　　　　　　　　营业外收入　　80 000
　　C. 借：银行存款　　580 000　　　　D. 借：银行存款　　580 000
　　　　贷：实收资本　　500 000　　　　　　贷：实收资本　　500 000
　　　　　　盈余公积　　80 000　　　　　　　　　资本公积　　80 000

16. 投资者投入的超过注册资本或股本的金额应计入(　　)。
　　A. 营业外收入　　B. 实收资本　　C. 盈余公积　　D. 资本公积

17. 企业收到投资方以库存现金投入资本，实际投入的金额超过其在注册资本中所占份额的部分,应记入( )科目。

  A. 实收资本 B. 资本公积 C. 盈余公积 D. 投资收益

18. 下列不属于固定资产核算内容的是( )。

  A. 运输工具 B. 在产品 C. 建筑物 D. 运输设备

19. 下列不属于固定资产特征的是( )。

  A. 有形资产

  B. 无形资产

  C. 使用寿命超过一个会计年度

  D. 为生产商品、提供劳务、出租或经营管理而持有的

20. 下列不作为本企业固定资产核算的是( )。

  A. 经营租出的固定资产 B. 投资者投入的固定资产

  C. 融资租入的固定资产 D. 融资租出的固定资产

21. "固定资产"属于( )。

  A. 资产类账户 B. 所有者权益类账户

  C. 成本类账户 D. 损益类账户

22. "固定资产"账户的用途是用以核算企业持有的固定资产的( )。

  A. 原价 B. 现价 C. 净额 D. 净值

23. 某项经济业务所做的会计分录是:借:固定资产;贷:实收资本。该项经济业务应表述为( )。

  A. 购入全新的不需安装的固定资产

  B. 出售全新的固定资产

  C. 用固定资产对外投资

  D. 接受投资人不需安装的固定资产投资

24. 购入需安装的固定资产,其价值应先记入( )科目,待安装完毕后再转入"固定资产"科目。

  A. 材料采购 B. 在途物资 C. 周转材料 D. 在建工程

25. 20×6年6月10日,甲企业(一般纳税人)购入一台不需要安装就可投入使用的设备,取得的增值税专用发票注明的价款为200 000元,增值税额为34 000元,支付运费2 000元,增值税220元,支付采购人员差旅费1 200元。则该固定资产的成本为( )元。

  A. 200 000 B. 202 000 C. 203 200 D. 237 420

26. 某一般纳税企业购入不需要安装设备一台,取得的增值税专用发票注明:买价40 000元,增值税6 800元,另支付运杂费1 200元,保险费600元。则该设备的入账价值为( )元。

  A. 41 800 B. 48 600 C. 48 000 D. 41 200

27. 公司支付银行存款30 000元购入不需安装的生产用设备一台(不考虑相关税费),应编制会计分录为( )。

  A. 借:在建工程 30 000 B. 借:银行存款 30 000

    贷:银行存款 30 000   贷:原材料 30 000

C. 借:固定资产　　　　　30 000　　　　　D. 借:银行存款　　　　　30 000
　　贷:银行存款　　　　　30 000　　　　　　贷:固定资产　　　　　30 000

28. 20×6年6月1日,甲企业(一般纳税人)购入一台不需要安装就可投入使用的设备,取得普通发票注明的价款为117 000元,款项以转账支票支付。甲企业应编制的会计分录为(　　)。

　　A. 借:固定资产　　　　　　　　　　　　　　　117 000
　　　　贷:银行存款　　　　　　　　　　　　　　　117 000
　　B. 借:固定资产　　　　　　　　　　　　　　　100 000
　　　　贷:银行存款　　　　　　　　　　　　　　　100 000
　　C. 借:固定资产　　　　　　　　　　　　　　　100 000
　　　　应交税费——应交增值税(进项税额)　　　17 000
　　　　贷:银行存款　　　　　　　　　　　　　　　117 000
　　D. 借:固定资产　　　　　　　　　　　　　　　117 000
　　　　贷:应付票据　　　　　　　　　　　　　　　117 000

29. 20×6年7月1日,甲企业(一般纳税人)购入房屋一套,取得的发票价款合计2 000 000元,款项以转账支票支付。甲企业应编制的会计分录为(　　)。

　　A. 借:房屋　　　2 000 000　　　　B. 借:固定资产　　2 000 000
　　　　贷:银行存款　2 000 000　　　　　　贷:银行存款　　2 000 000
　　C. 借:固定资产　2 000 000　　　　D. 借:房屋　　　　2 000 000
　　　　贷:转账支票　2 000 000　　　　　　贷:转账支票　　2 000 000

30. 20×6年7月1日,一般纳税人甲企业购入一台不需要安装的设备,取得的增值税专用发票注明的价款为2 000元,增值税额为340元,款项以银行存款支付。甲企业应编制的会计分录为(　　)。

　　A. 借:固定资产　　　　　　　　　　　　　　　2 340
　　　　贷:应付账款　　　　　　　　　　　　　　　2 340
　　B. 借:固定资产　　　　　　　　　　　　　　　2 340
　　　　贷:银行存款　　　　　　　　　　　　　　　2 340
　　C. 借:固定资产　　　　　　　　　　　　　　　2 000
　　　　应交税费——应交增值税(进项税额)　　　340
　　　　贷:银行存款　　　　　　　　　　　　　　　2 340
　　D. 借:固定资产　　　　　　　　　　　　　　　2 000
　　　　应交税费——应交增值税(进项税额)　　　340
　　　　贷:应付票据　　　　　　　　　　　　　　　2 340

31. 某企业20×8年3月31日购入不需要安装的固定资产,则该企业应自(　　)起开始计提折旧。

　　A. 20×8年3月　　B. 20×8年4月　　C. 20×8年5月　　D. 20×9年1月

32. 甲企业现有设备一台,原价为50 000元,预计净残值率为4%,预计使用10年,按年限平均法计算该设备的月折旧率为(　　)。

　　A. 0.8%　　　　B. 0.83%　　　　C. 0.96%　　　　D. 1.00%

33. 甲企业有设备一台,原价为50 000元,预计净残值率为4%,预计使用10年,按年限平均法计算该设备的月折旧额为(　　)元。
   A. 333　　　　　B. 400　　　　　C. 433　　　　　D. 500

34. 甲企业一辆运输卡车的原价为95 000元,预计净残值5 000元,预计行驶里程500 000公里,本月行驶6 000公里。则该辆汽车的本月折旧额为(　　)元。
   A. 960　　　　　B. 1 000　　　　C. 1 080　　　　D. 1 140

35. 某项固定资产的原值为200 000元,预计净残值为2 000元,预计使用年限为5年。则在年数总和法下第三年的折旧额为(　　)元。
   A. 26 400　　　B. 52 800　　　C. 40 000　　　D. 39 600

36. 下列关于"累计折旧"账户的表述,正确的是(　　)。
   A. "累计折旧"账户的借方登记折旧的增加额
   B. "累计折旧"账户的借方登记折旧的减少额
   C. "累计折旧"账户的期末余额为借方余额
   D. "累计折旧"账户是无形资产账户的调整账户

37. 企业按月计提固定资产折旧,借记不涉及的账户为(　　)。
   A. 销售费用　　B. 管理费用　　C. 财务费用　　D. 研发支出

38. 企业按月计提固定资产折旧,不可能借记的账户是(　　)。
   A. 制造费用　　B. 管理费用　　C. 所得税费用　　D. 其他业务成本

39. 企业按月计提固定资产折旧,可能借记的账户是(　　)。
   A. 固定资产　　B. 累计折旧　　C. 累计摊销　　D. 销售费用

40. 某企业计提行政管理部门使用设备折旧费,应借记(　　)账户。
   A. 制造费用　　B. 生产成本　　C. 管理费用　　D. 销售费用

41. 企业计提本月生产车间使用的固定资产折旧费50 000元,应编制的会计分录为(　　)。
   A. 借:固定资产　　50 000　　　B. 借:生产成本　　50 000
      贷:累计折旧　　50 000　　　　贷:固定资产　　50 000
   C. 借:生产成本　　50 000　　　D. 借:制造费用　　50 000
      贷:累计折旧　　50 000　　　　贷:累计折旧　　50 000

42. 甲企业按月计提行政管理部门使用固定资产折旧费2 000元。甲企业应编制的会计分录为(　　)。
   A. 借:累计折旧　　2 000　　　B. 借:累计折旧　　2 000
      贷:固定资产　　2 000　　　　贷:管理费用　　2 000
   C. 借:制造费用　　2 000　　　D. 借:管理费用　　2 000
      贷:累计折旧　　2 000　　　　贷:累计折旧　　2 000

43. 甲企业按月计提出租设备折旧费500元。甲企业应编制的会计分录为(　　)。
   A. 借:累计折旧　　500　　　　B. 借:累计折旧　　500
      贷:固定资产　　500　　　　　贷:其他业务成本　　500
   C. 借:其他业务成本　　500　　D. 借:管理费用　　1 000
      贷:累计折旧　　500　　　　　贷:累计折旧　　1 000

44. 固定资产处置业务必须首先转入( )科目核算。
   A. 固定资产   B. 营业外收入   C. 营业外支出   D. 固定资产清理
45. 某企业报废设备一台,原价400万元,已提折旧389万元,残料估价10万元(已入库),支付清理费用3万元,则应记入营业外支出的金额为( )万元。
   A. 13   B. 4   C. 9   D. 3
46. 下列不应计入材料采购成本的是( )。
   A. 运杂费   B. 运输途中的合理损耗
   C. 入库前的挑选整理费用   D. 采购人员工资
47. 工业企业购入原材料在运输途中发生的短缺,其中属于定额内合理损耗的部分应计入( )。
   A. 管理费用   B. 材料的采购成本
   C. 生产成本   D. 营业外支出
48. "在途物资"属于( )。
   A. 资产类账户   B. 负债类账户   C. 损益类账户   D. 成本类账户
49. "在途物资"账户贷方登记( )。
   A. 期初在途物资余额
   B. 购入材料、商品等物资的买价和采购费用
   C. 已验收入库材料、商品等物资应结转的实际采购成本
   D. 期末在途物资余额
50. 企业采购原材料价税款已付,材料未验收入库,应借记( )账户。
   A. 在途物资   B. 原材料   C. 生产成本   D. 主营业务成本
51. 20×6年6月1日,甲企业(一般纳税人)购入原材料一批,取得增值税专用发票注明的价款2 000元,增值税款340元,支付运费200元,增值税款22元,则该批材料的采购成本为( )元。
   A. 2 200   B. 2 222   C. 2 540   D. 2 562
52. 20×6年3月1日,甲企业(一般纳税人)购入原材料一批,取得增值税专用发票注明的价款1 000元,增值税款170元,支付装卸费130元,则该批材料的采购成本为( )元。
   A. 1 000   B. 1 130   C. 1 170   D. 1 300
53. 20×6年12月15日,丙企业上月购入的原材料本月入库,实际成本3 500元,则丙企业应编制的会计分录为( )。
   A. 借:在途物资   3 500   B. 借:原材料   3 500
      贷:原材料   3 500   贷:应付账款   3 500
   C. 借:原材料   3 500   D. 借:原材料   3 500
      贷:银行存款   3 500   贷:在途物资   3 500
54. 20×6年3月1日,甲企业(一般纳税人)购入原材料一批,取得增值税专用发票注明的价款1 000元,增值税款170元,支付装卸费130元,材料入库,货款未付,则甲企业应编制的会计分录为( )。
   A. 借:原材料   1 000

  　　　　应交税费——应交增值税（进项税额）　　　　　　　　300
  　　　　　贷：应付账款　　　　　　　　　　　　　　　　　　1 300
  B. 借：原材料　　　　　　　　　　　　　　　　　　　　　　1 130
  　　　　应交税费——应交增值税（进项税额）　　　　　　　　170
  　　　　　贷：应付账款　　　　　　　　　　　　　　　　　　1 300
  C. 借：原材料　　　　　　　　　　　　　　　　　　　　　　1 170
  　　　　应交税费——应交增值税（进项税额）　　　　　　　　130
  　　　　　贷：应付账款　　　　　　　　　　　　　　　　　　1 300
  D. 借：原材料　　　　　　　　　　　　　　　　　　　　　　1 300
  　　　　　贷：应付账款　　　　　　　　　　　　　　　　　　1 300

55. 某一般纳税企业购入材料一批,取得的增值税专用发票注明：买价150 000元,增值税款25 500元,另支付运费1 000元,增值税88元。则该材料收到时的入账价值为(　　)元。
  A. 150 944　　　　　B. 151 000　　　　　C. 150 800　　　　　D. 176 500

56. 实际成本法下,一般纳税人企业购买材料,取得增值税专用发票,材料已验收入库,而货款未付,应编制的会计分录为(　　)。
  A. 借：原材料
  　　　应交税费——应交增值税（进项税额）
  　　　　贷：应付账款
  B. 借：原材料
  　　　应交税费——应交增值税（进项税额）
  　　　　贷：其他货币资金
  C. 借：原材料
  　　　应交税费——应交增值税（进项税额）
  　　　　贷：银行存款
  D. 借：原材料
  　　　应交税费——应交增值税（进项税额）
  　　　　贷：预付账款

57. "应付账款"账户贷方登记(　　)。
  A. 应付账款的期初余额
  B. 偿还的应付账款金额
  C. 企业因购入材料、商品等尚未支付的款项
  D. 应付账款的期末余额

58. 下列应当贷记应付账款科目的是(　　)。
  A. 确认当期应缴纳的所得税　　　　　B. 冲销无法支付的应付账款
  C. 偿还应付账款　　　　　　　　　　D. 赊购商品而发生的应付账款

59. 某企业购买材料一批3 000元,增值税进项税额为510元,运杂费200元,开出商业汇票支付,但材料尚未收到,应贷记(　　)科目。
  A. 原材料　　　　　B. 材料采购　　　　　C. 银行存款　　　　　D. 应付票据

60. 企业从甲公司购入甲材料、乙材料、丁材料,数量分别为 3 000 公斤、2 500 公斤、4 500 公斤,共发生运费 4 000 元,按照重量分配运杂费,则甲材料应分得的运费为(　　)。

　　　A. 1 200 元　　　B. 1 116 元　　　C. 996 元　　　D. 都不对

61. 某企业向三星工厂购入甲、乙两种材料,甲材料 500 千克,每千克 300 元,增值税 25 500 元;乙材料 800 千克,每千克 400 元,增值税 54 400 元;甲、乙两种材料的运杂费 3 250 元,运杂费按甲、乙两种材料的重量比例分配,则入库的甲材料成本为(　　)元。

　　　A. 151 250　　　B. 237 680　　　C. 153 250　　　D. 403 716

62. 某公司同时购进 A、B 两种材料。A 材料 3 000 千克,单价 25 元,计价款 75 000 元,增值税为 12 750 元;B 材料 2 000 千克,单价 40 元,计价款 80 000 元,增值税为 13 600 元。发生运杂费 1 500 元,所有款项均以银行存款支付。运杂费按材料的重量比例进行分配(不考虑运费的增值税扣除问题)。则其中 A 材料的采购成本为(　　)元。

　　　A. 75 900　　　B. 88 650　　　C. 80 600　　　D. 87 750

63. 小规模纳税企业购入原材料取得的增值税专用发票注明:货款 20 000 元,增值税 3 400 元,在购入材料的过程中另支付运杂费 500 元。则该企业原材料的入账价值为(　　)元。

　　　A. 19 500　　　B. 20 500　　　C. 23 300　　　D. 23 900

64. 下列不属于发出存货成本的确定方法的是(　　)。

　　　A. 先进先出法　　　B. 加权平均法　　　C. 个别计价法　　　D. 后进先出法

65. 某企业月初库存材料 60 件,每件为 1 000 元,月中又购进两批,一次 200 件,每件 950 元,另一次 100 件,每件 1 046 元,该企业对材料发出采用月末一次加权平均法进行核算,则月末该材料的加权平均单价为(　　)元/件。

　　　A. 980　　　B. 985　　　C. 990　　　D. 1 182

66. 某企业采用先进先出法计算发出材料成本。某年 3 月 1 日结存 A 材料 200 吨,每吨实际成本为 200 元;3 月 4 日和 3 月 17 日分别购进 A 材料 300 吨和 400 吨,每吨实际成本分别为 180 元和 220 元;3 月 10 日和 3 月 27 日分别发出 A 材料 400 吨和 350 吨。A 材料 3 月末账面余额为(　　)元。

　　　A. 30 000　　　B. 30 333　　　C. 32 040　　　D. 33 000

67. "生产成本"属于(　　)账户。

　　　A. 损益类　　　B. 负债类　　　C. 成本类　　　D. 所有者权益类

68. 在借贷记账法下,下列关于"生产成本"账户结构的描述,正确的是(　　)。

　　　A. 借方登记减少额　　　　　　　B. 贷方登记增加额
　　　C. 期末余额一般在贷方　　　　　D. 可能没有期末余额

69. 下列关于"生产成本"科目的表述,正确的是(　　)。

　　　A. "生产成本"科目期末若有余额,肯定在贷方
　　　B. "生产成本"科目的余额表示在产品的成本
　　　C. "生产成本"科目的余额表示本期发生的生产费用总额
　　　D. "生产成本"科目期末肯定无余额

70. 下列应记入产品成本的工资费用是(　　)。

　　　A. 基本生产车间管理人员工资　　　B. 行政管理部门人员工资

C. 在建工程人员工资　　　　　　　　　D. 专设销售机构人员工资

71. 下列应计入制造费用的是(　　)。
    A. 车间折旧费　　　　　　　　　　　B. 车间修理费
    C. 生产工人工资　　　　　　　　　　D. 车间招待费

72. 月末,甲企业以银行存款支付本月生产车间耗用电费6 000元。甲企业应编制的会计分录为(　　)。
    A. 借:电费　　　　　6 000　　　　　B. 借:制造费用　　　6 000
         贷:银行存款　　6 000　　　　　　　贷:银行存款　　6 000
    C. 借:管理费用　　　6 000　　　　　D. 借:制造费用　　　6 000
         贷:银行存款　　6 000　　　　　　　贷:库存现金　　6 000

73. 以银行存款支付生产车间办公费1 200元,应借记(　　)。
    A. "管理费用"账户1 200元　　　　　B. "制造费用"账户1 200元
    C. "生产成本"账户1 200元　　　　　D. "期间费用"账户1 200元

74. 月末,甲企业以转账支票支付本月生产车间劳动保护费2 800元。甲企业应编制的会计分录为(　　)。
    A. 借:劳动保护费　　2 800　　　　　B. 借:管理费用　　　2 800
         贷:银行存款　　2 800　　　　　　　贷:银行存款　　2 800
    C. 借:制造费用　　　2 800　　　　　D. 借:生产成本　　　2 800
         贷:银行存款　　2 800　　　　　　　贷:银行存款　　2 800

75. 企业生产车间主任出差归来,报销会议费等差旅费1 560元,应借记(　　)科目。
    A. 管理费用　　B. 制造费用　　C. 财务费用　　D. 销售费用

76. 生产车间设备发生修理费用应记入(　　)科目。
    A. 管理费用　　B. 财务费用　　C. 制造费用　　D. 生产成本

77. 甲企业行政管理部门领用材料500元。甲企业应编制的会计分录为(　　)。
    A. 借:生产成本　　　500　　　　　　B. 借:制造费用　　　500
         贷:原材料　　　500　　　　　　　　贷:原材料　　　500
    C. 借:管理费用　　　500　　　　　　D. 借:销售费用　　　500
         贷:原材料　　　500　　　　　　　　贷:原材料　　　500

78. 甲企业基本生产车间领用辅助材料300元用于一般耗用,则其会计分录为(　　)。
    A. 借:生产成本　　　300　　　　　　B. 借:制造费用　　　300
         贷:原材料　　　300　　　　　　　　贷:原材料　　　300
    C. 借:原材料　　　　300　　　　　　D. 借:原材料　　　　300
         贷:生产成本　　300　　　　　　　　贷:制造费用　　300

79. 企业生产车间管理人员的职工薪酬,应借记"制造费用"账户,贷记(　　)。
    A. "其他应付款"账户　　　　　　　　B. "应付账款"账户
    C. "应付工资"账户　　　　　　　　　D. "应付职工薪酬"账户

80. 开出现金支票一张,支付本月工资120 000元。应编制的会计分录为(　　)。
    A. 借:应付职工薪酬——工资　　　　　　　　　　　120 000
         贷:库存现金　　　　　　　　　　　　　　　　　　120 000

  B. 借：库存现金   120 000
    贷：银行存款   120 000
  C. 借：银行存款   120 000
    贷：应付职工薪酬——工资   120 000
  D. 借：应付职工薪酬——工资   120 000
    贷：银行存款   120 000

81. 下列属于企业产品成本中的直接人工项目的是（ ）。
  A. 构成商品实体的原材料以及有助于产品形成的主要材料和辅助材料
  B. 直接从事产品生产的工人的职工薪酬
  C. 企业为生产产品和提供劳务而发生的各项间接费用
  D. 从事财务管理的管理人员职工薪酬

82. 某企业生产车间发生下列业务：（1）生产 A 产品领用材料 40 000 元；（2）生产工人工资 8 000 元；（3）车间管理人员工资 4 000 元；（4）车间水电等费用 4 000 元；（5）车间固定资产修理费 500 元。则该车间本月制造费用为（ ）元。
  A. 8 000   B. 8 500   C. 56 500   D. 4 000

83. 20×6 年 6 月 5 日，甲企业基本生产车间领用材料 10 000 元，用于生产产品。甲企业应编制的会计分录为（ ）。
  A. 借：生产成本   10 000   B. 借：制造费用   10 000
    贷：原材料   10 000   贷：原材料   10 000
  C. 借：原材料   10 000   D. 借：原材料   10 000
    贷：生产成本   10 000   贷：制造费用   10 000

84. 甲企业生产 M 产品 200 件和 N 产品 300 件，共同耗用 A 材料 50 000 元，共同耗用的材料费用按产品数量进行分配。甲企业应编制的会计分录为（ ）。
  A. 借：销售费用   50 000
    贷：原材料——A 材料   50 000
  B. 借：生产成本——M 产品   20 000
       ——N 产品   30 000
    贷：原材料——A 材料   50 000
  C. 借：制造费用——M 产品   20 000
       ——N 产品   30 000
    贷：原材料——A 材料   50 000
  D. 借：管理费用   50 000
    贷：原材料——A 材料   50 000

85. 下列应计入产品生产成本的是（ ）。
  A. 车间管理人员工资   B. 厂部管理人员工资
  C. 专设销售部门人员工资   D. 专项工程人员工资

86. 生产成本不包括（ ）。
  A. 直接材料   B. 管理费用   C. 直接人工   D. 制造费用

87. 企业为生产产品和提供劳务而发生的间接费用应先在"制造费用"账户归集，期末再按一定的标准和方法分配记入( )账户。

  A. 管理费用　　　　B. 生产成本　　　　C. 本年利润　　　　D. 库存商品

88. 某企业8月份一车间生产A、B两种产品,本月一车间发生制造费用24 000元,要求按照生产工人的工资比例分配制造费用。本月A产品生产工人工资为80 000元,B产品生产工人工资为40 000元。则B产品应负担的制造费用为( )元。

  A. 16 000　　　　B. 8 000　　　　C. 12 000　　　　D. 24 000

89. 某企业的制造费用采用生产工人工时比例法进行分配。该企业当月生产甲、乙两种产品,共发生制造费用50 000元。当月生产甲、乙两种产品共耗用20 000工时,其中,甲产品耗用16 000工时,乙产品耗用4 000工时。则甲产品应分配的制造费用为( )元。

  A. 30 000　　　　B. 20 000　　　　C. 16 000　　　　D. 40 000

90. 用来归集产品制造过程中发生的生产费用、计算产品总成本和单位成本的账户是( )。

  A. 制造费用　　　　B. 库存商品　　　　C. 生产成本　　　　D. 主营业务成本

91. 生产工人的工资应列入生产成本的( )项目。

  A. 管理费用　　　　B. 直接材料　　　　C. 直接人工　　　　D. 制造费用

92. 甲企业M产品期初在产品成本2 000元,本月发生生产费用60 000元,期末在产品成本4 000元,则本月完工产品成本为( )元。

  A. 54 000　　　　B. 56 000　　　　C. 58 000　　　　D. 62 000

93. 假定某企业20×5年12月1日"生产成本"账户余额为80 000元,当月投入材料成本为90 000元,人工成本10 000元,应负担的制造费用为20 000元,当月月末在产品成本为18 000元,则该月完工产品总成本为( )元。

  A. 218 000　　　　B. 182 000　　　　C. 142 000　　　　D. 58 000

94. 甲企业为增值税一般纳税企业,2015年8月5日销售产品一批,货款为1 000万元,增值税税率17%,销售当日收到购货方寄来的一张期限为3个月的银行承兑汇票以支付全额货款,则甲公司应收票据入账金额为( )万元。

  A. 830　　　　B. 1 000　　　　C. 1 034　　　　D. 1 170

95. 假设某企业只生产一种产品,本期为生产该产品发生直接材料费用160万元,直接人工费用30万元,制造费用40万元,企业行政管理费用20万元,本期结转完工产品成本为200万元,期末"生产成本"科目的余额为50万元,则该企业"生产成本"科目的期初余额为( )万元。

  A. 0　　　　B. 20　　　　C. 30　　　　D. 50

96. 某企业生产一种产品,2008年3月1日期初在产品成本为7万元;3月份发生如下费用:生产领用材料12万元,生产工人工资4万元,制造费用2万元,管理费用3万元,广告费用1.6万元;月末在产品成本为6万元。该企业3月份完工产品的生产成本为( )万元。

  A. 16.6　　　　B. 18　　　　C. 19　　　　D. 23.6

97. 月末,甲企业结转制造费用60 000元,其中M产品负担35 000元,N产品负担25 000元。甲企业应编制的会计分录为( )。

  A. 借:制造费用——M产品　　　　　　　　　　　　　　　　　　　　　35 000

——N产品	25 000
贷：生产成本	60 000
B. 借：生产成本——M产品	35 000
——N产品	25 000
贷：制造费用	60 000
C. 借：管理费用——M产品	35 000
——N产品	25 000
贷：制造费用	60 000
D. 借：制造费用——M产品	35 000
——N产品	25 000
贷：管理费用	60 000

98. 月末，甲企业结转本月完工 N 产品 500 件，总成本 120 000 元。甲企业应编制的会计分录为(　　)。

A. 借：库存商品——N产品	500
贷：生产成本——N产品	500
B. 借：生产成本——N产品	120 000
贷：库存商品——N产品	120 000
C. 借：库存商品——N产品	120 000
贷：制造费用——N产品	120 000
D. 借：库存商品——N产品	120 000
贷：生产成本——N产品	120 000

99. 月末，甲企业结转本月完工 M 产品 1 000 件，总成本 280 000 元。甲企业应编制的会计分录为(　　)。

A. 借：生产成本——M产品	1 000
贷：库存商品——M产品	1 000
B. 借：生产成本——M产品	280 000
贷：库存商品——M产品	280 000
C. 借：库存商品——M产品	1 000
贷：生产成本——M产品	1 000
D. 借：库存商品——M产品	280 000
贷：生产成本——M产品	280 000

100. 下列应作为主营业务收入核算的是(　　)。
　　A. 产品销售收入　　　　　　　　B. 材料销售收入
　　C. 出租无形资产收入　　　　　　D. 出租固定资产收入

101. 工业企业的产品销售收入、商品流通企业的商品销售收入属于(　　)。
　　A. 营业外收入　　B. 其他业务收入　　C. 投资收益　　D. 主营业务收入

102. 按照我国会计准则的规定，下列应确认为收入的是(　　)。
　　A. 销售商品收入　　　　　　　　B. 存货盘盈
　　C. 处置固定资产净收益　　　　　D. 出售无形资产取得的收入

103. 下列各项最终不能作为企业收入确认的是( )。
   A. 销售原材料的收入   B. 销售商品的收入
   C. 处置固定资产的收入   D. 出租包装物取得的收入

104. 下列属于企业其他业务收入核算的有( )。
   A. 商品销售收入   B. 外购材料销售收入
   C. 固定资产出售收入   D. 无形资产出售收入

105. 甲公司销售产品10件,每件售价300元,发票上注明该批产品的价款为3 000元,收到一张已承兑的包含全部款项的商业汇票,该笔销售满足收入确认的条件,不考虑相关税费,下列关于确认收入的账务处理,正确的是( )。
   A. 借:主营业务收入   3 000
       贷:应收票据   3 000
   B. 借:主营业务收入   3 000
       贷:应收账款   3 000
   C. 借:应收账款   3 000
       贷:主营业务收入   3 000
   D. 借:应收票据   3 000
       贷:主营业务收入   3 000

106. 企业采用托收承付结算方式,销售产品100件,每件售价200元,发票上注明该批产品的价款为20 000元,税款为3 400元,在办理托收手续后,应编制的会计分录为( )。
   A. 借:银行存款   23 400
       贷:主营业务收入   20 000
           应交税费——应交增值税(销项税额)   3 400
   B. 借:其他货币资金   23 400
       贷:主营业务收入   20 000
           应交税费——应交增值税(销项税额)   3 400
   C. 借:应收账款   23 400
       贷:主营业务收入   20 000
           应交税费——应交增值税(销项税额)   3 400
   D. 借:应收票据   23 400
       贷:主营业务收入   20 000
           应交税费——应交增值税(销项税额)   3 400

107. 甲企业2015年12月1日"生产成本"账户余额为80 000元,当月投入材料成本90 000元,人工成本10 000元,应负担的制造费用20 000元,当月月末在产品成本18 000元,则当月完工产品总成本是( )元。
   A. 58 000   B. 142 000   C. 182 000   D. 218 000

108. 下列票据应通过"应收票据"核算的是( )。
   A. 转账支票   B. 银行汇票
   C. 银行本票   D. 商业承兑汇票

109. 一般纳税人企业应确认收入的有( )。
   A. 产品销售价款   B. 增值税销项税额
   C. 代垫运杂费   D. 代垫的保险费

110. 甲公司销售给Y公司B产品300件,每件售价500元,价款为150 000元,对方以转账支票支付价款,不考虑其他因素,该业务账务处理为( )。

  A. 借:应收账款——Y 公司   *150 000*
    贷:主营业务收入   *150 000*
  B. 借:应收票据——Y 公司   *150 000*
    贷:主营业务收入   *150 000*
  C. 借:银行存款   *150 000*
    贷:主营业务收入   *150 000*
  D. 借:主营业务收入   *150 000*
    贷:应收票据——Y 公司   *150 000*

111. 企业对外销售商品,符合收入确认条件,购货方未支付货款,这项债权应记入( )。
  A. "应收账款"账户的借方   B. "应收账款"账户的贷方
  C. "应付账款"账户的借方   D. "应付账款"账户的贷方

112. 企业销售商品时代垫的运杂费,应记入下列( )科目。
  A. 应收账款 B. 预付账款 C. 其他应收款 D. 应付账款

113. 某企业 2009 年 12 月 1 日销售商品一批,售价为 20 000 元,销售过程中发生运费 200 元、装卸费 1 200 元,则该企业应确认的收入为( )元。
  A. 20 000 B. 23 400 C. 19 600 D. 22 932

114. 下列应确认为主营业务成本的有( )。
  A. 商品销售成本   B. 材料销售成本
  C. 专项工程成本   D. 包装物销售成本

115. 企业生产甲、乙两种产品,则下列应确认为主营业务成本的有( )。
  A. 甲产品销售成本   B. 外购材料销售成本
  C. 外购燃料销售成本   D. 自制包装物销售成本

116. 企业在结转已销商品的销售成本 50 000 元时,应编制的正确的会计分录是( )。
  A. 借:生产成本   *50 000*   B. 借:库存商品   *50 000*
    贷:库存商品   *50 000*   贷:生产成本   *50 000*
  C. 借:库存商品   *50 000*   D. 借:主营业务成本 *50 000*
    贷:主营业务收入 *50 000*   贷:库存商品   *50 000*

117. 销售产品发生的消费税应记入( )科目的借方。
  A. 应交税费 B. 税金及附加 C. 本年利润 D. 利润分配

118. 下列可以计入"税金及附加"的项目有( )。
  A. 增值税   B. 印花税
  C. 所得税   D. 城市维护建设税

119. 当企业不设置"预收账款"科目时,预收货款应通过( )核算。
  A. 应收账款的借方   B. 应收账款的贷方
  C. 应付账款的借方   D. 应付账款的贷方

120. 甲公司销售产品一批给乙公司,不含增值税的售价为 200 000 元,增值税为 34 000 元,合计 234 000 元,原已预收 200 000 元,其余款项尚未支付,则甲公司在向乙公司交付货物时应编制的正确的会计分录为(   )。

    A. 借：预付账款   234 000

       贷：主营业务收入   200 000

           应交税费——应交增值税（销项税额）   34 000

    B. 借：预收账款   234 000

       贷：主营业务收入   200 000

           应交税费——应交增值税（销项税额）   34 000

    C. 借：主营业务收入   200 000

          应交税费——应交增值税（销项税额）   34 000

       贷：预收账款   234 000

    D. 借：主营业务收入   200 000

          应交税费——应交增值税（销项税额）   34 000

       贷：预收账款   234 000

121. 企业对于已经发出，且符合收入确认条件的已销商品，在结转其成本时应借记的科目是(   )。

    A. 库存商品   B. 发出商品   C. 主营业务成本   D. 在途物资

122. 甲企业与乙企业签订销货合同规定：售价金额为 200 000 元，增值税额为 34 000 元；乙企业先支付全部货款的 60%，余款在货物交货后补付，甲企业收到补付货款时，应编制的会计分录为(   )。

    A. 借：银行存款   93 600   B. 借：银行存款   93 600

       贷：预收账款   93 600   贷：应付账款   93 600

    C. 借：银行存款   93 600   D. 借：银行存款   93 600

       贷：主营业务收入 93 600   贷：应收账款   93 600

123. 出租固定资产、无形资产的收入属于(   )。

    A. 主营业务收入 B. 其他业务收入 C. 投资收益   D. 营业外收入

124. 某一般纳税人企业，销售材料 500 件，每件售价 20 元，增值税率为 17%，款项尚未收到，应编制的会计分录为(   )。

    A. 借：银行存款   11 700

       贷：其他业务收入   10 000

           应交税费——应交增值税（销项税额）   1 700

    B. 借：应收账款   11 700

       贷：其他业务收入   10 000

           应交税费——应交增值税（销项税额）   1 700

    C. 借：银行存款   11 700

       贷：其他业务成本   10 000

           应交税费——应交增值税（销项税额）   1 700

    D. 借：应收账款   11 700

       贷：原材料   10 000

           应交税费——应交增值税（销项税额）   1 700

125. 某企业销售一批原材料,开具的增值税专用发票上注明的售价为80 000元,增值税税额为13 600元。材料已发出,款项收到并存入银行。该批材料的实际成本为59 000元。在结转上述已销材料成本时应编制的正确的会计分录为(　　)。
  A. 借:其他业务成本　59 000   B. 借:其他业务成本　80 000
    贷:原材料　　　　59 000   贷:库存商品　　　80 000
  C. 借:主营业务成本　59 000   D. 借:主营业务成本　80 000
    贷:库存商品　　　59 000   贷:原材料　　　　80 000

126. 下列不应作为"其他业务收入"核算的是(　　)。
  A. 销售产品　　B. 销售材料　　C. 出租无形资产　　D. 出租固定资产

127. 下列不属于期间费用的是(　　)。
  A. 管理费用　　B. 财务费用　　C. 销售费用　　D. 制造费用

128. 企业的工会购买办公用品,应记入借方科目的是(　　)。
  A. 制造费用　　B. 管理费用　　C. 财务费用　　D. 销售费用

129. 企业发生在生产经营过程中利息费用核算科目的是(　　)。
  A. 管理费用　　B. 销售费用　　C. 财务费用　　D. 制造费用

130. 企业20×1年5月发生长期待摊费用5 000元,制造费用25 000元,销售费用15 000元,管理费用20 000元。该企业当月期间费用为(　　)元。
  A. 6 500　　B. 60 000　　C. 35 000　　D. 40 000

131. 某企业当月发生费用如下:(1)产品广告费25 000元;(2)业务招待费20 000元;(3)行政管理部门折旧费15 000;(4)车间水电费20 000元;(5)计提短期借款利息费用5 000元。则本企业当月的期间费用为(　　)元。
  A. 45 000　　B. 60 000　　C. 65 000　　D. 85 000

132. 下列项目中,应记入"财务费用"科目的是(　　)。
  A. 车间固定资产折旧费   B. 银行承兑汇票承兑手续费
  C. 财务会计人员工资   D. 保险费

133. 某企业月末计提短期借款利息600元,应借记(　　)科目。
  A. 管理费用　　B. 销售费用　　C. 财务费用　　D. 制造费用

134. 某企业以存款支付产品展览费5 000元,应借记(　　)科目。
  A. 管理费用　　B. 销售费用　　C. 财务费用　　D. 制造费用

135. 企业专设销售机构人员的工资应计入(　　)账户。
  A. 管理费用　　B. 财务费用　　C. 销售费用　　D. 主营业务成本

136. 工业企业销售产品时支付的运输费,应计入(　　)账户。
  A. 生产成本　　B. 管理费用　　C. 销售费用　　D. 材料采购

137. 下列属于"销售费用"科目核算内容的有(　　)。
  A. 广告费   B. 金融机构手续费
  C. 业务招待费   D. 厂部办公费

138. 企业行政管理人员出差归来,报销差旅费1 025元,应借记(　　)科目。
  A. 管理费用　　B. 制造费用　　C. 财务费用　　D. 销售费用

139. 企业以银行存款支付办公费,应借记( )科目。
    A. 管理费用   B. 销售费用   C. 财务费用   D. 制造费用

140. 下列关于"管理费用"账户的说法,正确的是( )。
    A. 借方表示管理费用的减少
    B. 贷方表示管理费用的增加
    C. 属于损益类账户
    D. 年末余额被转入"利润分配"账户

141. 下列账户期末余额可能转入"本年利润"账户的是( )。
    A. 销售费用   B. 制造费用   C. 生产成本   D. 累计折旧

142. 期间费用账户年末都应结转至( )账户。
    A. 利润分配   B. 本年利润   C. 盈余公积   D. 实收资本

143. 某企业收到捐赠款32 000元,收存银行,应贷记( )科目。
    A. 主营业务收入   B. 其他业务收入   C. 营业外收入   D. 营业外支出

144. 下列应确认为营业外收入的是( )。
    A. 罚款收入   B. 租金收入   C. 材料销售收入   D. 商品销售收入

145. 某企业支付税收罚款1 200元,应借记( )科目。
    A. 营业外收入   B. 营业外支出   C. 管理费用   D. 销售费用

146. 某企业以银行存款支付合同违约金4 500元,应借记( )科目。
    A. 管理费用   B. 销售费用   C. 其他业务成本   D. 营业外支出

147. 下列不属于营业外支出的是( )。
    A. 处置固定资产净损失   B. 处置无形资产净损失
    C. 无形资产摊销   D. 捐赠支出

148. 下列属于"营业外支出"科目核算内容的是( )。
    A. 行政管理人员的工资   B. 各种销售费用
    C. 借款的利息   D. 非常损失

149. 下列应确认为营业外支出的是( )。
    A. 材料销售成本   B. 借款费用
    C. 专设销售机构人员工资   D. 固定资产处置净损失

150. "本年利润"账户的贷方余额表示( )。
    A. 自年初起至本月末止累计实现的利润
    B. 历年累计发生的亏损
    C. 历年累计实现的利润
    D. 自年初起至本月末止累计发生的亏损

151. 下列关于"本年利润"科目的表述,正确的是( )。
    A. 借方登记转入的营业收入、营业外收入等金额
    B. 贷方登记转入的营业成本、营业外支出等金额
    C. 年度终了结账后,该科目无余额
    D. 全年的任何一个月末都不应有余额

152. 下列关于"本年利润"账户的表述,不正确的是( )。
    A. 贷方登记转入的营业收入、营业外收入等金额
    B. 借方登记转入的营业成本、营业外支出等金额
    C. 年度终了结账后,该账户无余额
    D. 全年的任何一个月末都不应有余额

153. 某企业20×6年9月30日,"本年利润"账户的贷方余额为25万元,表明( )。
    A. 该企业20×6年1~9月份的净利润为25万元
    B. 该企业20×6年9月份的净利润为25万元
    C. 该企业20×6年全年的净利润为25万元
    D. 该企业20×6年12月份的净利润为25万元

154. 下列账户中,期末应转入"本年利润"账户借方的是( )。
    A. 应交税费——应交所得税   B. 应交税费——应交增值税
    C. 应交税费——应交消费税   D. 所得税费用

155. 损益类科目期末余额可能结转至( )。
    A. 实收资本   B. 本年利润
    C. 资本公积   D. 利润分配——未分配利润

156. 下列经济业务中,借记资产类科目,贷记负债类科目的是( )。
    A. 从银行提取现金   B. 接受投资
    C. 赊购商品   D. 以现金偿还债务

157. 下列属于利润分配内容的是( )。
    A. 支付借款利息   B. 发放职工工资
    C. 分配投资者利润   D. 计提职工住房公积金

158. 下列关于"利润分配——未分配利润"账户的说法,正确的是( )。
    A. 期末余额一定在贷方
    B. 期末余额在贷方表示未弥补亏损的数额
    C. 期末余额在借方表示未分配利润的数额
    D. 期末余额可能在贷方也可能在借方

159. 年终结账后,"利润分配——未分配利润"科目的余额( )。
    A. 在借方   B. 在贷方
    C. 无余额   D. 既有可能在贷方又有可能在借方

160. 利润分配结束后,"利润分配"总账所属的明细账中只有( )有余额。
    A. 提取盈余公积   B. 其他转入   C. 应付利润   D. 未分配利润

161. 年终结账后,"利润分配——未分配利润"科目的贷方余额表示( )。
    A. 历年累计未弥补亏损   B. 历年累计未分配利润
    C. 当年未弥补亏损   D. 当年未分配利润

162. 利润分配结束后,"利润分配"总分类科目所属的明细分类科目中可能有余额的是( )。
    A. 提取盈余公积   B. 其他转入   C. 应付股利   D. 未分配利润

163. 根据我国公司法的规定,有限责任公司和股份有限公司提取法定盈余公积应按照

净利润的( )计提。
  A. 5%~10%   B. 10%   C. 15%   D. 25%

二、多项选择题(下列每小题备选答案中有两个或两个以上符合题意的正确答案,请将选定答案前面的英文字母填入括号内。)

1. 企业的资金筹集业务按其资金来源通常分为( )。
  A. 所有者权益筹资   B. 接受捐赠筹资
  C. 负债筹资   D. 销售筹资

2. 关于短期借款,下列说法正确的是( )。
  A. 属于流动负债
  B. 一定是向银行借入的
  C. 可能是向银行借入的,也可能是向其他金融机构借入的
  D. 可能是流动负债,也可能是长期负债

3. 企业取得银行借款,可能涉及的账户有( )。
  A. 实收资本   B. 资本公积   C. 短期借款   D. 长期借款

4. 计提短期借款利息业务涉及的科目是( )。
  A. 短期借款   B. 财务费用   C. 应付利息   D. 预提费用

5. 某企业用银行存款8万元偿还以前欠其他单位的货款5万元和之前从银行取得的期限为3个月的借款3万元。在借贷记账法下,这笔经济业务的会计分录涉及( )等账户。
  A. 长期借款   B. 银行存款   C. 短期借款   D. 应付账款

6. 甲公司20×5年1月1日借入3个月期的借款1 000万元,年利率6%,3月31日到期时一次还本付息。则按照权责发生制原则,20×5年3月31日甲公司还本付息时,应编制的会计分录中可能涉及的应借应贷科目及相应金额是( )万元。
  A. 借记"短期借款"科目 1 000   B. 借记"财务费用"科目 5
  C. 借记"应付利息"科目 10   D. 贷记"银行存款"科目 1 015

7. 长期借款所发生的利息支出,可能借记的科目有( )。
  A. 销售费用   B. 财务费用   C. 在建工程   D. 管理费用

8. 所有者投入资本,按照投资主体的不同,可以分为( )。
  A. 国家资本金   B. 法人资本金   C. 个人资本金   D. 外商资本金

9. 企业实际收到的投资者投入的资本,有可能计入的有( )。
  A. 实收资本   B. 负债   C. 资本公积   D. 收入

10. 收到投资人投入机器人设备20万元,正确的说法有( )。
  A. 借记"固定资产"20万元   B. 贷记"实收资本"20万元
  C. 贷记"固定资产"20万元   D. 借记"实收资本"20万元

11. A公司原由甲、乙、丙三人投资,三人各投入100万元。两年后丁想加入,经协商,甲、乙、丙、丁四人各拥有100万元的资本,但丁必须投入120万元的银行存款方可拥有100万元的资本。若丁以120万元投入A公司,并已办妥增资手续,则下列表述的项目中能组合在一起形成该项经济业务的会计分录的项目是( )。
  A. 该笔业务应借记"银行存款"账户120万元

B. 该笔业务应贷记"实收资本"账户100万元

C. 该笔业务应贷记"资本公积"账户20万元

D. 该笔业务应贷记"银行存款"账户120万元

12. 退还投资者资本金600万元,用银行存款支付。这项业务引起会计要素增减变动的有(　　)。

　　A. 资产　　　　　B. 负债　　　　　C. 所有者权益　　D. 收入

13. 固定资产同时具有的特征包括(　　)。

　　A. 属于一种有形资产

　　B. 属于一种流动资产

　　C. 使用寿命超过一个会计年度

　　D. 为生产商品、提供劳务、出租或者经营管理而持有的

14. 一般纳税企业购入固定资产(取得增值税专用发票)过程中发生的可归属于该项资产的下列支出中,应计入固定资产成本的有(　　)。

　　A. 购买价款　　　B. 增值税　　　　C. 安装费　　　　D. 运杂费

15. 外购固定资产的成本包括(　　)。

　　A. 购买价款

　　B. 相关税费

　　C. 使固定资产达到预定可使用状态前所发生的可归属于该项资产的运输费、装卸费

　　D. 使固定资产达到预定可使用状态前所发生的可归属于该项资产的安装费和专业人员服务费

16. 20×9年5月12日,企业购入一台不需要安装的生产设备,取得的增值税专用发票上注明的设备价款为200 000元,增值税额为34 000元。款已用转账支票支付。下列处理正确的是(　　)。

　　A. 借:固定资产　　　　　　　　　　　　　　　　　　200 000

　　B. 借:应交税费——应交增值税(进项税额)　　　　　34 000

　　C. 借:固定资产　　　　　　　　　　　　　　　　　　234 000

　　D. 贷:银行存款　　　　　　　　　　　　　　　　　　234 000

17. 下列可以计提折旧的固定资产是(　　)。

　　A. 单独计价入账的土地　　　　　B. 持有待售的固定资产

　　C. 已提足折旧继续使用的　　　　D. 当月增加的

18. 按现行会计制度的规定,企业可以采用的固定资产折旧方法有(　　)。

　　A. 工作量法　　　　　　　　　　B. 平均年限法

　　C. 年数总和法　　　　　　　　　D. 双倍余额递减法

19. 计算固定资产折旧应当考虑的因素主要有(　　)。

　　A. 固定资产原价　　　　　　　　B. 固定资产的净残值

　　C. 固定资产的管理部门　　　　　D. 固定资产的使用年限

20. 计提固定资产折旧时,下列账户可能被涉及的有(　　)。

　　A. 固定资产　　　B. 累计折旧　　　C. 制造费用　　　D. 管理费用

21. 材料采购成本包括(   )。
    A. 买价   B. 运杂费
    C. 运输途中合理损耗   D. 入库前的挑选整理费用
22. 下列应计入一般纳税人"物资采购"账户的是(   )。
    A. 买价   B. 装卸费
    C. 进项的增值税   D. 运输途中的保险费
23. 企业采购原材料,可能涉及的账户有(   )。
    A. 原材料   B. 在途物资   C. 主营业务收入   D. 主营业务成本
24. 对于周转材料购买,可能涉及的账户有(   )。
    A. 应交税费   B. 应付账款   C. 预付账款   D. 预收账款
25. 实际成本法下,一般纳税人企业购买材料,取得增值税专用发票,材料未到,货款已经支付,应编制的会计分录为(   )。
    A. 借:在途物资
          应交税费——应交增值税(进项税额)
        贷:银行存款
    B. 借:在途物资
          应交税费——应交增值税(进项税额)
        贷:其他货币资金
    C. 借:原材料
          应交税费——应交增值税(进项税额)
        贷:银行存款
    D. 借:原材料
          应交税费——应交增值税(进项税额)
        贷:预付账款
26. 20×6年3月10日,甲企业(一般纳税人)与乙企业签订购货合同,合同总金额为58 500元,按合同规定当日预付20 000元,开出转账支票支付。3月20日甲企业收到乙企业发来的原材料,已验收入库,取得增值税专用发票上注明的价款为50 000元,增值税税额为8 500元。3月30日开出转账支票补付上述所欠货款。则甲企业应编制的会计分录为(   )。
    A. 借:预付账款   20 000
        贷:银行存款   20 000
    B. 借:原材料   50 000
          应交税费——应交增值税(进项税额)   8 500
        贷:预付账款   58 500
    C. 借:预收账款   38 500
        贷:银行存款   38 500
    D. 借:预付账款   38 500
        贷:银行存款   38 500
27. 实际成本法下的一般纳税人企业,对于发票账单未到、材料已到、货款未付的业务,本月末和下月初应编制的会计分录为( )。

  A. 借：原材料　　　　　　　　　B. 借：在途物资
    贷：在途物资　　　　　　　　 贷：原材料
  C. 借：原材料　　　　　　　　　D. 借：应付账款
    贷：应付账款　　　　　　　　 贷：原材料

28. 某企业同时购入甲、乙两种材料，分别为 40 立方米和 160 立方米，单价分别为 3 000 元和 2 000 元，支付共同运杂费计 1 200 元，则( )。
  A. 甲材料单位成本为 3 000 元　　　　B. 乙材料单位成本为 2 000 元
  C. 甲材料单位成本为 3 006 元　　　　D. 乙材料单位成本为 2 006 元

29. 属于发出存货成本确定方法的是( )。
  A. 先进先出法　　B. 加权平均法　　C. 个别计价法　　D. 后进先出法

30. 下列属于"制造费用"核算内容的有( )。
  A. 生产车间管理人员的工资　　　　B. 生产用固定资产折旧费
  C. 生产车间的办公费　　　　　　　D. 生产车间固定资产修理费

31. 下列属于企业"制造费用"账户核算内容的有( )。
  A. 季节性停工损失　　　　　　　　B. 修理期间停工损失
  C. 会计人员的职工薪酬　　　　　　D. 销售人员的差旅费

32. 领用原材料的会计分录通常涉及的借方科目有( )。
  A. 生产成本　　B. 管理费用　　C. 制造费用　　D. 财务费用

33. 企业分配职工薪酬时，贷记"应付职工薪酬"账户，借记的账户可能有( )。
  A. 生产成本　　B. 制造费用　　C. 财务费用　　D. 销售费用

34. 下列属于"应付职工薪酬"账户的明细账户有( )。
  A. 办公费　　B. 职工福利　　C. 社会保险费　　D. 住房公积金

35. 下列属于"应付职工薪酬"账户的明细账户有( )。
  A. 工资　　B. 差旅费　　C. 工会经费　　D. 职工教育经费

36. 企业发生的制造费用可以采取的分配标准包括( )。
  A. 产品质量　　B. 工人工时　　C. 机器工时　　D. 计划分配率

37. 应计入产品成本的费用包括( )。
  A. 生产工人工资　　　　　　　　B. 行政管理部门固定资产折旧费
  C. 车间耗用的水电费　　　　　　D. 车间固定资产的折旧费

38. 成本项目的具体内容一般包括( )等。
  A. 直接材料　　B. 直接人工　　C. 管理费用　　D. 制造费用

39. 关于"生产成本"科目，下列说法正确的有( )。
  A. 该科目属于损益类科目
  B. 该科目借方登记应计入产品成本的各项费用
  C. 该科目贷方登记完工入库产品的生产成本
  D. 该科目借方余额，表示尚未完工产品的实际生产成本

40. 下列各项中，属于企业确认商品销售收入时必须同时符合的条件有( )。
  A. 相关的已发生或将发生的成本能够可靠地计量

B. 企业已将商品所有权上的主要风险和报酬转移给购货方
C. 收入的金额能够可靠地计量,且相关的经济利益很可能流入企业
D. 企业既没有保留通常与商品所有权相联系的继续管理权,也没有对已售出的商品实施控制

41. 下列项目可以作为制造企业主营业务收入的有( )。
    A. 提供工业性劳务取得的收入　　　B. 销售产品取得的收入
    C. 销售材料取得的收入　　　　　　D. 购买国库券取得的利息收入

42. 在借贷记账法下,当贷记主营业务收入时,下列会计科目可能成为其对应科目的有( )。
    A. 应收账款　　　B. 银行存款　　　C. 利润分配　　　D. 应收票据

43. 某企业销售商品一批,增值税专用发票注明的价款为60万元,适用的增值税税率为17%,为购买方代垫运杂费2万元,货款尚未收回。以下说法正确的有( )。
    A. 企业应确认"主营业务收入"60万元
    B. 企业应确认"应交税费——应交增值税(销项税额)"10.2万元
    C. 企业应确认"应收账款"70.2万元
    D. 企业应确认"应收账款"72.2万元

44. 在产品销售业务的核算中,期末结转后,下列账户应无余额的有( )
    A. 主营业务收入　　B. 主营业务成本　　C. 销售费用　　D. 应交税费

45. 本月出售产品一批,价款5 000元(已预收),产品生产成本为4 000元。应作会计分录为( )。
    A. 借:银行存款　　　5 000　　　B. 借:预收账款　　　5 000
       贷:主营业务收入　　　5 000　　　贷:主营业务收入　　　5 000
    C. 借:主营业务成本　4 000　　　D. 借:主营业务成本　4 000
       贷:库存商品　　　　4 000　　　贷:生产成本　　　　4 000

46. 下列项目属于其他业务收入的有( )。
    A. 材料销售收入　　　　　　　　B. 包装物出租收入
    C. 固定资产处置收入　　　　　　D. 无形资产处置收入

47. 下列项目不应计入其他业务收入的有( )。
    A. 罚款收入　　　　　　　　　　B. 出售固定资产净收益
    C. 出租无形资产取得的收入　　　D. 出售无形资产净收益

48. 应记入"税金及附加"科目核算的税费包括( )。
    A. 消费税　　　　　　　　　　　B. 营业税
    C. 教育费附加　　　　　　　　　D. 城市维护建设税

49. 企业确认要交的城市维护建设税3 150元,并以银行存款上交,则会计分录为( )。
    A. 借:税金及附加　　　　　　　　　　　　　　　　3 150
          贷:银行存款　　　　　　　　　　　　　　　　　3 150
    B. 借:税金及附加　　　　　　　　　　　　　　　　3 150
          贷:应交税费——应交城建税　　　　　　　　　　3 150

C. 借：应交税费——应交城建税　　　　　　　　　　　　　　3 150
　　　贷：税金及附加　　　　　　　　　　　　　　　　　　　3 150
D. 借：应交税费——应交城建税　　　　　　　　　　　　　　3 150
　　　贷：银行存款　　　　　　　　　　　　　　　　　　　　3 150

50. 下列属于期间费用的有(　　)。
    A. 管理费用　　　B. 财务费用　　　C. 所得税费用　　　D. 税金及附加
51. 下列各项应在发生时直接确认为期间费用的有(　　)。
    A. 咨询费　　　　　　　　　　　　B. 展览费
    C. 车间管理人员工资　　　　　　　D. 福利部门人员薪酬
52. 下列属于"管理费用"科目核算内容的有(　　)。
    A. 广告费　　　B. 结转存货盘盈　　　C. 业务招待费　　　D. 厂部办公费
53. 下列税金应列入管理费用的有(　　)。
    A. 印花税　　　B. 土地增值税　　　C. 房产税　　　D. 土地使用税
54. 下列费用应作为销售费用处理的有(　　)。
    A. 非专设销售机构人员工资　　　　B. 销售产品过程中发生的运杂费
    C. 专设销售机构的折旧费　　　　　D. 业务招待费
55. 下列项目应记入"财务费用"科目的是(　　)。
    A. 利息收支　　　　　　　　　　　B. 银行承兑汇票承兑手续费
    C. 财务会计人员工资　　　　　　　D. 汇兑损益
56. 下列项目应记入"营业外收入"科目核算的有(　　)。
    A. 固定资产盘盈　　　　　　　　　B. 处置固定资产净收益
    C. 无法偿付的应付款项　　　　　　D. 出售无形资产净收益
57. 下列应列入营业外收入核算的有(　　)。
    A. 罚款收入　　　　　　　　　　　B. 接受捐赠收入
    C. 无法支付的应付账款　　　　　　D. 固定资产处置净收益
58. 下列属于营业外支出的核算内容的是(　　)。
    A. 购买固定资产的支出　　　　　　B. 非常损失
    C. 罚款支出　　　　　　　　　　　D. 举借短期借款的利息支出
59. 关于"本年利润"账户，下列说法正确的是(　　)。
    A. 各月末余额反映自年初开始至当月末为止累计实现的净利润或亏损
    B. 年终结转后无余额
    C. 平时月份期末余额可能在借方，也可能在贷方
    D. 各月末余额反映在当月实现的净利润或亏损
60. 下列影响净利润计算的因素有(　　)。
    A. 所得税费用　　　B. 营业外支出　　　C. 主营业务成本　　　D. 管理费用
61. 下列关于"所得税费用"科目的表述，正确的有(　　)。
    A. 该科目属损益类科目
    B. 该科目的余额期末结转时应转入"本年利润"科目
    C. 该科目属负债类科目

D. 该科目余额一般在贷方

62. 期末下列( )账户的余额应转入本年利润账户。
   A. 资产减值损失　　B. 财务费用　　C. 制造费用　　D. 投资收益

63. 下列会计科目,可能成为"本年利润"科目对应科目的有( )。
   A. 管理费用　　B. 所得税费用　　C. 利润分配　　D. 制造费用

64. 企业实现的净利润可进行下列分配:( )。
   A. 计算缴纳所得税　　　　　　B. 计提法定盈余公积
   C. 提取任意盈余公积　　　　　D. 向投资者分配股利

65. 年末结转后,"利润分配"科目余额可能表示( )。
   A. 未分配利润　　B. 营业利润　　C. 利润总额　　D. 未弥补亏损

66. 年末结账后,"利润分配"余额肯定为零的明细科目包括( )。
   A. 提取法定盈余公积　　　　　B. 提取任意盈余公积
   C. 应付股利　　　　　　　　　D. 未分配利润

三、**判断题**(要求在括号答题,正确的用"√"表示,错误的用"×"表示。)

1. "短期借款"账户借方登记短期借款本金的增加额。( )
2. "应付利息"账户贷方登记企业按合同利率计算确定的应付未付利息。( )
3. "应付利息"账户,借方登记实际支付的利息。( )
4. 短期借款利息在预提或实际支付时均应通过"短期借款"科目核算。( )
5. "长期借款"账户,用以核算企业向银行或其他金融机构借入的偿还期限在1年以上(不含1年)的各项借款。( )
6. "长期借款"账户属于所有者权益类账户。( )
7. 长期借款利息费用一定计入财务费用账户。( )
8. 所有者投入的资本构成企业注册资本的部分计入实收资本,超过注册资本部分的金额计入资本公积。( )
9. 超出企业法定资本额的投入资本应作为资本公积处理。( )
10. "实收资本"账户贷方反映实收资本增加数,借方反映实收资本减少数,期末余额在贷方。( )
11. 固定资产的成本是指企业购建某项固定资产达到预定可使用状态后所发生的一切合理、必要的支出。( )
12. "固定资产"账户借方登记固定资产原价的增加,贷方登记固定资产净值的减少。( )
13. "固定资产"账户可按固定资产类别和项目设置明细账。( )
14. 购入固定资产业务的会计分录一律应借记"固定资产"科目。( )
15. 企业购入需要安装的固定资产,先记入"在建工程"科目,达到预定可使用状态时再转入"固定资产"科目。( )
16. 固定资产折旧是指在固定资产使用寿命内,按照确定的方法对应计折旧额进行的系统分摊。( )
17. 企业对已提足折旧仍继续使用的固定资产不计提折旧。( )
18. 企业当月增加的固定资产,当月不计提折旧;当月减少的固定资产,当月仍计提折

旧。( )

19. 固定资产在提取折旧时,当月增加的固定资产提取折旧,当月减少的固定资产不提折旧。( )

20. 不同的固定资产折旧方法,将影响固定资产使用寿命期间内不同时期的折旧费用。( )

21. 应计折旧额是指应当计提折旧的固定资产的原价扣除其预计净残值后的金额,已计提减值准备的固定资产,还应当扣除已计提的固定资产减值准备累计金额。( )

22. 预计净残值率是指固定资产预计净残值额占其原价的比率。( )

23. "累计折旧"账户贷方登记按月提取的折旧额,即累计折旧的增加额,借方登记因减少固定资产而转出的累计折旧。期末余额在借方,反映期末固定资产的累计折旧额。( )

24. "累计折旧"账户可按固定资产类别或项目设置明细账。( )

25. 企业应当按月对已提足折旧仍继续使用的固定资产计提折旧。( )

26. 固定资产在其使用过程中,因所处经济环境、技术环境以及其他环境均有可能发生很大变化,企业至少应当于每年年度终了,对固定资产的使用寿命、预计净残值和折旧方法进行复核。( )

27. 固定资产折旧采用年限平均法,年折旧率计算公式的分子是"1－预计残值"。( )

28. 出售固定资产取得的收入属于让渡资产使用权收入。( )

29. 企业处置固定资产净损失,应计入营业外支出。( )

30. 企业对外出售固定资产时,获得的出售收入应记入"其他业务收入"账户。( )

31. 企业无论是出租还是出售固定资产取得的净收益,均应计入"其他业务收入"账户核算。( )

32. 材料的采购成本是指企业物资从采购到入库前所发生的全部支出,包括购买价款、相关税费、运输费、装卸费、保险费以及其他可归属于采购成本的费用。( )

33. 材料的采购成本是指企业物资从采购到入库后所发生的全部支出,包括购买价款、相关税费、运输费、装卸费、保险费以及其他可归属于存货采购成本的费用。( )

34. 材料采购过程中,与材料运输相关的费用不计入材料采购成本。( )

35. 一般纳税人企业,采购材料时支付的进项税额应构成材料的成本。( )

36. "在途物资"账户可按供应单位和物资品种设置明细账。( )

37. "在途物资"账户只可按供应单位进行明细核算。( )

38. "在途物资"账户用以核算企业采用实际成本(或进价)进行材料、商品等物资的日常核算,货款已付尚未验收入库的在途物资的采购成本。( )

39. "原材料"账户贷方登记已验收入库材料的成本,借方登记发出材料的成本。( )

40. "预付账款"账户,用以核算企业按照合同规定预付的款项。预付款项情况不多的,也可以不设置该账户,将预付的款项直接记入"应付账款"账户。( )

41. "应付账款"账户用以核算企业因购买材料、商品和接受劳务等经营活动应支付的款项。( )

42. "应付账款"账户期末余额一般在贷方,反映企业期末尚未支付的应付账款余额;如果在借方,反映企业期末预付的款项。(   )

43. 外购半产品(外购件)通过"原材料"账户进行核算。(   )

44. 企业对于由多种产品共同耗用、应由这些产品共同负担的材料费用,应选择适当的标准在这些产品之间进行分配,按分担的金额计入相应的成本计算对象。(   )

45. 月末一次加权平均法平时逐笔登记入库存货的数量、单价和金额,发出存货只登记数量,不登单价和金额。(   )

46. 企业产品的生产过程同时也是生产资料的耗费过程。(   )

47. "制造费用"账户用以核算企业生产车间(部门)为生产产品和提供劳务而发生的各项间接费用。(   )

48. "制造费用"账户借方登记实际发生的各项制造费用,贷方登记期末按照一定标准分配转入"生产成本"账户借方的应计入产品成本的制造费用。(   )

49. 生产某产品所耗用的材料是企业的费用支出,所以应计入"制造费用"。(   )

50. 企业发生的制造费用,应当按照合理的分配标准按月分配计入各成本核算对象的生产成本。(   )

51. 车间管理人员的工资,应先计入"制造费用"的借方,然后再按一定的方法分配计入产品成本。(   )

52. "制造费用"科目和"管理费用"科目的本期发生额都应当在期末转入"本年利润"科目。(   )

53. "生产成本"账户用以核算企业生产各种产品、自制材料、自制工具、自制设备等发生的各项生产成本。(   )

54. 企业应设置产品生产成本明细账,用来归集应计入各种产品的生产费用。(   )

55. "生产成本"账户期末余额在贷方,反映企业期末尚未加工完成的在产品成本。(   )

56. 在"生产成本"总分类科目下设置"基本生产成本"和"辅助生产成本"两个二级科目,在这两个二级科目下,再分别按照基本生产和辅助生产的产品或劳务品种设置明细科目。(   )

57. "生产成本"账户的期末借方余额表示生产费用总和。(   )

58. 职工薪酬是指企业为获得职工提供的服务或解除劳动关系而给予各种形式的报酬或补偿。(   )

59. 企业应由生产产品、提供劳务负担的职工薪酬,应计入产品成本或劳务成本。(   )

60. 对于职工薪酬,企业应当在职工为其提供服务的会计期间,按实际发生额确认为负债,并计入当期损益或相关资产成本。(   )

61. 职工薪酬不包括短期薪酬、离职后福利。(   )

62. 企业提供给职工配偶、子女、已故员工遗属的福利,也属于职工薪酬。(   )

63. 职工薪酬的会计处理属于《企业会计准则》中具体准则规范的内容。(   )

64. 企业的应付职工薪酬属于流动负债。(   )

65. 当企业采用计时工资制时,对于只生产一种产品的生产工人职工薪酬也属于直接

费用,应直接计入产品成本。( )

66. 当企业采用计件工资制时,生产工人的职工薪酬属于直接费用,应直接计入有关产品的成本。( )

67. 生产费用是指与企业日常生产经营活动有关的费用,按其经济用途可分为生产材料、生产人工。( )

68. 企业在生产过程中发生的各项生产费用,是企业为获得收入而预先垫支并需要得到补偿的资金耗费。( )

69. 企业对于直接用于某种产品生产的材料费用,应直接计入该产品生产成本明细账中的直接材料费用项目。( )

70. 企业在生产过程中发生的各项生产费用最终都要归集、分配给特定的产品,形成产品的成本。( )

71. 生产某产品所耗用的材料是企业的费用支出,所以应计入"制造费用"。( )

72. 产品成本的核算是指把一定时期内企业生产过程中所发生的费用,按其性质和发生地点,分类归集、汇总、核算,计算出该时期内生产费用发生总额,并按适当方法分别计算出各种产品的实际成本和单位成本等。( )

73. 用完工产品总成本除以该种产品的完工总产量即可计算出该种产品的单位成本。( )

74. 如果月末某种产品全部完工,该种产品生产成本明细账所归集的费用总额,就是该种完工产品的总成本。( )

75. 当产品生产完成并验收入库时,应借记"生产成本"账户,贷记"库存商品"账户。( )

76. 企业在销售商品时,如果估计价款收回的可能性不大,即使收入确认的其他条件均已满足,也不应当确认收入。( )

77. 销售商品价款收回的可能性超过50%,则可以确认相关的经济利益很可能流入企业。( )

78. 如果成本不能可靠地计量,即使其他条件均已满足,相关的收入也不能确认。( )

79. 企业应当在收到以前月份销售货款的时候确认主营业务收入。( )

80. "应收票据"账户属于负债类账户,用以核算企业因销售商品、提供劳务等而收到的商业汇票。( )

81. 企业采用预收货款结算方式销售商品时,应于收到货款时确认收入的实现。( )

82. 企业采用预收账款方式销货时,在向购货方交付货物时应冲减本企业的预收账款。( )

83. 企业销售商品时代垫的运杂费应计入本企业的其他应收款。( )

84. 企业结转已销产品成本时,借记"库存商品",贷记"主营业务成本"。( )

85. 主营业务成本按主营业务的种类进行明细核算,期末,将主营业务成本转入"本年利润"账户后该账户无余额。( )

86. 企业计算本月应交的城市维护建设税时,应借记"税金及附加"。( )

87. 企业发生的营业税、消费税、房产税、印花税等均应通过"税金及附加"账户进行核

算。（　　）

88. "税金及附加"账户属于损益类，期末被转入"利润分配"账户后该账户无余额。（　　）

89. 企业销售外购原材料、包装物等存货实现的收入以及结转的相关成本，通过"其他业务收入"、"其他业务成本"科目核算。（　　）

90. 期间费用可分为管理费用、财务费用和销售费用。（　　）

91. 期间费用发生后直接计入当期损益，产品成本发生后则不直接计入当期损益。（　　）

92. 制造费用和管理费用都属于期间费用。（　　）

93. 制造费用和管理费用都应当在期末转入"本年利润"账户。（　　）

94. 企业专设销售机构发生的费用，如人员薪酬、办公费、业务招待费等，均应计入销售费用。（　　）

95. 企业在销售过程中发生的销售费用直接影响营业利润的确定。（　　）

96. 管理费用包括企业生产车间（部门）和行政管理部门等发生的固定资产修理费用等后续支出。（　　）

97. 管理费用的大小，直接关系到当月产品成本的高低和利润总额的大小。（　　）

98. 企业发生的房产税、印花税应通过管理费用核算。（　　）

99. 企业盘盈的存货，经批准后应冲减管理费用。（　　）

100. 企业支付的银行承兑汇票的手续费通过"管理费用"账户进行核算。（　　）

101. 财务费用是指企业为筹集生产经营所需资金等而发生的筹资费用，包括利息支出（减利息收入）、汇兑损益以及相关的手续费、企业发生的现金折扣或收到的现金折扣等。（　　）

102. 企业在金融机构的存款利息应冲减本企业的财务费用。（　　）

103. 企业长期借款利息和短期借款利息都应计入财务费用。（　　）

104. 营业外收入是企业正常生产经营活动以外的收入，不属于所得税纳税所得。（　　）

105. 企业接受的捐赠应计入当期的收入。（　　）

106. 企业对于确实无法支付的应付账款，应在确认时增加企业的营业外收入。（　　）

107. 固定资产处置净损益最终形成营业外收支。（　　）

108. 企业在经营过程中所产生的各种利息收入都属于投资收益，应在"投资收益"账户进行核算。（　　）

109. 企业所得税费用一定等于企业的利润总额乘以所得税税率。（　　）

110. 把销售环节的运费误记入"营业外支出"账户并不会影响企业当期应纳所得税税额。（　　）

111. 企业发生的所得税应计入所得税费用账户进行核算并于期末被转入本年利润账户。（　　）

112. "本年利润"科目余额如果在借方，则表示自年初至本期末累计发生的亏损。（　　）

113. 利润总额 = 营业利润 + 营业外收入 − 营业外支出。（　　）

114. 净利润 = 利润总额 − 所得税费用。（　　）

115. "本年利润"科目和"利润分配"科目年终结账后，余额都为零。（　　）

116. 年度终了,利润分配各明细账户均无余额。(　　)

117. 利润分配的过程和结果不仅关系到每个股东的合法权益是否得到保障,而且还关系到企业的未来发展。(　　)

118. 企业计提盈余公积的主要目的是为了弥补亏损、转增资本。(　　)

119. 应付股利是指企业根据董事会或类似机构审议批准的利润分配方案确定分配给投资者的现金股利或利润。(　　)

120. 企业本年度可供分配的利润就是当年实现的净利润。(　　)

121. 未分配利润是指企业实现的净利润经过弥补亏损、提取盈余公积和向投资者分配利润后留存在企业的、历年结存的利润。(　　)

四、计算分析题

(一) 甲公司 2016 年 5 月 1 号"银行存款"账户与"短期借款"账户余额如下(单位:元):

账户名称	期初借方余额	账户名称	期初贷方余额
银行存款	89 000	短期借款	50 000

甲公司 5 月份发生下列经济业务:

(1) 借入短期借款 300 000 元存入银行。
(2) 用银行存款支付工资 100 000 元。
(3) 用银行存款支付 500 元购买办公用品。
(4) 销售商品款存入银行 5 000 元。

要求:计算下列相关金额(单位元):
(1) "银行存款"账户本月借方发生额合计为(　　)。
(2) "银行存款"账户本月贷方发生额合计为(　　)。
(3) "银行存款"账户本月月末余额为(　　)。
(4) "短期借款"账户本月贷方发生额合计为(　　)。
(5) "短期借款"账户本月月末余额为(　　)。
(5) "短期借款"账户本月月末余额为(　　)。

(二) 甲公司 2016 年 6 月 1 号"银行存款"账户与"应付账款"账户余额如下(单位:元):

账户名称	期初借方余额	账户名称	期初贷方余额
银行存款	78 000	应付账款	48 000

甲公司 5 月份发生下列经济业务:

(1) 将现金 30 000 元存入银行。
(2) 用银行存款偿还应付账款 23 000 元。
(3) 用银行存款支付 40 000 元购买设备,尚欠 1 000 元。
(4) 销售原材料款存入银行 5 000 元。

要求:计算下列相关金额:
(1) "银行存款"账户本月借方发生额合计为(　　)。

(2)"银行存款"账户本月贷方发生额合计为( )。
(3)"银行存款"账户本月月末余额为( )。
(4)"应付账款"账户本月贷方发生额合计为( )。
(5)"应付账款"账户本月月末余额为( )。

(三) 2016年,甲公司发生下列交易事项:
(1) 2月1日,甲公司从银行向A证券公司划出资金30 000 000元,用于证券投资。
(2) 3月12日,甲公司委托A证券公司从上海证券交易所购入B上市公司股票200 000股,每股市价8元,另支付相关交易费用3 500元,甲公司将其划分为交易性金融资产进行核算。
(3) 4月16日,甲公司出售所持有的B公司全部股票,每股售价11元,另支付相关交易费用5 200元。

要求:
(1) 编制甲公司向证券公司划出资金的会计分录。
(2) 编制甲公司以市价购入B公司股票的会计分录。
(3) 编制甲公司购入B公司股票时支付相关交易费用的会计分录。
(4) 编制甲公司出售B公司股票的会计分录。
(5) 计算甲公司2016年度因上述交易或事项而确认投资收益的金额。

(四) 锡海公司2016年6月发生的有关经济业务如下:
(1) 3日,收到新华公司投入的机器设备,双方协商以350 000元作为投入资本入账。
(2) 5日,向银行借入期限为6个月的借款500 000元,存入银行。
(3) 9日,收到蓝天公司投入的专利权,双方协商以100 000元作为投入资本入账。
(4) 11日,向银行借入期限为3年期的借款800 000元,存入银行。
(5) 15日,收到国家投入的货币资金700 000元,存入银行;同时收到国家投入的设备一台,双方以协商价800 000元作为投入资本入账。
(6) 18日,以银行存款归还期限为3个月的到期借款本金600 000元。
(7) 22日,以银行存款归还期限为3年期的到期借款本年900 000元。

要求:根据上述经济业务编制会计分录(实收资本账户写出明细科目)。

（五）假定 A、B、C 三公司共同投资组成 ABC 有限责任公司。按 ABC 有限公司的章程规定，注册资本为 900 万元，A、B、C 三方各占三分之一的股份。假定 A 公司以厂房投资，该厂房原值 500 万元，已提折旧 300 万元，投资各方确认的价值为 300 万元（同公允价值）；B 公司以价值 200 万元的新设备一套和价值 100 万元的一项专利权投资，其价值已被投资各方确认，并已向 ABC 公司移交了专利证书等有关凭证；C 公司以货币资金 300 万元投资，已存入 ABC 公司的开户银行。

假定 D 公司和 E 公司有意投资 ABC 公司，经与 A、B、C 三公司协商，将 ABC 公司变更为 ABCDE 公司，注册资本增加到 1 500 万元，A、B、C、D、E 五方各占五分之一股权。D 公司需以货币资金出资 400 万元，以取得 20% 的股份；E 公司以价值 400 万元的一项土地使用权出资，其价值已被投资各方确认，取得 20% 的股份。协议签订后，修改了原公司章程，有关出资及变更登记手续办理完毕。

要求：

（1）根据资料，就 ABC 公司实际收到 A 公司投资时编制有关会计分录。
（2）根据资料，就 ABC 公司实际收到 B 公司投资时编制有关会计分录。
（3）根据资料，就 ABC 公司实际收到 C 公司投资时编制有关会计分录。
（4）根据资料，就 ABCDE 公司实际收到 D 公司投资时编制有关会计分录。
（5）根据资料，就 ABCDE 公司实际收到 E 公司投资时编制有关会计分录。

（六）甲股份有限公司于201×年开始筹建,直接申请了一般纳税人,采用实际成本法核算材料。201×年发生以下经济业务：

（1）收到投资者投入款项2 961 000元,存入银行。

（2）筹建期间发生开办费24 000元,以银行存款支付。

（3）购入不需安装的机器设备,增值税专用发票上注明价款479 000元,税额81 430元,款项已通过银行转账支付。

（4）购入生产用材料3 300千克,不含税单价70元,增值税专用发票上注明价款231 000元,税额39 270元,对方代垫运费,运费增值税专用发票上注明运费6 930元,税额762.3元,材料已验收入库,款项均未支付。

（5）以现金支票购买办公用品3 000元,其中行政管理部门1 800元,车间管理部门1 200元。

要求：

（1）编制甲股份有限公司收到投资者投入资本的会计分录。

（2）编制甲股份有限公司支付开办费的会计分录。

（3）编制甲股份有限公司购入机器设备的会计分录。

（4）编制甲股份有限公司购买材料的会计分录。

（5）编制甲股份有限公司购买办公用品的会计分录。

（该题除"应交税费"外,其他科目不要求设置明细科目）

（七）甲企业为增值税一般纳税人,增值税税率为17%。20×9年发生固定资产业务如下：

（1）1月20日,企业管理部门购入一台不需安装的A设备,取得的增值税专用发票上注明的设备价款为550万元,增值税为93.5万元,另发生运输费10万元,款项均以银行存款支付。

（2）A设备经过调试后,于1月22日投入使用,预计使用10年,净残值为20万元,采用年限平均法计提折旧。

（3）7月15日,企业生产车间购入一台需要安装的B设备,取得的增值税专用发票上注明的设备价款为600万元,增值税为102万元,款项均以银行存款支付。

（4）8月19日,将B设备投入安装,以银行存款支付安装费3万元。B设备于8月25日达到预定使用状态,并投入使用。

（5）B 设备采用工作量法计提折旧，预计净残值为 3 万元，预计总工时为 5 万小时。9 月，B 设备实际使用工时为 720 小时。

假设除上述资料外，不考虑其他因素。

要求：

（1）编制甲企业 20×9 年 1 月 20 日购入 A 设备的会计分录。

（2）编制甲企业 20×9 年 2 月计提 A 设备折旧额的会计分录。

（3）编制甲企业 20×9 年 7 月 15 日购入 B 设备的会计分录。

（4）编制甲企业 20×9 年 8 月安装 B 设备及其投入使用的会计分录。

（5）编制甲企业 20×9 年 9 月计提 B 设备折旧额的会计分录。

（答案中的金额单位用万元表示）

（八）某企业 12 月份发生下列有关存货的经济业务：

（1）12 月 1 日，购入 A 材料 50 千克，每千克 100 元，计价款 5 000 元，增值税进项税额 850 元，均已用银行存款支付，材料尚未到达。

（2）12 月 5 日，购入 B 材料 200 千克，每千克 400 元，计价款 80 000 元，增值税进项税额 13 600 元，款项未付，材料已验收入库。

（3）12 月 6 日，上月购入的 C 材料 200 千克，每千克 200 元，今日到达并验收入库。

（4）12 月 12 日，销售给红光厂甲产品 100 千克，每千克 2 000 元，增值税销项税额 34 000 元，款项尚未收到。

（5）12 月 17 日，收到红光厂转来的货款 234 000 元，存入银行。

要求：根据上述资料，使用借贷记账法编制会计分录。

（九）甲公司为增值税一般纳税人，采用实际成本法核算材料。201×年4月发生如下经济业务：

（1）采购材料一批，增值税专用发票上注明价款27 000元，税额4 590元。材料已验收入库，款项均未支付。

（2）购买一台不需要安装的机器设备53 000元，增值税9 010元，取得增值税专用发票，款项已通过银行转账支付。

（3）计提固定资产折旧23 000元，其中车间固定资产折旧13 800元，管理部门固定资产折旧9 200元。

（4）以银行存款支付车间固定资产修理费4 900元。

（5）以银行存款支付业务招待费2 900元。

要求：

（1）编制甲公司购买材料的会计分录。

（2）编制甲公司购买机器设备的会计分录。

（3）编制甲公司计提固定资产折旧的会计分录。

（4）编制甲公司支付固定资产修理费的会计分录。

（5）编制甲公司支付业务招待费的会计分录。

（十）甲公司为制造企业，增值税一般纳税人，原材料核算采用实际成本法，201×年7月份发生下列交易与事项：

（1）7月2日，从乙公司购入N材料、M材料，其中N材料40 000公斤，单价11元，M材料60 000公斤，单价7元，增值税专用发票列示货款金额为860 000元，增值税额为146 200元，款项尚未支付。

（2）7月8日，以银行存款支付N、M材料共同发生的采购费用13 300元，并以N、M材料的采购数量为标准将其分配计入N、M材料成本。

（3）7月10日，N、M材料验收入库。

（4）9月25日，销售M材料1 000公斤并收到银行存款，增值税专用发票列示销售货款金额为17 900元，增值税销项税额为3 043元。

（5）月末，结转销售M材料的成本，M材料的单位成本为10.74元。

（6）月末，从银行借入3年期基建借款6 178 000元。

要求：计算下列金额并编制相关的会计分录。
(1) N 材料的采购成本为(　　)元。
(2) M 材料的采购成本为(　　)元。
(3) 编制业务(4)所述交易或事项的会计分录。
(4) 编制业务(5)所述交易或事项的会计分录。
(5) 编制业务(6)所述交易或事项的会计分录。
(该题除"应交税费"外，其他科目不要求设置明细科目，金额单位：元)

(十一) 资料：某公司(增值税一般纳税人)20×9 年 6 月份发生制造费用如下：
(1) 以银行存款支付生产部门电费账单 1 942.20 元，其中增值税额为 282.20 元。
(2) 计提本月份生产部门固定资产折旧费 8 000 元。
(3) 本月应付生产部门管理人员工资 2 840 元。
(4) 生产车间部门为一般耗用而领用材料 2 800 元。
(5) 现金支付由生产部门负担的财产保险费 300 元。
(6) 按产品生产工时比例分配制造费用，甲、乙、丙产品本月生产工时分别为 10 000 工时、30 000 工时和 40 000 工时。
要求：
(1) 编制支付电费的分录。
(2) 编制计提折旧的分录。
(3) 编制车间领用材料的分录。
(4) 计算制造费用分配率。
(5) 编制分配制造费用的分录。
(答案中的金额单位用元表示)

（十二）东吴企业20×9年12月份发生的部分经济业务如下：

（1）本月制造费用总额6 300元，其中甲产品生产工时2 000小时，乙产品生产工时1 150小时，该企业本月只生产甲、乙两种产品。要求按工时比例计算分配制造费用。

（2）本月甲、乙两种产品耗用的材料费及人工费如下：

成本项目	甲产品（1 500件）	乙产品（1 000件）
直接材料费	21 000元	13 000元
直接人工费	6 500元	4 500元

甲、乙两种产品全部完工验收入库。

要求：计算甲、乙两种产品的总成本及单位成本。

（十三）东吴公司20×8年9月生产A、B两种产品，生产工时分别为2 400小时和1 800小时，本月生产工人职工薪酬为117 306元，制造费用为34 650元。A产品当月投产60件，当月全部完工，没有月初和月末在产品，耗用材料费94 800元。B产品全部未完工。

要求：

（1）计算制造费用的分配率。

（2）编制分配制造费用的分录。

（3）月末在产品成本的余额在哪个科目中？

（4）计算A产品的总成本。

（5）计算A产品的单位成本。

（答案中的金额单位用元表示）

（十四）资料：红光厂20×8年12月份发生下列经济业务：

（1）从银行提取现金89 600元。

（2）以现金发放本月职工工资89 600元。

（3）生产 A 产品领用甲材料 1 000 千克,每千克 600 元,生产 B 产品领用乙材料 400 千克,每千克 500 元,车间一般性耗用甲材料 3 000 元,乙材料 1 000 元。

（4）按规定计提本月固定资产折旧,共计 52 000 元,其中生产车间提取 44 000 元,企业管理部门提取 8 000 元。

（5）结算本月应付职工工资。其用途和金额如下：

生产工人工资：

制造 A 产品工人工资	24 000 元
制造 B 产品工人工资	21 000 元
车间管理人员工资	18 600 元
行政管理部门人员工资	26 000 元
合计	89 600 元

（6）将本月发生的制造费用按生产工人工资比例分配结转。

（7）本月生产的 A、B 两种产品全部完工,验收入库。

要求：根据上述经济业务编制会计分录。

（十五）甲公司 10 月份发生以下业务：

（1）10 月 3 日,甲公司购入 A 材料一批,取得的增值税专用发票上记载的价款为 400 000 元,增值税额为 68 000 元,材料已运到并验收入库,款项尚未支付。

（2）10 月 10 日,用银行存款实际支付职工工资 100 000 元。

（3）10 月 12 日,销售一批商品,开具的增值税专用发票上注明的售价为 800 000 元,增值税税额为 136 000 元,商品已发出,货款尚未收到,该批商品的成本为 600 000 元。

（4）10 月 28 日,计算分配职工工资 150 000 元,其中：生产工人工资 100 000 元,车间管理人员工资 20 000 元,企业管理人员工资 30 000 元。

（5）10 月 31 日,计提固定资产折旧 24 000 元,其中管理用设备折旧 4 000 元,生产设备折旧 20 000 元。

除上述资料外,不考虑其他因素。

要求：根据上述资料,逐笔编制相应的会计分录(金额单位:元)。

(十六)资料：红光厂为增值税一般纳税人(增值税税率为17%),20×9年12月份发生下列经济业务：

(1) 向立达厂出售A产品400件,价款400 000元及增值税68 000元,价税款尚未收到。

(2) 收到圣达厂归还前欠货款200 000元,存入银行。

(3) 向万达出售B产品200件,每件售价900元,增值税率17%,货款已收,存入银行。

(4) 结转本月出售产品的生产成本,其中A产品250 000元,B产品100 000元。

(5) 该厂出售的B产品属应税消费品,消费税率为5%,计算本月应交消费税。

(6) 出售乙材料200千克,每千克70元,款项已存入银行。

(7) 乙材料的成本为每千克50元,结转其成本。

要求：根据上述经济业务编制会计分录。

(十七)资料：红光厂为增值税一般纳税人(增值税税率为17%),20×9年12月份发生下列经济业务：

(1) 向立达厂出售A产品400件,价款400 000元及增值税68 000元,价税款尚未收到。

(2) 收到圣达厂归还前欠货款200 000元,存入银行。

(3) 向万达出售B产品200件,每件售价900元,增值税率17%,货款已收,存入银行。

(4) 结转本月出售产品的生产成本,其中A产品250 000元,B产品100 000元,

(5) 该厂出售的B产品属应税消费品,消费税率为5%,计算本月应交消费税。

(6) 出售乙材料200千克,每千克700元,款项已存入银行。

(7) 乙材料的成本为每千克 500 元,结转其成本。

要求:

(1) 编制销售 A 产品的分录。

(2) 编制计算消费税的分录。

(3) 编制销售材料的分录。

(4) 编制销售产品的成本。

(5) 出售材料的成本计入哪个科目?

(答案中的金额单位用元表示)

(十八) 资料:东吴公司 20×9 年 12 月份发生下列经济业务:

(1) 采购员张三预借差旅费 2 900 元,以现金付讫。

(2) 张三出差回来报销 2 800 元,余款 100 元退回。

(3) 预提本月应负担的短期借款利息 1 000 元。

(4) 厂长报销业务招待费 1 500 元。

(5) 以银行存款支付广告费 35 000 元。

(6) 以银行存款 4 500 元,预付第三季度的报刊杂志费。

(7) 以银行存款支付行政管理部门本月办公费 5 000 元。

(8) 因客户违反合同,通过索赔,取得 26 000 元的赔偿费,款已收存入银行。

(9) 缴纳滞纳金及罚款共计 12 000 元,已开出转账支票支付。

要求:根据上述经济业务编制会计分录。

（十九）甲股份有限公司于 201×年 1 月开始筹建，直接申请了一般纳税人，采用实际法核算材料。201×年发生以下经济业务：

（1）收到投资者投入款项 2 626 000 元，存入银行。

（2）筹建期间发生开办费 21 000 元，以银行存款支付。

（3）购入不需安装机器设备，增值税专用发票上注明价款 291 000 元，税款 49 470 元，款项已通过银行转账支付。

（4）购入生产用材料 1 300 千克，不含税单价 60 元，增值税专用发票上注明价款 78 000 元，税额 13 260 元，对方代垫运费，运费增值税专用发票上注明运费 2 340 元，税额 257.4；材料已验收入库，款项均未支付。

（5）以现金支票购买办公用品 4 000 元，其中行政管理部门 2 400 元，车间管理部门 1 600 元。

要求：

（1）编制甲股份有限公司收到投资者投入资本的会计分录。

（2）编制甲股份有限公司支付开办费的会计分录。

（3）编制甲股份有限公司购入机器设备的会计分录。

（4）编制甲股份有限公司购买材料的会计分录。

（5）编制甲股份有限公司购买办公用品的会计分录。

（该题除"应交税费"外，其他科目不要求设置明细科目）

（二十）甲股份有限公司为制造企业，增值税一般纳税人，201×年发生下列交易与事项：

（1）7 月 1 日，接受乙公司投入的商标使用权，该商标使用权的双方协议价为 13 779 000 元（为该商标使用权的公允价值），甲股份有限公司本次增资注册资本额为 13 679 000 元。

（2）7 月 2 日，从丙公司购入 N 材料，增值税专用发票列示 N 材料货款金额 919 000 元，增值税 156 230 元，均以转账支票支付，N 材料于当日验收入库，公司原材料核算采用实际成本法。

（3）7 月 5 日，以转账支票支付丁公司广告费 55 900 元。

（4）7 月 9 日，采用电汇结算向某小学捐赠款项 677 000 元。

(5) 7月31日,计提行政管理部门用E运输设备折旧,E设备采用工作量法计提折旧,E设备原价为140 000元,净残值率为4%,总工作量为100 000公里,E设备本月行驶3 000公里。

要求:根据上述资料进行下列计算分析("应交税费"列出必要明细科目):

(1) 编制业务(1)所述交易或事项的会计分录。
(2) 编制业务(2)所述交易或事项的会计分录。
(3) 编制业务(3)所述交易或事项的会计分录。
(4) 编制业务(4)所述交易或事项的会计分录。
(5) 编制业务(5)所述交易或事项的会计分录。

(二十一)甲公司 20×9 年有关损益类科目的年末余额如下:

科目名称	结账前余额(单位:元)
主营业务收入	4 500 000(贷)
其他业务收入	525 000(贷)
投资收益	450 000(贷)
营业外收入	37 500(贷)
主营业务成本	3 450 000(借)
其他业务成本	300 000(借)
税金及附加	60 000(借)
销售费用	375 000(借)
管理费用	450 000(借)
财务费用	75 000(借)
营业外支出	150 000(借)

甲公司适用的所得税税率为25%,假定当年不存在纳税调整事项。

甲公司按当年净利润的10%提取法定盈余公积,按当年净利润的5%提取任意盈余公积,并决定向投资者分配利润500 000元。

要求:

(1)编制甲公司年末结转各损益类科目余额的会计分录。

(2)计算甲公司20×9年应交所得税金额。

(3)编制甲公司确认并结转所得税费用的会计分录。

(4)编制甲公司将"本年利润"科目余额转入"利润分配——未分配利润"科目的会计分录。

(5)编制甲公司提取盈余公积和宣告分配利润的会计分录。

(二十二)甲公司20×8年度的有关资料如下:

(1)年初未分配利润为150万元,本年利润总额为400万元,适用的企业所得税税率为25%。假定不存在纳税调整因素。

(2)按税后利润的10%和5%提取法定盈余公积和任意盈余公积。

(3)向投资者宣告分配利润40万元。

要求:

(1)计算甲公司本期所得税费用。

(2)编制甲公司确认本期所得税费用的会计分录。

(3)编制甲公司提取盈余公积的会计分录。

(4)编制甲公司宣告分配利润的会计分录。

(5)计算年末未分配利润。

(答案中的金额单位用万元表示)

项目六　填制和审核会计凭证

一、单项选择题（下列每小题备选答案中只有一个符合题意的正确答案，请将选定答案前的英文字母填入括号内。）

1. 能够记录经济业务、明确经济责任、作为登记账簿依据的书面证明是(　　)。
   A. 会计要素　　　　B. 会计账户　　　　C. 会计凭证　　　　D. 会计报表
2. (　　)是记录经济业务、明确经济责任的书面证明，也是登记账簿的依据。
   A. 科目汇总表　　　B. 会计凭证　　　　C. 原始凭证　　　　D. 记账凭证
3. (　　)是在经济业务发生或完成时取得或填制的，用以记录或证明经济业务发生或完成情况的书面证明。
   A. 收款凭证　　　　B. 记账凭证　　　　C. 原始凭证　　　　D. 付款凭证
4. 会计核算工作的起点是(　　)。
   A. 复式记账　　　　　　　　　　　　　B. 登记账簿
   C. 填制和审核会计凭证　　　　　　　　D. 编制会计报表
5. 下列属于日常会计核算工作起点的是(　　)。
   A. 填制和审核会计凭证　　　　　　　　B. 财产清查
   C. 编制财务会计报告　　　　　　　　　D. 登记会计账簿
6. 会计核算工作的基础环节是(　　)。
   A. 合法地取得、正确地填制和审核记账凭证
   B. 登记会计账簿
   C. 进行财产清查
   D. 编制财务报表
7. 登记账簿的依据是(　　)。
   A. 经济业务　　　　B. 会计报表　　　　C. 会计凭证　　　　D. 记账凭证
8. 登记账簿的直接依据是(　　)。
   A. 经济业务　　　　B. 记账凭证　　　　C. 会计报表　　　　D. 原始凭证
9. 会计凭证按(　　)分为原始凭证和记账凭证。
   A. 取得的来源　　　B. 填制程序和用途　C. 适用的经济业务　D. 填制手续
10. 会计凭证按其(　　)的不同，分为原始凭证和记账凭证。
    A. 填制的程序和用途　　　　　　　　　B. 填制的手续
    C. 来源　　　　　　　　　　　　　　　D. 记账凭证
11. 下列不能证明经济业务发生并据以编制记账凭证的是(　　)。
    A. 供应单位开具的发票　　　　　　　　B. 收款单位开具的收据
    C. 已签字生效的购销合同　　　　　　　D. 材料入库单

12. 在每项经济业务发生或完成时取得或填制的会计凭证是(   )。
    A. 原始凭证　　　B. 转账凭证　　　C. 收款凭证　　　D. 付款凭证
13. 下列属于原始凭证的是(   )。
    A. 材料请购单　　B. 购销合同　　　C. 生产计划　　　D. 限额领料单
14. 下列不能作为原始凭证的有(   )。
    A. 发票　　　　　　　　　　　　　B. 领料单
    C. 工资结算汇总表　　　　　　　　D. 银行存款余额调节表
15. 原始凭证按(   )分为自制原始凭证和外来原始凭证。
    A. 取得的来源　　　　　　　　　　B. 适用的经济业务
    C. 填制程序和用途　　　　　　　　D. 填制手续
16. 下列属于外来原始凭证的是(   )。
    A. 限额领料单　　　　　　　　　　B. 购货发票
    C. 收料凭证汇总表　　　　　　　　D. 入库单
17. 外来原始凭证一般都是(   )。
    A. 一次凭证　　　B. 累计凭证　　　C. 汇总凭证　　　D. 汇总原始凭证
18. 原始凭证按其填制手续及内容不同,可分为(   )。
    A. 会计凭证和记账凭证
    B. 自制凭证和外来凭证
    C. 一次凭证和累计凭证、汇总凭证
    D. 单式记账凭证和复式记账凭证
19. 根据连续反映某一时期内不断重复发生而分次进行的特定业务编制的原始凭证有(   )。
    A. 一次凭证　　　B. 累计凭证　　　C. 记账凭证　　　D. 汇总原始凭证
20. 下列不属于一次性原始凭证的是(   )。
    A. 收料单　　　　B. 领料单　　　　C. 耗用材料汇总表　D. 发货票
21. 下列属于累计凭证的是(   )。
    A. 领料单　　　　　　　　　　　　B. 制造费用分配表
    C. 限额领料单　　　　　　　　　　D. 购货合同
22. 下列属于一次凭证和累计凭证主要区别的是(   )。
    A. 一次凭证是通用凭证,累计凭证是专用凭证
    B. 累计凭证是自制原始凭证,一次凭证是外来原始凭证
    C. 累计凭证填制的手续是多次完成的,一次凭证填制的手续是一次完成的
    D. 累计凭证是汇总凭证,一次凭证是单式凭证
23. 仓库保管人员填制的收料单,属于企业(   )。
    A. 外来原始凭证　B. 自制原始凭证　C. 汇总原始凭证　D. 累计原始凭证
24. 发料凭证汇总表属于(   )。
    A. 转账凭证　　　B. 累计凭证　　　C. 汇总原始凭证　D. 汇总记账凭证
25. 税务部门统一印制的增值税专用发票属于(   )。
    A. 专用凭证　　　B. 通用原始凭证　C. 累计凭证　　　D. 汇总原始凭证

26. 差旅费报销单按填制的手续及内容分类,属于原始凭证中的(　　)。
    A. 一次凭证　　　B. 累计凭证　　　C. 汇总凭证　　　D. 专用凭证
27. (　　)是指由本单位有关部门和人员,在执行或完成某项经济业务时填制的,仅供本单位内部使用的原始凭证。
    A. 通用凭证　　　B. 专用凭证　　　C. 自制原始凭证　　　D. 外来原始凭证
28. 下列说法,错误的是(　　)。
    A. 车票属于原始凭证
    B. 采购材料的发货票属于原始凭证
    C. 领料单属于原始凭证
    D. 银行存款收款凭证属于原始凭证
29. 企业购进原材料一批,取得增值税专用发票和运费发票,货款及运费未付,材料验收入库。以下与这笔经济业务无关的原始凭证是(　　)。
    A. 收料单
    B. 增值税专用发票
    C. 运费发票
    D. 支票存根
30. 下列不属于原始凭证基本内容的是(　　)。
    A. 填制原始凭证的日期
    B. 经济业务内容
    C. 会计人员记账标记
    D. 原始凭证名称
31. 下列不属于原始凭证基本内容的是(　　)。
    A. 接受凭证单位的全称
    B. 交易或事项的内容、数量、单价和金额
    C. 经办人员签名或盖章
    D. 应记会计科目名称和记账方向
32. 下列不属于原始凭证所必须具备的基本内容有(　　)。
    A. 凭证名称、填制日期和编号
    B. 经济业务内容摘要
    C. 对应的记账凭证号数
    D. 填制、经办人员的签字、盖章
33. 人民币小写金额 8 900.15 元,在填写原始凭证时大写金额为(　　)。
    A. 捌仟玖佰元零壹角伍分
    B. 捌仟玖佰元零壹角伍分整
    C. 捌仟玖佰壹角伍分整
    D. 捌千玖佰元壹角伍分
34. 表示人民币 30 010.56 元的大写正确写法是(　　)。
    A. 人民币三万零十元五角六分
    B. 人民币叁万零拾元零伍角陆分
    C. 人民币三万零十元五角六分整
    D. 人民币叁万零拾元伍角陆分整
35. 填制原始凭证时,"人民币捌仟元零伍角整"的小写金额规范的是(　　)。
    A. 8 000.50　　　B. ￥8 000.5　　　C. ￥8 000.50　　　D. ￥8 000.5
36. 在原始凭证上书写阿拉伯数字,错误的做法是(　　)。
    A. 金额数字前书写货币币种符号
    B. 币种符号与金额数字之间要留有空白
    C. 币种符号与金额数字之间不得留有空白
    D. 数字前写有币种符号的,数字后不再写货币单位
37. 下列关于原始凭证填制的说法,错误的是(　　)。
    A. 对外开出的原始凭证必须加盖本单位公章
    B. 凭证填写的手续必须完备,符合内部牵制要求

C. 原始凭证在填写的时候可以将错误凭证撕毁,重新填制一张

D. 需要填一式数联的凭证,各联内容应当相同

38. 关于原始凭证,不符合要求的是( )。

   A. 对外开出的原始凭证,必须加盖本单位公章

   B. 发生销货退回的,须有退货验收证明

   C. 购买实物的原始凭证,经购买人查证核实后,会计人员即可据以入账

   D. 收回借款时,应当另开收据或者退还借款副本,不得退还原借款收据

39. 在原始凭证上书写金额数字,正确的有( )。

   A. 人民币符号"¥"与阿拉伯数字间不得留有空白,金额数字一律填写到角分

   B. 无角分的,角位和分位可写"00"或者"—";有角无分的,分位可以写"0",也可用"—"代替

   C. 大写金额到元或角为止的,后面要写"整"或"正"字;有分的,不写"整"或"正"字

   D. 大写金额前未印有"人民币"字样的,应加写"人民币"三个字,"人民币"字样与大写金额之间不得留有空白

40. 下列不符合原始凭证基本要求的是( )。

   A. 从个人取得的原始凭证,必须有填制人员的签名或盖章

   B. 上级批准的经济合同,应作为原始凭证

   C. 原始凭证不得涂改、刮擦、挖补

   D. 对外开出的原始凭证,必须加盖本单位公章

41. 下列关于原始凭证的填制要求,不正确的有( )。

   A. 原始凭证所填列的经济业务内容和数字,必须真实可靠,符合实际情况

   B. 原始凭证所要求填列的项目必须逐项填列齐全,不得遗漏和省略

   C. 编号可以不连续

   D. 书写要清楚、规范

42. 自制的原始凭证,必须有经办单位( )的签名或者盖章。

   A. 会计人员

   B. 保管人员

   C. 出纳人员

   D. 领导人或者由单位领导人指定的人员

43. 下列做法符合《会计基础工作规范》规定的是( )。

   A. 自制原始凭证无须经办人签名或盖章

   B. 外来原始凭证金额错误,可在原始凭证上更正但需签名或盖章

   C. 凡是账薄记录金额错误,都可以采用"划线更正法"予以更正

   D. 销售商品 1 000.84 元,销货发票大写金额为:壹仟元零捌角肆分

44. 甲公司 2013 年 10 月 12 日开出一张现金支票,对出票日期正确的填写方法是( )。

   A. 贰零壹叁年壹拾月拾贰日   B. 贰零壹叁年零壹拾月壹拾贰日

   C. 贰零壹叁年拾月壹拾贰日   D. 贰零壹叁年零拾月壹拾贰日

45. 出纳人员在办理收款或付款后,应在( )上加盖"收讫"或"付讫"的戳记,以避免重收重付。

　　A. 记账凭证　　　　B. 原始凭证　　　　C. 收款凭证　　　　D. 付款凭证

46. 各种原始凭证,除由经办业务的有关部门审核以外最后都要由( )进行审核。

　　A. 财政部门　　　　B. 董事会　　　　C. 总经理　　　　D. 会计部门

47. 经办业务的各有关单位应在业务发生或完成时,及时填制原始凭证,并按规定程序将凭证送交会计机构,由( )审核后,据以编制记账凭证。

　　A. 管理人员　　　　B. 记账人员　　　　C. 会计人员　　　　D. 出纳人员

48. 原始凭证所记录的经济业务是否符合有关的计划、预算,这属于审核原始凭证的( )。

　　A. 合法性　　　　B. 真实性　　　　C. 完整性　　　　D. 合理性

49. 下列各项不属于原始凭证审核内容的是( )。

　　A. 凭证反映的内容是否真实
　　B. 凭证各项基本要素是否齐全
　　C. 会计科目的使用是否正确
　　D. 凭证是否有填制单位的公章和填制人员的签章

50. 审核原始凭证各项金额的计算及填写是否正确,属于审核( )。

　　A. 真实性　　　　B. 合理性　　　　C. 完整性　　　　D. 正确性

51. 如原始凭证有错误的,其正确的处理方法是( )。

　　A. 向单位负责人报告　　　　　　　B. 退回,不予接受
　　C. 由出具单位重开或更正　　　　D. 由本单位代为更正

52. 会计人员在审核原始凭证的过程中,对于手续不完备的原始凭证按规定应( )。

　　A. 扣留原始凭证　　　　　　　　B. 拒绝执行
　　C. 向上级机关反映　　　　　　　D. 退回出具单位,要求补办手续

53. 审核原始凭证中发现金额错误,应由( )。

　　A. 原填制单位重开　　　　　　　B. 经办人更正
　　C. 审核人员　　　　　　　　　　D. 会计主管

54. 发现原始凭证金额错误,下列处理方法正确的是( )。

　　A. 由本单位经办人更正,并由单位财务负责人签名盖章
　　B. 由出具单位重开
　　C. 由出具单位更正,更正处应当加盖出具单位印章
　　D. 由本单位会计人员按划线更正法更正,并在更正处签章

55. 关于原始凭证错误的更正,下列说法正确的是( )。

　　A. 原始凭证记载的各项内容均不得涂改
　　B. 随意涂改的原始凭证虽然不符合要求,但是属于有效的凭证
　　C. 原始凭证金额出现错误的,不得更正,只能由原始凭证开具单位重新开具
　　D. 原始凭证开具单位应当依法开具准确无误的原始凭证

56. 对于不真实、不合法的原始凭证,会计机构、会计人员应当( )。

　　A. 予以反映　　　　B. 予以受理　　　　C. 予以纠正　　　　D. 不予接受

57. 会计机构、会计人员对真实、合法、合理但内容不准确、不完整的原始凭证,应当( )。
   A. 不予受理　　　　　　　　　　B. 予以受理
   C. 予以纠正　　　　　　　　　　D. 予以退回,要求更正、补充

58. 原始凭证的审核是一项十分重要、严肃的工作,经审核的原始凭证应根据不同情况处理。下列处理方法不正确的是( )。
   A. 对于完全符合要求的原始凭证,应及时据以编制记账凭证
   B. 对于不真实、不合法的原始凭证,会计机构和会计人员有权不予接受,并向单位负责人报告
   C. 对于不完全符合要求的自制原始凭证,可先行编制记账凭证,以保证账务的及时处理,随后必须保证补充完整
   D. 对予真实、合法、合理但内容不够完整、填写有错误的原始凭证,应退回给有关经办人员,由其负责将有关凭证补充完整、更正错误或重开后,再办理正式会计手续

59. 在会计实务中,记账凭证按其所反映的经济内容不同,可以分为( )。
   A. 通用凭证和专用凭证
   B. 收款凭证、付款凭证和转账凭证
   C. 单式凭证和复式凭证
   D. 一次凭证、累计凭证和汇总凭证

60. 将记账凭证分为收款凭证、付款凭证和转账凭证的依据是( )。
   A. 凭证用途的不同　　　　　　　B. 凭证填制手续的不同
   C. 记载经济业务内容的不同　　　D. 所包括的会计科目是否单一

61. 记账凭证按填列方式可分为( )。
   A. 一次凭证、累计凭证和汇总凭证　B. 通用凭证和专用凭证
   C. 收款凭证、付款凭证、转账凭证　D. 单式凭证和复式凭证

62. 企业常用的收款凭证、付款凭证和转账凭证均属于( )。
   A. 单式记账凭证　　　　　　　　B. 复式记账凭证
   C. 一次凭证　　　　　　　　　　D. 通用凭证

63. 下列属于记账凭证基本内容的是( )。
   A. 经济业务内容　　　　　　　　B. 填制原始凭证的日期
   C. 原始凭证名称　　　　　　　　D. 会计人员记账标记

64. 下列不属于记账凭证基本内容的是( )。
   A. 交易或事项的内容摘要　　　　B. 交易或事项的数量、单价和金额
   C. 应记会计科目、方向及金额　　D. 凭证附件

65. 下列不属于记账凭证编制基本要求的是( )。
   A. 必须经由单位负责人签字　　　B. 各项内容必须完整
   C. 书写应清楚、规范　　　　　　D. 填制时发生错误应重新填制

66. 可以不附原始凭证的记账凭证是( )。
   A. 更正错误的记账凭证　　　　　B. 从银行提取现金的记账凭证

C. 以现金发放工资的记账凭证　　　　D. 职工临时性借款的记账凭证

67. 下列记账凭证,可以不附原始凭证的是( )。
　　A. 所有收款凭证　　　　　　　　　　B. 所有付款凭证
　　C. 所有转账凭证　　　　　　　　　　D. 用于结账的记账凭证

68. 下列不可以作为同一张记账凭证填列根据的是( )。
　　A. 每一张原始凭证　　　　　　　　　B. 若干张同类原始凭证
　　C. 原始凭证汇总表　　　　　　　　　D. 不同内容和类别的原始凭证

69. 为了分清会计事项处理的先后顺序,便于记账凭证与会计账簿之间的核对,确保记账凭证的完整无缺,填制记账凭证时,应当( )。
　　A. 依据真实　　B. 日期正确　　C. 连续编号　　D. 简明扼要

70. 4月15日,行政管理人员王明将标明日期为3月26日的发票拿来报销,经审核后会计人员依据该发票编制记账凭证时,记账凭证的日期应为( )。
　　A. 3月26日　　B. 3月31日　　C. 4月15日　　D. 4月1日

71. 一项经济业务需要连续编制多张记账凭证的,应( )。
　　A. 自制内容相同的多张原始凭证　　　B. 编制原始凭证分割单
　　C. 采用分数编号的方法　　　　　　　D. B和C两种方法

72. 记账凭证填制完毕后,如有空行应( )。
　　A. 空置不填　　B. 划线注销　　C. 盖章注销　　D. 签字注销

73. 企业库存现金收款凭证的填制日期,应当是( )。
　　A. 原始凭证注明的日期　　　　　　　B. 编制收款凭证的日期
　　C. 收取现金的日期　　　　　　　　　D. 登记库存现金总账的日期

74. 收款凭证左上角"借方科目"应填列的会计科目是( )。
　　A. 银行存款　　　　　　　　　　　　B. 库存现金
　　C. 主营业务收入　　　　　　　　　　D. 银行存款或库存现金

75. 下列业务应该填制现金收款凭证的是( )。
　　A. 出售产品一批,款未收　　　　　　B. 从银行提取现金
　　C. 出售产品一批,收到一张转账支票　　D. 出售多余材料,收到现金

76. 下列业务应填制库存现金收款凭证的是( )。
　　A. 从银行提取现金
　　B. 出售材料收到一张转账支票
　　C. 将现金存入银行
　　D. 收到职工报销差旅费归还的原预借多余现金

77. 下列需要编制银行存款收款凭证的经济业务是( )。
　　A. 以银行存款购买设备　　　　　　　B. 接受投资设备一台
　　C. 从银行取得借款存入银行　　　　　D. 将资本公积转增实收资本

78. 下列应当编制付款凭证的经济业务是( )。
　　A. 以银行存款归还前欠货款　　　　　B. 购入原材料,货款未付
　　C. 收回前欠货款　　　　　　　　　　D. 接受投资者投入货币资金

79. 下列应编制转账凭证的业务是( )。
    A. 支付购买材料价款　　　　　　　B. 支付材料运杂费
    C. 收回出售材料款　　　　　　　　D. 车间领用材料

80. 从银行提取现金备发工资的业务,需要填制的记账凭证是( )。
    A. 收款凭证　　B. 转付凭证　　C. 付款凭证　　D. 现金支票

81. 根据仓库保管员填制的发料单或发料凭证汇总表编制的记账凭证应该是( )。
    A. 付款凭证　　B. 原始凭证　　C. 转账凭证　　D. 收款凭证

82. 某企业购入材料一批,已经验收入库,货款3万元用银行存款支付,根据这项业务所填制的会计凭证是( )。
    A. 现金收款凭证　　　　　　　　　B. 现金付款凭证
    C. 银行存款收款凭证　　　　　　　D. 银行存款付款凭证

83. 某企业购入车床一台,部分价款以银行存款支付,剩余款项以签发银行承兑汇票的形式支付,则企业应编制的记账凭证为( )。
    A. 一张转账凭证和一张付款凭证　　B. 一张收款凭证
    C. 一张付款凭证　　　　　　　　　D. 一张转账凭证

84. 记账凭证和原始凭证的共同点是( )。
    A. 所起的作用相同　　　　　　　　B. 所含凭证要素相同
    C. 编制时间相同　　　　　　　　　D. 反映的经济业务相同

85. 关于原始凭证和记账凭证,以下说法正确的是( )。
    A. 记账凭证是记录和证明经济业务发生或完成情况的文字凭据
    B. 原始凭证不可以作为登记账簿的依据
    C. 原始凭证是编制记账凭证的依据
    D. 记账凭证是编制原始凭证的依据

86. 下列不属于记账凭证审核内容的是( )。
    A. 所使用的会计科目是否符合有关会计制度的规定等
    B. 记账凭证汇总表的内容与其所依据的记账凭证的内容是否一致
    C. 审核所记录的经济业务是否符合生产经营活动的需要
    D. 审核记账凭证各项填写是否齐全

87. 按照记账凭证的审核要求,下列不属于记账凭证审核内容的是( )。
    A. 会计科目使用是否正确
    B. 凭证所列事项是否符合有关的计划和预算
    C. 凭证的金额与所附原始凭证的金额是否一致
    D. 凭证项目是否填写齐全

88. 从会计凭证的取得或填制时起至归档保管过程中,在单位内部有关部门和人员之间的传送程序,应属于( )。
    A. 会计凭证的填制　　　　　　　　B. 会计凭证的审核
    C. 会计凭证的传递　　　　　　　　D. 会计凭证的保管

89. 在记账后,对于会计凭证整理、装订、归档和存查的工作,属于( )。
    A. 会计凭证的填制　　　　　　　　B. 会计凭证的审核

C. 会计凭证的传递   D. 会计凭证的保管

90. 管理部门当月购进办公用品若干,经办人员不慎将原始发票遗失,作为会计人员应( )。

    A. 不予办理报销手续

    B. 在其取得原供货单位注明原始凭证的号码、金额、内容并加盖公章的证明,由本单位会计机构负责人(会计主管人员)和单位负责人盖章后,给予报销

    C. 由当事人写明详细情况,相关人员证明后,给予报销

    D. 责成经办人员取得原供货单位加盖公章的证明并经会计主管人员审查属实后,给予报销

二、多项选择题(下列每小题备选答案中有两个或两个以上符合题意的正确答案,请将选定答案前面的英文字母填入括号内。)

1. 会计凭证按其填制程序和用途不同,可分为( )。

    A. 原始凭证   B. 记账凭证   C. 一次凭证   D. 累计凭证

2. 原始凭证作为会计凭证之一,其作用可以是( )。

    A. 记录经济业务   B. 明确经济责任

    C. 作为登账依据   D. 编制报表依据

3. 下列属于原始凭证的有( )。

    A. 限制领料单   B. 银行对账单

    C. 制造费用分配表   D. 采购合同书

4. 下列属于会计凭证的有( )。

    A. 领料单   B. 转账凭证

    C. 制造费用分配表   D. 银行对账单

5. 下列属于原始凭证的有( )。

    A. 产品入库单   B. 领料单

    C. 增值税专用发票   D. 火车票

6. 原始凭证按其取得的来源不同,可以将其分为( )。

    A. 自制原始凭证   B. 外来原始凭证

    C. 汇总原始凭证   D. 累计原始凭证

7. 下列属于外来原始凭证的有( )。

    A. 火车票   B. 销货发票

    C. 购货发票   D. 外单位开具盖有公章的证明

8. 以下不能作为原始凭证的是( )。

    A. 购货合同   B. 车间派工单   C. 材料请购单   D. 工资表

9. 原始凭证按其填制手续不同,可分为( )。

    A. 复式凭证   B. 一次凭证   C. 汇总凭证   D. 累计凭证

10. 下列各项中,原始凭证按照格式不同进行分类的有( )。

    A. 累计原始凭证   B. 汇总原始凭证

    C. 通用原始凭证   D. 专用原始凭证

11. 下列属于一次凭证的原始凭证有(   )。
    A. 领料单   B. 限额领料单   C. 收料单   D. 购货发票
12. 以下属于汇总原始凭证的有(   )。
    A. 汇总收款凭证   B. 收料凭证汇总表
    C. 限额领料单   D. 发料凭证汇总表
13. "限额领料单"属于(   )。
    A. 累计凭证   B. 记账凭证   C. 汇总凭证   D. 自制凭证
14. 银行结算凭证属于(   )。
    A. 外来凭证   B. 汇总凭证   C. 一次凭证   D. 通用凭证
15. 下列属于原始凭证基本内容的是(   )。
    A. 出具凭证单位财务章   B. 实物数量、单价及金额
    C. 会计科目   D. 接受凭证单位名称
16. 下列符合填制会计凭证要求的是(   )。
    A. 汉字大小写金额必须相符且填写规范
    B. 阿拉伯数字连笔书写
    C. 阿拉伯数字前面的人民币符号写为"￥"
    D. 大写金额有分的,分字后面不写"整"或"正"字
17. 原始凭证的审核内容主要包括:审核原始凭证的(   )等方面。
    A. 真实性   B. 合法性   C. 正确性   D. 完整性、合理性
18. 原始凭证真实性的审核内容包括(   )。
    A. 原始凭证日期、业务内容、数据是否真实
    B. 外来原始凭证,必须有填制单位公章和填制人员签章
    C. 自制原始凭证,必须有经办部门和经办人员的签章
    D. 所记录的经济业务中是否有违反国家法律法规问题
19. 关于原始凭证,下列说法正确的有(   )。
    A. 原始凭证一律不能作为记账的直接依据
    B. 审核无误的原始凭证可以作为编制记账凭证的依据
    C. 审核无误的原始凭证可能作为登记明细账的直接依据
    D. 自制的原始凭证都是一次凭证;外来原始凭证可能是一次凭证,也可能是累计凭证
20. 下列属于记账凭证应当包括的内容有(   )。
    A. 所附原始凭证的张数
    B. 经济业务事项所涉及的会计科目及其记账方向
    C. 记账标记"√"
    D. 经济业务事项的金额
21. 收款凭证中允许编制的会计分录的形式有(   )。
    A. 一借一贷   B. 一借多贷   C. 一贷多借   D. 多借多贷
22. 转账凭证属于(   )。
    A. 复式记账凭证   B. 记账凭证   C. 会计凭证   D. 单式记账凭证

23. 记账凭证的填制可以( )。
    A. 根据每一张原始凭证填制
    B. 根据若干张同类原始凭证汇总编制
    C. 根据原始凭证汇总表填制
    D. 将不同内容和类别的原始凭证汇总填制在一张记账凭证上

24. 在填制记账凭证时,下列做法正确的有( )。
    A. 将不同类型业务的原始凭证合并编制一张记账凭证
    B. 一个月内的记账凭证连续编号
    C. 从银行提取现金时只填制现金收款凭证
    D. 记账凭证日期必须填写

25. 在填制记账凭证时,下列做法错误的有( )。
    A. 将不同类型业务的原始凭证合并编制一份记账凭证
    B. 一个月内的记账凭证连续编号
    C. 从银行提取现金时只填制现金收款凭证
    D. 更正错账的记账凭证可以不附原始凭证

26. 按照规定,除( )的记账凭证可以不附原始凭证外,其他记账凭证必须附有原始凭证。
    A. 提取现金　　B. 结账　　C. 更正错账　　D. 现金存入银行

27. 下列经济业务,不需要编制银行存款收款凭证的有( )。
    A. 以银行存款购入设备
    B. 接受投资者投入一台设备
    C. 从银行借入款项,存入开户银行
    D. 资本公积转增资本

28. 收款凭证的借方科目可能是( )。
    A. 应收账款　　B. 库存现金　　C. 银行存款　　D. 应付账款

29. 收款凭证的贷方科目可能是( )。
    A. 库存现金　　B. 银行存款　　C. 短期借款　　D. 主营业务收入

30. 在借贷记账法下,付款凭证的贷方科目可能是( )。
    A. 盈余公积　　B. 库存现金　　C. 应付账款　　D. 银行存款

31. 涉及现金与银行存款之间的划款业务时,可以编制的记账凭证有( )。
    A. 银行存款收款凭证　　　　B. 银行存款付款凭证
    C. 现金收款凭证　　　　　　D. 现金付款凭证

32. 现金收款凭证上的填写日期应当是( )。
    A. 收取现金的日期　　　　　B. 编制收款凭证的日期
    C. 原始凭证上注明的日期　　D. 登记总账的日期

33. 办公室李某出差归来,报销差旅费12 750元,交回现金350元,应填制( )。
    A. 收款凭证　　B. 付款凭证　　C. 转账凭证　　D. 汇总凭证

34. 差旅费报销时,可能涉及的记账凭证有( )。
    A. 收款凭证　　B. 付款凭证　　C. 转账凭证　　D. 原始凭证

35. 某企业外购材料一批,已验收入库,货款已付。根据这项经济业务所填制的会计凭证包括( )。
　　A. 收款凭证　　　B. 收料单　　　C. 付款凭证　　　D. 累计凭证
36. 在填制记账凭证时,下列做法错误的有( )。
　　A. 将不同类型业务的原始凭证合并编制一份记账凭证
　　B. 一个月内的记账凭证连续编号
　　C. 从银行提取现金时只填制现金收款凭证
　　D. 更正错账的记账凭证可以不附原始凭证
37. 在合理组织会计凭证传递时,主要应考虑( )两方面的问题。
　　A. 确定传递人员　　B. 确定传递线路　　C. 确定传递时间　　D. 确定传递日期

三、判断题(要求在括号答题,正确的用"√"表示,错误的用"×"表示。)

1. 会计凭证所提供的各种会计核算信息,是编制财务报表的直接依据。( )
2. 会计凭证中最具有法律效率的是原始凭证( )。
3. 会计凭证按其取得的来源不同分为原始凭证和记账凭证( )。
4. 审核无误的原始凭证是登记账簿的直接依据( )。
5. 只要是真实的原始凭证就可以作为收付财物和记账的依据。( )
6. 填制和审核会计凭证是会计核算和监督单位经济活动的起点和基础。( )
7. 原始凭证和记账凭证都属于会计凭证,都应该由会计人员进行填制。( )
8. 原始凭证记录的是经济信息,而记账凭证记录的是会计信息。( )
9. 企业在与外单位发生的任何经济业务中,取得的各种书面证明都是原始凭证。( )
10. 外来原始凭证是指企业财会部门从外部购入的原始凭证。( )
11. 外来原始凭证是企业与外单位发生经济业务时,由外单位的经办人员填写的。( )
12. 自制原始凭证是由企业财会部门自行填制的原始凭证。( )
13. 在证明经济业务发生,据以编制记账凭证的作用方面,自制原始凭证与外来原始凭证具有同等效力。( )
14. 企业使用累计凭证,如限额领料单,既可以对领料进行事前控制,又可以减少凭证的填制手续。( )
15. 所有领料单、收料单、产品入库单都属于企业的自制原始凭证,同时也是一次凭证。( )
16. 发料凭证汇总表是一种汇总记账凭证。( )
17. 限额领料单是比较典型的累计凭证。( )
18. 原始凭证和记账凭证都属于会计凭证,都应该由会计人员进行填制。( )
19. 一式几联的原始凭证,应当注明各联的用途,只能以一联作为报销凭证。( )
20. 一张原始凭证所列支出需要几个单位共同负担的,应当将其他单位负担的部分用复印件提供给其他单位。( )
21. 填制原始凭证,汉字大写金额数字一律用正楷或草书书写,汉字大写金额数字到元位或角位为止的,后面必须写"正"或"整",个位后面不写"正"或"整"。( )

22. 如果原始凭证已预先印定编号,在写坏作废时,应加盖"作废"戳记,妥善保管,不得撕毁。(　　)

23. 原始凭证,如发票、支票都有连续编号,应按编号连续使用,这类凭证如有填写错误,应予以作废并重填,填错的凭证不需与存根一起保存,允许销毁。(　　)

24. 出纳人员在办理收、付款后,应在有关原始凭证上加盖"收讫"或"付讫"的戳记,以避免重收重付。(　　)

25. 从个人取得原始凭证,必须有填制人员的签名盖章。(　　)

26. 从外单位取得的原始凭证应盖有填制单位的公章,但有些特殊原始凭证例外。(　　)

27. 各类原始凭证应由会计人员根据实际发生的经济业务如实地填写,不得伪造、涂改或弄虚作假。(　　)

28. 经济业务存在多样性,原始凭证的形式大不相同,为了反映不同的经济业务,原始凭证的基本内容因此而各有不同。(　　)

29. 原始凭证的各项内容均不能涂改。(　　)

30. 原始凭证有错误的,可以要求持有单位更正或重开。(　　)

31. 对于填制有误的原始凭证,开具单位负有更正和重新开具的法律义务,不得拒绝。(　　)

32. 对于不合法、不真实的原始凭证,会计人员应退给有关经办人员更正或重开后,再办理正式会计手续。(　　)

33. 只有经过审核无误的原始凭证才可以编制记账凭证(　　)。

34. 收款凭证又可以分为现金收款凭证和银行存款收款凭证,如以现金结算的发票联属于现金收款凭证。(　　)

35. 付款凭证仅指为银行存款减少的经济业务而编制的记账凭证。(　　)

36. 在实际工作中,规模大、业务复杂的单位,可以使用一种格式的通用记账凭证。(　　)

37. 记账凭证的填制应及时,填制的日期与原始凭证的日期应一致。(　　)

38. 收款凭证左上角的会计科目为贷方科目。(　　)

39. 记账凭证必须连续编号,如写错作废时,应加盖"作废"戳记,并全部保存,不允许撕毁。(　　)

40. 记账凭证可根据每一张原始凭证填制,或若干同类原始凭证汇总填制,也可以根据原始凭证汇总表填制。(　　)

41. 所有的记账凭证都必须要由填制凭证人员、稽核人员、出纳人员、记账人员、会计机构负责人(会计主管人员)签名或者盖章。(　　)

42. 每张会计凭证的后面至少要附有一张原始凭证。(　　)

43. 若一笔经济业务涉及的会计科目较多,需填制多张记账凭证的,可采用"分数编号法"。(　　)

44. 涉及"库存现金"和"银行存款"之间的经济业务,一般只编制付款凭证,不编制收款凭证。(　　)

45. 现金存入银行时,为避免重复记账,只编制银行存款收款凭证,不编制现金付款凭

证。（　　）

46. 销货方在销货时代垫的运杂费可以计入其应收账款总额。（　　）

47. 原材料的领用及成本结转应编制转账凭证。（　　）

48. 收、付款凭证的日期应按照货币收、付的日期填写，转账凭证的日期应按照原始凭证记录的日期填写。（　　）

49. 企业出售甲商品一批，售价 15 000 元，收到面值 15 000 元的银行承兑汇票一张。这笔业务应编制的记账凭证为收款凭证。（　　）

50. 企业购入甲材料 38 000 元，货款以已承兑的银行承兑汇票支付 30 000 元，其余 8 000 元暂欠，该笔业务应编制一张付款凭证和一张转账凭证。（　　）

51. 记账凭证审核的内容包括金额是否正确、科目是否正确、经济业务的数量和单价是否正确、内容是否真实、手续是否完备等方面。（　　）

52. 会计凭证的传递是指从原始凭证的取得或填制时起至归档保管止，在财务会计部门内部按规定的路线进行传递和处理的程序。（　　）

53. 从外单位取得的原始凭证遗失时，必须取得原签发单位盖有公章的证明，并注明原始凭证的号码、金额、内容等，由经办单位会计机构负责人、会计主管人员审核签章后，才能代作原始凭证。（　　）

54. 记账凭证所附的原始凭证数量过多，也可以单独装订保管，但应在其封面及其有关记账凭证上加以注明。（　　）

55. 如果 1 个月内的凭证数量过多，可以分装若干册，在封面上加注"共几册"字样。（　　）

56. 会计凭证的保管期满以后，企业可自行进行处理。（　　）

项目七　设置和登记会计账簿

一、单项选择题（下列每小题备选答案中只有一个符合题意的正确答案，请将选定答案前的英文字母填入括号内。）

1. 会计账簿是指由一定格式账页组成的，以（　　）为依据，全面、系统、连续地记录各项经济业务的簿籍。
   A. 原始凭证　　　　　　　　　B. 会计科目
   C. 审核无误的会计凭证　　　　D. 会计报表

2. （　　）是会计核算的中心环节。
   A. 填制和审核会计凭证　　　　B. 进行成本计算
   C. 设置和登记账簿　　　　　　D. 编制财务会计报告

3. 下列属于连接会计凭证和会计报表的中间环节的是（　　）。
   A. 复式记账　　　　　　　　　B. 设置会计科目和账户
   C. 设置和登记账簿　　　　　　D. 编制会计分录

4. 账簿与账户的关系是( )。
   A. 整体与部分　　B. 形式与实质　　C. 形式与内容　　D. 主要与次要
5. 将账簿划分为序时账簿、分类账簿和备查账簿的依据是( )。
   A. 账簿的用途　　　　　　　　B. 账页的格式
   C. 账簿的外型特征　　　　　　D. 账簿的性质
6. 按经济业务发生时间的先后顺序,逐日逐笔进行登记的账簿是( )。
   A. 明细分类账　　B. 总分类账　　C. 序时账　　D. 备查账
7. 下列各账簿,必须逐日逐笔登记的是( )。
   A. 库存现金总账　　　　　　　B. 银行存款日记账
   C. 库存商品明细账　　　　　　D. 原材料明细账
8. 下列账簿,要求必须逐日结出余额的是( )。
   A. 库存现金日记账　　　　　　B. 债权债务明细账
   C. 财产物资明细账　　　　　　D. 库存现金总账
9. 下列账簿中不需根据记账凭证登记的账簿有( )。
   A. 日记账　　B. 总分类账　　C. 明细分类账　　D. 备查账
10. 下列账簿属于会计账簿主体而且是编制会计报表主要依据的是( )。
    A. 日记账　　B. 分类账　　C. 备查账　　D. 订本账
11. 能够提供企业某一类经济业务增减变化较为详细的会计信息的账簿是( )。
    A. 明细分类账　　B. 总分类账　　C. 备查簿　　D. 记账凭证
12. 下列各项中,应设置备查账簿进行登记的项目是( )。
    A. 经营租出的固定资产　　　　B. 经营租入的固定资产
    C. 无形资产　　　　　　　　　D. 资本公积
13. 下列账簿不采用三栏式账页格式的是( )。
    A. 银行存款日记账　　　　　　B. 库存现金日记账
    C. 总分类账　　　　　　　　　D. 包装物明细分类账
14. 下列明细分类账,一般不宜采用三栏式账页格式的是( )。
    A. 应收账款明细账　　　　　　B. 应付账款明细账
    C. 实收资本明细账　　　　　　D. 原材料明细账
15. 债权债务明细分类账一般采用( )。
    A. 三栏式账簿　　　　　　　　B. 数量金额式账簿
    C. 横线登记式账簿　　　　　　D. 多栏式账簿
16. 下列明细分类账,可以采用多栏式账页格式的是( )明细账。
    A. 应付账款　　B. 实收资本　　C. 库存商品　　D. 管理费用
17. 收入、费用明细分类账一般采用( )。
    A. 两栏式账簿　　　　　　　　B. 多栏式账簿
    C. 三栏式账簿　　　　　　　　D. 数量金额式账簿
18. 宜采用数量金额式账簿的明细分类账有( )。
    A. 应收账款　　B. 管理费用　　C. 应付账款　　D. 库存商品
19. 能够依据每一行各个栏目的登记是否齐全来判断该项业务进展情况的明细账账簿

格式是( )。
　　A. 横线登记式　　B. 数量金额式　　C. 多栏式　　D. 三栏式
20. 应采用横线登记式账页格式的明细分类账有( )。
　　A. 生产成本明细账　　　　　　B. 营业外支出明细账
　　C. 租入固定资产登记簿　　　　D. 其他应收款——备用金明细账
21. 下列账户必须采用订本式账簿的是( )。
　　A. 原材料明细账　　　　　　　B. 库存商品明细账
　　C. 银行存款日记账　　　　　　D. 固定资产登记簿
22. 卡片账一般在( )时采用。
　　A. 固定资产总分类核算　　　　B. 固定资产明细分类核算
　　C. 原材料总分类核算　　　　　D. 原材料明细分类核算
23. 活页式账簿和卡片式账簿主要适用于( )。
　　A. 特种日记账　　B. 普通日记账　　C. 总分类账簿　　D. 明细分类账簿
24. 管理费用明细账账簿用途分类属于( )。
　　A. 序时账簿　　B. 分类账簿　　C. 备查账簿　　D. 订本账簿
25. "原材料"、"库存商品"等存货类明细账采用( )账簿。
　　A. 三栏式　　　　　　　　　　B. 多栏式
　　C. 数量金额式　　　　　　　　D. 横线登记式账簿
26. "生产成本"明细账应采用( )账簿。
　　A. 三栏式　　B. 多栏式　　C. 数量金额式　　D. 横线登记式
27. "库存商品"明细账一般采用( )账簿。
　　A. 两栏式　　B. 三栏式　　C. 多栏式　　D. 数量金额式
28. "应交税费——应交增值税"科目的明细分类核算,其明细账的账页格式主要采用( )。
　　A. 多栏式　　B. 两栏式　　C. 三栏式　　D. 数量金额式
29. "本年利润"明细账采用的账页格式是( )。
　　A. 三栏式　　B. 多栏式　　C. 数量金额式　　D. 横线登记式
30. 下列说法错误的是( )。
　　A. 库存现金日记账采用三栏式账簿
　　B. 库存商品明细账采用数量金额式账簿
　　C. 生产成本明细账采用三栏式账簿
　　D. 制造费用明细账采用多栏式账簿
31. 下列做法错误的是( )。
　　A. 银行日记账采用三栏式账簿
　　B. 库存商品明细账采用数量金额式账簿
　　C. 生产成本明细账采用三栏式账簿
　　D. 实收资本明细账采用三栏式账簿
32. 下列说法不正确的是( )。
　　A. 总分类账登记的依据和方法主要取决于所采用的账务处理程序

B. 库存现金日记账由出纳人员根据库存现金收付有关的记账凭证以及提取现金的银行存款付款凭证,按时间顺序逐日逐笔进行登记

C. 总分类账的账页格式有三栏式和多栏式两种,最常用的格式为多栏式

D. 账簿按格式不同分为三栏式、多栏式、数量金额式和横线登记式

33. 下列不需要在会计账簿扉页上的启用表中填列的是( )。

    A. 账簿页数   B. 记账人员   C. 科目名称   D. 启用日期

34. 下列关于会计账簿启用与保管的做法,不正确的是( )。

    A. 启用账簿时,要填写"账簿启用登记表"

    B. 按有关规定使用账簿,账簿不得外借

    C. 每日登记账簿,注意书写整齐清洁,不得涂污,避免账页破损,保持账本完整

    D. 为明确会计人员责任,登记某种账簿的人员,不必对该账簿的保管负责,应由保管会计档案的人员负责

35. 账簿中书写的文字和数字应占格距的( )。

    A. 二分之一   B. 三分之二   C. 三分之一   D. 四分之一

36. 在登记账簿时,每记满一页时,应( )。

    A. 计算本页的发生额

    B. 计算本页的余额

    C. 计算本页的发生额和余额,同时在摘要栏注明"过次页"字样

    D. 不计算本页的发生额和余额,但应在摘要栏注明"过次页"字样

37. 在登记账簿过程中,每一账页的最后一行及下一页第一行都要办理转页手续,是为了( )。

    A. 便于查账   B. 防止遗漏

    C. 防止隔页   D. 保持记录的连续性

38. 现金日记账,每一账页登记完毕结转下页时,结计"过次页"的本页合计数应当为( )。

    A. 本页的发生额合计数

    B. 自本月初起至本页末止的发生额合计数

    C. 本月的发生额合计数

    D. 自本年初起至本页末止的发生额合计数

39. 本年利润,每一账页登记完毕结转下页时,结计"过次页"的本页合计数应当为( )。

    A. 本页发生额合计数

    B. 本月发生额合计数

    C. 自本月初起至本页末止发生额合计数

    D. 自本年初起至本页末止发生额合计数

40. 关于需要结计本年累计发生额的账户,结计"过次页"的本页合计数,下列说法正确的是( )。

    A. 自年初起至本日止累计数   B. 自年初起至本页末止累计数

    C. 自月初至本页末止累计数   D. 自本页初至本页末止累计数

41. 在登记账簿时,如果经济业务发生日期为 20×4 年 11 月 12 日,编制记账凭证日期为 11 月 16 日,登记账簿日期为 11 月 17 日,则账簿中的"日期"栏登记的时间为( )。
    A. 11 月 12 日　　　　　　　　　　B. 11 月 16 日
    C. 11 月 17 日　　　　　　　　　　D. 11 月 16 日或 11 月 17 日

42. 下列各项中,不可以使用红色墨水记账的情况有( )。
    A. 按照红字冲账的记账凭证,冲销错误记录
    B. 在三栏式账户的余额栏前,如未印明余额方向的,在余额栏内登记负数余额
    C. 在不设借贷等栏的多栏式账页中,登记增加数
    D. 根据国家统一的会计制度的规定可以用红字登记的其他会计记录

43. 期末无余额的账户,应在"借或贷"栏内填写( )。
    A. 0　　　　　　B. 零　　　　　　C. 平　　　　　　D. 0 或零

44. 下列关于会计账簿记账规则的表述,不正确的是( )。
    A. 账页记满时,应办理转页手续
    B. 根据审核无误的会计凭证登记账簿时,应按照凭证上的日期来填写账簿上的日期栏
    C. 对订本式账簿,不得任意撕毁账页,但是对活页式账簿,如在登记过程中不慎出现空页,可将其抽出替换
    D. 凡需结出余额的账户,结出余额后,应在"借或贷"栏内写明"借"或"贷"字样。没有余额的账户,应在"借或贷"栏内写"平"字,并在余额栏内元位用"0"表示

45. 关于会计账簿的记账规则,下列表述不正确的是( )。
    A. 记账时应使用蓝黑墨水或碳素墨水的钢笔书写,不得使用圆珠笔(银行的复写账簿除外)或铅笔
    B. 各种账簿应按页次顺序连续登记,不得跳行、隔页
    C. 使用活页式账簿时,应先将其装订成册,以防止散失
    D. 在不设借贷等栏的多栏式账页中,登记减少数时,可以使用红色墨水记账

46. 库存现金所使用的账页格式一般是( )。
    A. 三栏式　　　B. 多栏式　　　C. 横线登记式　　　D. 数量金额式

47. 现金日记账和银行存款日记账应当( )登记。
    A. 定期　　　　B. 序时　　　　C. 汇总　　　　D. 合并

48. 从银行提取现金,登记库存现金日记账的依据是( )。
    A. 库存现金收款凭证　　　　　　B. 银行存款收款凭证
    C. 库存现金付款凭证　　　　　　D. 银行存款付款凭证

49. 下列各项可能用来登记现金日记账的是( )。
    A. 银行存款收款凭证　　　　　　B. 银行存款付款凭证
    C. 转账凭证　　　　　　　　　　D. 科目汇总表

50. 现金日记账的( )系指记账凭证的日期,应与现金实际收付日期一致。
    A. 日期栏　　　B. 凭证栏　　　C. 摘要栏　　　D. 对方科目栏

51. 下列应填写在库存现金日记账日期栏的是( )。
    A. 当月 1 日　　　　　　　　　　B. 当月末日期

C. 登记账簿的日期 D. 记账凭证的日期

52. 现金日记账的( )系指登记入账的收款凭证的种类和编号。
   A. 摘要栏 B. 凭证栏 C. 对方科目栏 D. 收入、支出栏

53. 下列关于现金日记账的登记方法的表述,错误的是( )。
   A. 每日终了,应分别计算现金收入和现金支出的合计数,结出余额,同时将余额同库存现金实有数核对
   B. 现金日记账可逐月结出现金余额与库存现金实存数核对,以检查每月现金收付是否有误
   C. 凭证栏系指记登记入账的收、付款凭证的种类和编号
   D. 日期栏系指记账凭证的日期

54. 银行存款所使用的账页格式一般是( )。
   A. 三栏式 B. 多栏式 C. 横线登记式 D. 数量金额式

55. 登记银行存款日记账的依据是( )。
   A. 审核无误的银行存款收、付款凭证 B. 审核无误的转账凭证
   C. 审核无误的库存现金收款凭证 D. 银行对账单

56. 下列关于银行存款日记账的具体登记方法的表述,错误的是( )。
   A. 日期栏:指记账凭证的日期
   B. 凭证栏:指银行存款实际收付的金额
   C. 对方科目:指银行存款收入的来源科目或支出的用途科目
   D. 摘要栏:摘要说明登记入账的经济业务的内容

57. 下列说法不正确的是( )。
   A. 现金日记账和银行存款日记账由出纳人员负责登记
   B. 现金日记账和银行存款日记账,应定期与会计人员登记的现金总账和银行存款总账核对
   C. 银行存款日记账应定期或不定期与开户银行提供的对账单进行核对,每月至少核对三次
   D. 现金日记账应逐日逐笔登记

58. 下列关于日记账的格式和登记方法的表述,不正确的是( )。
   A. 日记账是按照经济业务发生或完成时间先后顺序逐日逐笔进行登记的账簿
   B. 设置日记账的目的是为了监督出纳人员是否将各项收支准确地进行了账务处理,以防止差错和舞弊行为的发生
   C. 为了保证现金日记账的安全完整,无论是采用三栏式还是多栏式现金日记账,都必须使用订本账
   D. 现金日记账是用来核算监督库存现金每天的收入、支出和结存情况的账簿

59. 能提供某一类经济业务增减变化总括会计信息的账簿是( )。
   A. 明细分类账 B. 日记账 C. 备查账 D. 总分类账

60. 下列不可以作为总分类账登记依据的是( )。
   A. 记账凭证 B. 科目汇总表 C. 汇总记账凭证 D. 明细账

61. 应收账款总分类账采用的账页格式是( )。
    A. 三栏式　　　　B. 多栏式　　　　C. 数量金额式　　　D. 横线登记式
62. 原材料总分类账采用的账页格式是( )。
    A. 三栏式　　　　B. 多栏式　　　　C. 数量金额式　　　D. 横线登记式
63. 银行存款总分类账采用的账页格式是( )。
    A. 三栏式　　　　B. 多栏式　　　　C. 数量金额式　　　D. 横线登记式
64. 主营业务收入总账采用的账页格式是( )。
    A. 三栏式　　　　B. 多栏式　　　　C. 数量金额式　　　D. 横线登记式
65. 下列不可以作为总分类账登记依据的是( )。
    A. 记账凭证　　　B. 科目汇总表　　C. 汇总记账凭证　　D. 明细账
66. 下列说法不正确的是( )。
    A. 总分类账登记的依据和方法主要取决于所采用的账务处理程序
    B. 现金日记账由出纳人员根据库存现金收付有关的记账凭证以及银行存款的付款凭证,按时间顺序逐日逐笔进行登记
    C. 总分类账的账页格式有三栏式和多栏式两种,最常用的格式为三栏式
    D. 账簿按格式不同分为三栏式、多栏式、数量金额式和横线登记式
67. 关于明细分类账的登记方法,下列表述错误的是( )。
    A. 不同类型经济业务的明细分类账,可根据管理需要,依据记账凭证、原始凭证或汇总原始凭证逐日逐笔或定期汇总登记
    B. 固定资产、债权、债务等明细可以定期汇总登记
    C. 库存商品、原材料、产成品收发明细账可以逐笔登记
    D. 收入、费用明细账可以定期汇总登记
68. 下列会计账簿的登记规则,错误的是( )。
    A. 账簿记录中的日期,应该填写原始凭证上的日期
    B. 多栏式账页中登记减少数可以使用红色墨水
    C. 在登记各种账簿时,应按页次顺序连续登记,不得隔页、跳行
    D. 对于没有余额的账户,应在"借或贷"栏内写"θ"表示
69. 总分类账户及其所属明细分类账户之间必须采用的登账方法是( )。
    A. 复式记账　　　B. 平行登记　　　C. 补充登记　　　D. 试算平衡
70. 下列不属于总分类账户和明细分类账户平行登记的要点有( )。
    A. 方向相同　　　B. 期间相同　　　C. 金额相同　　　D. 颜色相同
71. 关于总分类科目与明细科目的平行登记,下列说法不正确的是( )。
    A. 可以实现补充说明
    B. 可检查会计科目记录的正确性
    C. 可根据明细科目汇总登记总分类科目
    D. 可检查会计科目记录的完整性
72. 总分类账户与明细分类账户平行登记四要点中的"依据相同"是指( )。
    A. 总分类账要根据明细分类账进行登记
    B. 明细分类账要根据总分类账进行登记

C. 根据同一会计凭证登记

D. 由同一人员进行登记

73. 总分类账户与明细分类账户的主要区别在于( )。
   A. 记录经济业务的详细程度不同
   B. 记账的依据不同
   C. 记账的方向不同
   D. 记账的期间不同

74. 某公司"原材料"总分类科目下设"甲材料"和"乙材料"两个明细科目。2015年8月末,"原材料"总分类科目为借方余额450 000元,"甲材料"明细科目为借方余额200 000元,则"乙材料"明细科目为( )元。
   A. 借方余额650 000
   B. 贷方余额250 000
   C. 借方余额250 000
   D. 贷方余额650 000

75. 某企业库存商品总分类科目的本期借方发生额为50万元,贷方发生额为30万元,其所属的三个明细分类账中:甲商品本期借方发生额为20万元,贷方发生额为9万元;乙商品借方发生额为15万元,贷方发生额为11万元。则丙商品的本期借贷发生额分别为( )。
   A. 借方发生额为85万元,贷方发生额为50万元
   B. 借方发生额为15万元,贷方发生额为10万元
   C. 借方发生额为15万元,贷方发生额为50万元
   D. 借方发生额为85万元,贷方发生额为10万元

76. 下列可以跨年度连续使用的账簿是( )。
   A. 总账
   B. 日记账
   C. 备查账
   D. 多数明细账

77. 年度终了,会计账簿暂由本单位财务会计部门保管一段时间,期满后由财会部门编造清册移交本单位的档案部门保管,这个时间段是( )。
   A. 1年
   B. 3年
   C. 5年
   D. 10年

78. 将账簿记录与记账凭证、各种账簿的记录之间、账簿记录与实物、现金日记账与库存现金、银行存款日记账与银行对账单进行核对,会计上叫作( )。
   A. 查账
   B. 结账
   C. 复核
   D. 对账

79. 下列不属于对账内容的是( )。
   A. 明细账与总账核对
   B. 库存商品账和实物核对
   C. 往来账与债权债务单位账核对
   D. 记账凭证与原始凭证核对

80. 下列关于对账的意义,说法不正确的是( )。
   A. 能够保证账簿记录的准确无误和编制会计报表数字的真实可靠
   B. 能够发现会计工作中的薄弱环节,有利于会计核算质量的不断提高
   C. 能够加强单位内部控制,建立健全经济责任制
   D. 能够提高企业资产的使用效率,充分发挥企业各项资产的潜力

81. 下列属于账证核对内容的是( )。
   A. 会计账簿与记账凭证核对
   B. 总分类账簿与所属明细分类账簿核对
   C. 原始凭证与记账凭证核对
   D. 银行存款日记账与银行对账单核对

82. "银行存款"日记账与收款凭证的核对属于(　　)。
    A. 账证核对　　B. 账账核对　　C. 账表核对　　D. 账实核对
83. 不同会计账簿之间的账簿记录进行核对,属于(　　)。
    A. 账证核对　　B. 账账核对　　C. 账实核对　　D. 账表核对
84. 明细账应与记账凭证或原始凭证相核对属于(　　)。
    A. 账证核对　　B. 账账核对　　C. 账实核对　　D. 账表核对
85. 下列不属于账证核对的是(　　)。
    A. 日记账应与收、付款凭证相核对
    B. 总账全部账户的借方期末余额合计数应与贷方期末余额合计数核对相符
    C. 总账应与记账凭证核对
    D. 明细账应与记账凭证或原始凭证相核对
86. 将总分类账各账户的期末余额与其所属的各明细分类账的期末余额之和进行核对,属于(　　)。
    A. 账证核对　　B. 账账核对　　C. 账实核对　　D. 账表核对
87. 下列对账事项,属于账账核对的是(　　)。
    A. 银行存款日记账与银行对账单的核对
    B. 债权债务明细账与对方单位债务明细账的核对
    C. 账簿记录与原始凭证的核对
    D. 总分类账簿与所属明细分类账簿核对
88. 下列不属于账账核对内容的是(　　)。
    A. 所有总账账户的借方发生额合计与所有总账账户的贷方发生额合计核对
    B. 本单位的应收账款账面余额与对方单位的应付账款账面余额之间核对
    C. 现金日记账和银行存款日记账的余额与其总账账户余额核对
    D. 会计部门有关财产物资明细账余额与保管、使用部门的财产物资明细账余额之间核对
89. 账账核对不包括(　　)。
    A. 总账各账户余额核对　　　　　　B. 总账与明细账之间的核对
    C. 总账与备查账之间的核对　　　　D. 总账与日记账的核对
90. 下列对账工作属于账实核对的是(　　)。
    A. 银行存款日记账与银行对账单核对
    B. 总分类账与所属明细分类账核对
    C. 会计部门的财产物资明细账与财产物资保管部门的有关明细账相核对
    D. 总分类账与日记账核对
91. 下列项目不属于账实核对内容的是(　　)。
    A. 库存现金日记账余额与库存现金数核对
    B. 银行存款日记账余额与银行对账单余额核对
    C. 账簿记录与原始凭证核对
    D. 债权债务明细账余额与对方单位账面记录核对

92. 现金日记账账面余额应与现金实际库存数逐日核对相符属于(　　)。
   A. 账证核对　　　B. 账账核对　　　C. 账实核对　　　D. 账表核对

93. 期末,企业将有关债权债务明细账账面余额与对方单位的账面记录进行核对,这种对账属于(　　)的内容。
   A. 账证核对　　　B. 账账核对　　　C. 账实核对　　　D. 账表核对

94. 银行存款日记账账面余额与银行对账单的余额定期核对属于(　　)。
   A. 账证核对　　　B. 账账核对　　　C. 账实核对　　　D. 账表核对

95. 甲企业与乙企业之间存在购销关系,甲企业定期将"应收账款——乙企业"明细账与乙企业的"应付账款——甲企业"明细账进行核对,这种对账属于(　　)。
   A. 账证核对　　　B. 账账核对　　　C. 账实核对　　　D. 余额核对

96. 企业结账的时间应为(　　)。
   A. 每项交易或事项办理完毕时　　　B. 每一个工作日终了时
   C. 一定时期终了时　　　D. 会计报表编制完成时

97. 下列属于结账程序的是(　　)。
   A. 结清各种损益类账户,并据以计算确定本期利润
   B. 在会计期末将本期所有发生的经济业务事项全部登记入账
   C. 结清各资产、负债和所有者权益账户,分别结出本期发生额合计和余额
   D. 期末有余额的账户,要将其余额结转下一期间

98. 下列结账方法错误的是(　　)。
   A. 总账账户平时只需结出月末余额
   B. 12月末的"本年累计"就是全年累计发生额,全年累计发生额下通栏划双红线
   C. 账户在年终结账时,在"本年合计"栏下通栏划双红线
   D. 库存现金、银行存款日记账每月结账时,在摘要栏注明"本月合计"字样,并在下面通栏划双红线

99. 年终结账,将余额结转下年时(　　)。
   A. 不需要编制记账凭证,但应将上年科目的余额结平
   B. 应编制记账凭证,并将上年科目的余额结平
   C. 不需要编制记账凭证,只要将上年科目的余额直接结转下年即可
   D. 应编制记账凭证予以结转

100. 下列关于结账方法的表述,不正确的是(　　)。
   A. 总账账户平时只需结出本月发生额和本月余额
   B. 现金、银行存款日记账每月结账时要结出本月发生额和余额
   C. 收入、费用等明细账每月结账时要结出本月发生额和余额
   D. 需要结计本年累计发生额的某些明细账户,每月结账时,应在"本月合计"行下结出自年初起至本月末止的累计发生额

101. 下列表述不正确的是(　　)。
   A. 每一账页登记完毕结转下页时,应当结出本页合计数及余额,写在本页最后一行和下页第一行有关栏内,并在摘要栏内注明"过次页"和"承前页"字样
   B. 对不需要按月结计本期发生额的账户,需要随时结出余额

C. 总账账户年终结账时需要结出全年发生额和年末余额

D. 年度终了结账时,有余额的账户,需要编制记账凭证将其余额结转下年

102. 结账时,应当划通栏双红线的是( )。
   A. 12月末结出全年累计发生额后　　B. 各月末结出全年累计发生额后
   C. 结出本季累计发生额后　　　　　D. 结出当月发生额后

103. 下列说法正确的是( )
   A. 企业应收应付账款明细账与对方单位账户记录核对属于账账核对
   B. 所有账簿,每年必须更换新账
   C. 除结账和更正错账外,一律不得用红色墨水登记账簿
   D. 账簿记录正确并不一定保证账实相符

104. 账簿登记过程中,把甲的发生额记入乙的账户中,会计上称为( )。
   A. 串户　　B. 反方　　C. 写错　　D. 错位

105. 账簿登记过程中,把借方发生额记到贷方,会计上称为( )。
   A. 串户　　B. 反方　　C. 写错　　D. 错位

106. 账簿登记过程中,把1 000写成100,把51 000写成510 000,会计上称为( )。
   A. 串户　　B. 反方　　C. 写错　　D. 错位

107. 适合用"除2法"进行查找的记账错误是( )。
   A. 数字顺序错位　　　　　　　B. 相邻数字颠倒
   C. 记账方向记反　　　　　　　D. 漏记或重记

108. 对于邻数颠倒的情况,适用的错账查找方法是( )。
   A. 差数法　　B. 尾数法　　C. 除9法　　D. 除2法

109. 记账人员记账后发现某笔数字多记了9,他用"除9法"查出是将邻数记颠倒了,则下列数字中,正确的数字可能是( )。
   A. 98　　B. 46　　C. 27　　D. 63

110. 更正错账时,划线更正法的适用范围是( )。
   A. 记账凭证上会计科目或记账方向错误,导致账簿记录错误
   B. 记账凭证正确,在记账时发生错误,导致账簿记录错误
   C. 记账凭证上会计科目或记账方向正确,所记金额大于应记金额,导致账簿记录错误
   D. 记账凭证上会计科目或记账方向正确,所记金额小于应记金额,导致账簿记录错误

111. 记账凭证填制正确,记账时文字或数字发生笔误引起的错账,应采用的更正方法是( )。
   A. 划线更正法　　B. 红字更正法　　C. 补充登记法　　D. 重新登记法

112. 补充登记法主要适用于( )。
   A. 记账文字或数字有误,所用科目无误
   B. 记账后在年内发现所记金额无误,所用科目有误
   C. 记账后在年内发现所记金额大于应记金额,所用科目无误
   D. 记账后发现所记金额小于应记金额,所用科目无误

113. 会计人员在审核记账凭证时,发现误将 5 000 元写成 500 元,尚未入账,应用( )。

  A. 重新填制 B. 红字更正法 C. 补充登记法 D. 冲销法

114. 会计人员在编制记账凭证的时候,将记账凭证中 20 000 元误写为 1 500 元,尚未登记入账,应采用的错账更正方法是( )。

  A. 划线更正法   B. 红字更正法
  C. 补充登记法   D. 重新填制一张正确的记账凭证

115. 企业偿还一笔应付账款,金额为 420 000 元,编制的记账凭证无误,在登记相关账簿时误记为 240 000 元,会计科目使用正确,则可以选择的更正方法是( )。

  A. 划线更正法 B. 红字更正法 C. 补充登记法 D. 重新抄写

116. 企业生产车间因生产产品领用材料 50 000 元,在填制记账凭证时,将借方科目记为"管理费用"并已登记入账,应采用的错账更正方法是( )。

  A. 划线更正法   B. 红字更正法
  C. 补充登记法   D. 重填记账凭证法

117. 企业生产车间因生产产品领用材料 50 000 元,在填制记账凭证时,将借方科目记为"管理费用"并已登记入账,应采用的错账更正方法是( )。

  A. 划线更正法   B. 红字更正法
  C. 补充登记法   D. 重填记账凭证法

118. 某会计人员在填制记账凭证时,误将科目名称"应付账款"写成"应收账款",并已入账,查账时发现,更正的方法是( )。

  A. 划线更正法 B. 红字更正法 C. 补充登记法 D. 重做

119. 某企业用现金支付职工报销办公费 268 元,会计人员编制的付款凭证为借记管理费用 286 元,贷记库存现金 286 元,并已登记入账。当年发现记账错误,更正时应采用的更正方法是( )。

  A. 划线更正法   B. 红字更正法
  C. 补充登记法   D. 重编正确的付款凭证

120. 某企业通过银行收回应收账款 8 000 元,在填制记账凭证时,误将金额记为 6 000 元,并已登记入账。当年发现记账错误,更正时应采用的更正方法是( )。

  A. 重编正确的收款凭证   B. 划线更正法
  C. 红字更正法   D. 补充登记法

121. 记账之后,发现记账凭证中将 16 000 元误写为 1 500 元,会计科目名称及应记方向无误,应采用的错账更正方法是( )。

  A. 划线更正法 B. 红字更正法 C. 补充登记法 D. 更换账页法

122. 某企业预借给职工差旅费 1 000 元,会计人员在作账务处理时,误将"其他应收款"科目填为"其他货币资金"科目,并登记入账,则正确的更正方法是:红字注销,借记"其他货币资金"科目 1 000 元,贷记"库存现金"科目 1 000 元,然后用蓝字编制凭证。会计分录为( )。

  A. 借:库存现金   1 000   B. 借:其他货币资金 1 000
    贷:其他货币资金 1 000   贷:其他应收款   1 000

　　　　C. 借：其他应收款　　　1 000　　　　D. 借：其他应收款　　　1 000
　　　　　　贷：库存现金　　　1 000　　　　　　贷：其他货币资金　　1 000
123. 记账之后,发现记账凭证中将16 000元误写为1 500元,会计科目名称及应记方向无误,应采用的错账更正方法是(　　)。
　　　　A. 划线更正法　　　B. 红字更正法　　　C. 补充登记法　　　D. 更换账页法

二、**多项选择题**(下列每小题备选答案中有两个或两个以上符合题意的正确答案,请将选定答案前面的英文字母填入括号内。)

1. 设置和登记账簿,在会计核算中的意义有(　　)。
　　A. 记载和存储会计信息　　　　　　B. 分类和汇总会计信息
　　C. 检查和校正会计信息　　　　　　D. 编报和输出会计信息
2. 下列关于账簿与账户关系的表述,正确的有(　　)。
　　A. 账户存在于账簿之中,没有账簿,账户就无法存在
　　B. 账簿存在于账户之中,没有账户,账簿就无法存在
　　C. 账户只是一个外在形式,账簿才是它的真实内容
　　D. 账簿只是一个外在形式,账户才是它的真实内容
3. 账簿按其用途不同,可以分为(　　)。
　　A. 数量金额式账簿　　　　　　　　B. 分类账簿
　　C. 序时账簿　　　　　　　　　　　D. 辅助账簿
4. 必须采用订本式账簿的有(　　)。
　　A. 库存现金日记账　　　　　　　　B. 固定资产明细账
　　C. 银行存款日记账　　　　　　　　D. 原材料总账
5. 可采用三栏式账页的账簿有(　　)。
　　A. 应收账款明细账　　　　　　　　B. 应付利息明细账
　　C. 管理费用明细账　　　　　　　　D. 应付账款明细账
6. 下列账簿,一般采用多栏式的有(　　)。
　　A. 收入明细账　　B. 债权明细账　　C. 费用明细账　　D. 债务明细账
7. 应采用数量金额式账页的账簿有(　　)。
　　A. 材料采购明细账　　　　　　　　B. 原材料明细账
　　C. 库存商品明细账　　　　　　　　D. 固定资产明细账
8. 应采用横线登记式账页的账簿有(　　)。
　　A. 材料采购明细账　　　　　　　　B. 生产成本明细账
　　C. 应收账款明细账　　　　　　　　D. 其他应收款——备用金明细账
9. 下列说法正确的有(　　)。
　　A. 短期借款明细账应采用三栏式账页格式
　　B. 应收账款明细账应采用订本式账簿
　　C. 多栏式明细账一般适用于收入、费用等明细账
　　D. 库存商品总账应采用三栏式订本账簿
10. 账簿应具备的三大基本内容是(　　)。
　　　A. 封面　　　　　B. 账夹　　　　　C. 扉页　　　　　D. 账页

11. 下列说法正确的是( )。
    A. 总分类账登记的依据和方法主要取决于所采用的账务处理程序
    B. 现金日记账由出纳人员根据库存现金收付有关的记账凭证以及银行存款的付款凭证,按时间顺序逐日逐笔进行登记
    C. 总分类账的账页格式有三栏式和多栏式两种,最常用的格式为三栏式
    D. 账簿按格式不同分为三栏式、多栏式、数量金额式和横线登记式

12. 下列符合登记会计账簿基本要求的是( )。
    A. 文字和数字的书写应占格距的1/3
    B. 登记后在记账凭证上注明已经登账的符号
    C. 冲销错误记录可以用红色墨水
    D. 使用圆珠笔登账

13. 下列不符合登记账簿要求的有( )。
    A. 为防止篡改,文字书写要占满格
    B. 数字书写一般要占格距的1/2
    C. 将活页式账簿登记中不慎出现的空页抽换
    D. 根据红字冲账的记账凭证,用红字冲销错误记录

14. 在会计实务中,除以下( )情况外,一般不得使用红色墨水。
    A. 结账时划线
    B. 表示冲减的数额
    C. 采用划线更正法进行错账更正时
    D. 在不设借、贷方向的账页中表示反方向发生额

15. 在记账过程中,如果发生跳行、隔页,应( )。
    A. 将空行、空页划线注销
    B. 注明"此行空白"、"此页空白"字样
    C. 记账人员应签名盖章
    D. 在空行、空页处添加有关记录

16. 出纳人员可以登记和保管的账簿是( )。
    A. 库存现金日记账   B. 银行存款日记账
    C. 库存现金总账   D. 银行存款总账

17. 现金日记账的登记依据有( )。
    A. 银行存款收款凭证   B. 库存现金收款凭证
    C. 库存现金付款凭证   D. 提取现金的银行存款付款凭证

18. 银行存款日记账的登记依据有( )。
    A. 银行存款收款凭证
    B. 库存现金收款凭证
    C. 银行存款付款凭证
    D. 将现金存入银行的库存现金付款凭证

19. 开现金支票到银行提现520元,此业务应登记到( )。
    A. 银行存款日记账的收入栏   B. 银行存款日记账的支出栏

C. 库存现金日记账的收入栏 D. 库存现金日记账的支出栏

20. 库存现金日记账属于( )。
    A. 特种日记账　　B. 普通日记账　　C. 订本账　　D. 活页账
21. 下列可以作为总分类账登记依据的是( )。
    A. 记账凭证　　B. 科目汇总表　　C. 汇总记账凭证　　D. 明细账
22. 下列可以作为登记明细账依据的有( )。
    A. 记账凭证　　B. 原始凭证　　C. 汇总原始凭证　　D. 汇总记账凭证
23. 下列明细账既可逐日逐笔登记,也可定期汇总登记的明细账有( )。
    A. 预收账款　　B. 原材料　　C. 主营业务收入　　D. 管理费用
24. 平行登记的要点包括( )。
    A. 期间相同　　B. 依据相同　　C. 方向相同　　D. 金额相等
25. 下列关于平行登记的说法,正确的是( )。
    A. 总账账户的期初余额等于明细账账户的期初余额合计
    B. 总账账户的期初余额等于所属明细账账户期初余额合计
    C. 总账账户的本期发生额等于所属明细账账户本期发生额合计
    D. 总账账户的期末余额登记所属明细账账户期末余额合计
26. 以下账簿中需要在每年年初更换新账的有( )。
    A. 总账
    B. 库存现金日记账
    C. 银行存款日记账
    D. 固定资产卡片账
27. 对账的内容一般包括( )。
    A. 账证核对　　B. 账账核对　　C. 账实核对　　D. 账表核对
28. 属于账账核对的有( )。
    A. 银行存款日记账与银行对账单的核对
    B. 总分类账簿与所属明细分类账簿的核对
    C. 应收款项明细账与债务人账项的核对
    D. 会计部门的财产物资明细分类账与相应的财产物资保管或使用部门的明细分类账、卡的核对
29. 下列( )属于账实核对的工作内容。
    A. 现余日记账的账面余额与实际库存数核对
    B. 银行存款日记账账面余额与银行对账单核对
    C. 各种债权、债务明细账账面余额与有关单位(或个人)核对
    D. 各种财产物资实有数与相应明细账核对
30. 账簿登记,通常发生的错误有( )。
    A. 串户、反向　　B. 倒码　　C. 写错、错位　　D. 重记、漏记
31. 下列错账,适用于"除9法"查找的有( )。
    A. 发生角、分的差错
    B. 将50 000元写成5 000元
    C. 将700元写成7 000元
    D. 将86 000元写成68 000元
32. 错账更正的方法一般有( )。
    A. 平行登记法　　B. 划线更正法　　C. 补充登记法　　D. 红字更正法

33. 记账后发现记账凭证中应借、应贷会计科目正确,只是金额发生错误,可采用的错账更正方法是( )。
    A. 划线更正法　　B. 横线登记法　　C. 红字更正法　　D. 补充登记法
34. 对于划线更正法,下列说法正确的是( )。
    A. 对于文字错误,应当全部划红线更正
    B. 对于错误的数字,应当全部划红线更正
    C. 对于文字错误,可只划出错误的部分
    D. 对于错误的数字,可以只更正其中的错误数字
35. 发生以下记账错误时,应选择红字更正法的有( )。
    A. 记账之后,发现记账凭证中的会计科目应用错误
    B. 记账之后,发现记账凭证所列金额大于正确金额
    C. 记账之后,发现记账凭证所列金额小于正确金额
    D. 结账之前,发现账簿记录有文字错误,而记账凭证正确
36. 下列错账更正法中需要填写更正记账凭证并据以登账的有( )。
    A. 划线更正法　　B. 补充登记法　　C. 红字更正法　　D. 刮擦挖补法

三、判断题(要求在括号答题,正确的用"√"表示,错误的用"×"表示。)
1. 会计账簿是指由一定格式账页组成的,以经过审核的会计凭证为依据,全面、系统、连续地记录各项经济业务的簿籍。( )
2. 审核无误的原始凭证是登记账簿的直接依据。( )
3. 账簿中的每一账页就是账户的具体存在形式和载体,没有账簿,账户就无法存在。( )
4. 日记账应逐日逐笔顺序登记,总账可以逐笔登记,也可以汇总登记。( )
5. 企业临时租入的固定资产无须在账簿中做任何登记。( )
6. 明细分类账是对总分类账所提供的总括核算资料的必要补充。( )
7. 明细分类账是根据二级账户或明细账户开设账页,分类、连续地登记经济业务以提供明细核算资料的账簿。( )
8. 分类账必须采用订本式。( )
9. 企业总分类账、现金日记账和银行存款日记账,应采用订本式账簿。( )
10. 明细分类账一般采用订本式账簿。( )
11. 每一企业都必须设置总分类账,总分类账必须采用订本式账簿。( )
12. 启用订本式账簿应当从第一页到最后一页顺序编定页数,不得跳页、缺号。( )
13. 使用活页式账页,应按账户顺序编号,并定期装订成册。( )
14. 三栏式账簿是指采用借方、贷方、余额三个主要栏目的账簿,一般适用于总分类账、现金日记账、银行存款日记账以及所有的明细账。( )
15. 各种日记账、总账以及资本、债权债务明细账都可采用三栏式账簿。( )
16. 多栏式明细分类账,一般使用于债权、债务结算的明细分类账。( )
17. 多栏式账簿主要适用于既需要记录金额,又需要记录实物数量的财产物资明细账户。( )
18. 一般情况下,多栏式明细账应在"借方"或"贷方",或借、贷双方,分别按照明细项

目设专栏。如果某明细账的贷方在月份内只登记一两项经济业务,这类明细账可只按借方分设专栏,发生贷方业务时,可在借方有关专栏内用红字登记。(   )

19. 数量金额式明细账,基本结构为"借方"、"贷方"和"结存"三栏,每栏再分设"数量"、"单价"和"金额"三个小栏目。(   )

20. 横线登记式明细分类账一般适用于登记材料采购业务、应收票据和一次性备用金业务。(   )

21. 横线登记式明细账,是在账页的同一行内,记录某一项经济业务从发生到结束的所有事项,如采购材料业务的付款和收料情况,备用金业务的借支和报销收回情况等。(   )

22. 为便于管理,"应收账款"、"预收账款"明细账必须采用多栏式账页格式。(   )

23. "制造费用"账户的明细分类核算,可以采用借方多栏式明细分类的账页格式。(   )

24. 单位在启用账簿时,要填写"账簿启用登记表"。(   )

25. 登记账簿必须用蓝黑墨水笔书写,不得使用圆珠笔、铅笔书写,更不得用红色墨水笔书写。(   )

26. 登记账簿时,发生的空行、空页一定要补充书写,不得注销。(   )

27. 账簿中书写的文字和数字上面要留有适当空格,不要写满格,一般应占格距的二分之一。(   )

28. 登记账簿时,每当一笔经济业务登账完毕,要在相应的记账凭证上签名或者盖章,并注明账簿的页数或用"√"符号表示已登记入账,以防止重记、漏记,以便查阅、核对。(   )

29. 凡需要结出余额的账户,结出余额后,应当在"借或贷"栏内写明"借"或"贷"字样,以表示余额的方向。(   )

30. 对需要结计本月发生额的账户,结计"过次页"的本页合计数应当为自本月初起至本月末止的发生额合计数。(   )

31. 对需要结计本年累计发生额的账户,结计"过次页"的本页合计数应当为自本年初起至本页末止的累计数。(   )

32. 库存现金日记账是由出纳人员根据审核无误的现金收、付款凭证和转账凭证按照经济业务的发生顺序,逐日、逐笔序时登记。(   )

33. 库存现金日记账可采用三栏式或多栏式。(   )

34. 登记现金日记账的依据是现金收付款凭证和银行收付款凭证。(   )

35. 现金收付业务较少的单位,不必单独设置现金日记账,可以银行对账单或其他方法代替现金日记账,以简化核算。(   )

36. 库存现金日记账根据"上日余额+本日收入−本日支出=本日余额"的公式,逐日结出库存现金余额。(   )

37. 银行存款日记账是由出纳人员根据审核无误的银行存款收、付款凭证,按照经济业务的发生时间顺序,逐日、逐笔地记录和反映银行存款的增减变化及其结果的账簿。(   )

38. 银行存款日记账的格式与现金日记账相同,可采用三栏式,也可以采用多栏

式。(   )

39. 银行存款日记账应按企业在银行开立的账户和币种分别设置，每个银行账户设置一本日记账。(   )

40. 任何企业不得用银行对账单代替日记账。(   )

41. 银行存款日记账的格式和登记方法与现金日记账相同。(   )

42. 总分类账最常用的格式为三栏式，设置借方、贷方和余额三个基本金额栏目。(   )

43. 经济业务多的大中型单位的总分类账可以根据记账凭证汇总表（又称科目汇总表）或汇总记账凭证等定期登记。(   )

44. 总分类账登账的直接依据根据不同的账务处理程序可以是记账凭证、原始凭证、汇总记账凭证、科目汇总表等。(   )

45. 日记账应逐日逐笔顺序登记，总账可以逐笔登记，也可以汇总登记。(   )

46. 明细分类账一般是根据记账凭证直接登记，但个别明细分类账可以根据原始凭证登记。(   )

47. 固定资产、债权、债务等明细账应逐日逐笔登记。(   )

48. 通过平行登记，可以使总分类账户与其所属明细分类账户保持统驭关系，便于核对与检查，纠正错误与遗漏。(   )

49. 总分类账户与其所属明细分类账户在总金额上应当相等。(   )

50. 总分类账户及明细分类账户必须在同一会计期间内登记。(   )

51. 总分类账户提供总括的核算指标，因此，不仅要用货币量度，还要辅以实物量度。(   )

52. 总分类账在与明细账余额核对相符后，作为编制会计报表的主要依据。(   )

53. 总分类账户与明细分类账户登记的核算对象不同。(   )

54. 总分类账户对其所属明细分类账户起着补充、具体说明的作用。(   )

55. 年度终了，各种账户在结转下年、建立新账后，一般都要把旧账送交主办会计集中统一管理。(   )

56. 企业年度结账后，更换下来的账簿，可暂由本单位财务会计部门保管一年，期满后原则上应由财会部门移交本单位档案部门保管。(   )

57. 为了明确划分各会计年度的界限，年度终了，各种会计账簿都应更换新账。(   )

58. 总账、日记账和大多数明细账应每年更换一次。(   )

59. 对账，就是核对账目，即对各种会计账簿之间相对应的记录进行核对。(   )

60. 任何单位，对账工作应该每年至少进行一次。(   )

61. 会计部门的财产物资明细账期末余额与财产物资使用部门的财产物资明细账期末余额相核对，属于账实核对。(   )

62. 会计部门有关库存商品的明细账与保管部门库存商品明细账核对属于账实核对的内容。(   )

63. 银行存款日记账账面余额与银行对账单余额进行核对，属于账账核对。(   )

64. 有关债权债务明细账账面余额与对方单位的债权债务账目核对，属于账账核对。(   )

65. 会计实务中，一般采用划线结账的方法进行结账，月结和年结时都是通栏画双红线。（　　）

66. 总账账户平时只需结计月末余额，不需结计本月发生额。（　　）

67. 对不需按月结计本期发生额的账户，每次记账以后，都要随时结出余额，每月最后一笔余额就是月末余额。（　　）

68. 差数法是指对于发生的差错只查找末位数，以提高差错效率的方法。（　　）

69. 随着科学技术的发展，记账错误均可采用褪色药水消除字迹，而不必采用麻烦的更正方法。（　　）

70. 发现以前年度记账凭证是错误的，应当用红字填制一张更正的记账凭证。（　　）

71. 如果发现记账凭证上应记科目和金额错误，还未登记入账，则可将填错的记账凭证销毁，并另填一张正确的记账凭证，据以入账。（　　）

72. 记账凭证正确，登账时出现的文字错误，不能使用划线更正法进行更正。（　　）

73. 账簿记录错误的原因是笔误，记账凭证无误，应采用红字更正法进行更正。（　　）

74. 红字更正法适用于记账凭证所记会计科目错误，或者会计科目无误而所记金额大于应记金额，从而引起的记账错误。（　　）

75. 会计人员在记账以后，若发现所依据的记账凭证中的应借、应贷会计科目有错误，则不论金额多记还是少记，均采用红字更正法进行更正。（　　）

76. 补充登记法一般适用于记账凭证所记会计科目无误，只是所记金额大于应记金额，从而引起的记账错误。（　　）

四、计算分析题

（一）广州利浦有限责任公司2016年4月30日的银行存款日记账余额为300 000元，该公司2016年5月发生的银行存款和现金收付业务及其记账凭证编号如下：

(1) 5月5日，以银行存款归还短期借款23 000元。（银付501号）
(2) 5月7日，收到投资者投入资金60 000元存入银行。（银收501号）
(3) 5月15日，以银行存款偿还前欠货款37 000元。（银付502号）
(4) 5月19日，将现金10 000元存入银行。（现付501号）
(5) 5月22日，从银行提取现金48 000元，准备发放工资。（银付503号）
(6) 5月31日，以银行存款支付广告费20 000元。（银付504号）

要求：

(1) 根据上述经济业务，登记给出的银行存款日记账（每日需结出余额），并结出5月末的银行存款日记账余额。

银行存款日记帐　　　　　　　　　　　　　　　　　　单位：元

2016年		凭证		摘　要	对方账户	收　入	付　出	余　额
月	日	字	号					
5	1			月初余额				300 000
	5							
	7							

续表

2016年		凭证		摘　要	对方账户	收　入	付　出	余　额
月	日	字	号					
	15							
	19							
	22							
	31							
5	31			本月合计				

（2）2016年6月5日，利浦公司收到银行寄送的银行对账单，银行对账单数据表明，利浦公司2016年5月31日银行存款余额为304 000元。经逐步核对，发现有以下几笔未达账项，请根据(1)得出的公司银行存款日记账余额及所给出的相关资料填制银行存款余额调节表。

①5月15日，以银行存款偿还前欠货款37 000元，公司已登记入账，银行尚未登记入账。

②5月19日，将现金10 000元存入银行，公司已登记入账，银行尚未登记入账。

③5月25日，收到销售款50 000元，银行已登记入账，但公司尚未收到收款通知单，未登记入账。

④5月31日，银行代扣公司应付水电费15 000元，银行已登记入账，公司尚未收到付款通知单，未登记入账。

银行存款余额调节表
2016年5月31日

项　目	金额	项　目	金额
企业银行存款日记账余额		银行对账单余额	
加：银行已收企业未收款项		加：企业已收银行未收款项	
减：银行已付企业未付款项		减：企业已付银行未付款项	
调节后余额		调节后余额	

（二）甲公司为制造企业，增值税一般纳税人，原材料核算采用实际成本法，201×年7月份发生下列交易与事项：

（1）7月2日，从乙公司购入N材料，增值税专用发票列示N材料货款金额为180 000元，增值税30 600元，款项尚未支付，N材料尚未验收入库。

（2）7月10日，从丙公司购入不需安装R机器设备一台，增值税专用发票列示R设备货款为433 000元，增值税进项税额为73 610元，款项以银行存款支付。

（3）7月18日，以银行存款支付车间固定资产修理费30 000元。

（4）生产车间本月领用N材料48 610元用于生产W产品。

（5）计提本月行政管理的固定资产折旧费334 484元。

要求：根据上述资料进行下列计算分析（除"应交税费"外，其他科目不要求设置明细

科目):
(1) 编制业务(1)所述交易或事项的会计分录。
(2) 编制业务(2)所述交易或事项的会计分录。
(3) 编制业务(3)所述交易或事项的会计分录。
(4) 编制业务(4)所述交易或事项的会计分录。
(5) 编制业务(5)所述交易或事项的会计分录。

项目八 选择和应用账务处理程序

一、单项选择题(下列每小题备选答案中只有一个符合题意的正确答案,请将选定答案前的英文字母填入括号内。)

1. 企业的会计凭证、会计账簿、会计报表等相结合的方式称为( )。
   A. 账簿组织　　B. 账务处理程序　　C. 记账工作步骤　　D. 凭证填制形式
2. 由填制、审核原始凭证到填制、审核记账凭证,登记日记账、明细账、总账,编制财务报表的工作程序和方法叫( )。
   A. 记账方法　　　　　　　　　B. 记账凭证账务处理程序
   C. 科目汇总表账务处理程序　　D. 记账程序
3. ( )是指会计凭证和会计账簿的种类、格式,会计凭证与账簿之间的联系方法。
   A. 凭证组织　　B. 账簿组织　　C. 报表组织　　D. 记账程序
4. 设置会计核算组织程序是( )的一项重要内容。
   A. 会计凭证设置　　B. 会计制度设置　　C. 会计账簿设置　　D. 会计报表设置
5. 下列属于设计会计核算组织程序根本立足点的是( )。
   A. 提高会计信息质量　　　　　B. 节省核算时间
   C. 节约核算成本　　　　　　　D. 简化核算工作步骤
6. 各种账务处理程序的主要区别是( )。
   A. 凭证格式不同　　　　　　　B. 设置账户不同

C. 程序繁简不同 D. 登记总账的依据不同
7. 各种账务处理程序之间的区别主要在于(   )。
   A. 总账的格式不同 B. 编制会计报表的依据不同
   C. 登记总账的依据和方法不同 D. 会计凭证的种类不同
8. 在各种不同账务处理程序中,不能作为登记总账依据的是(   )。
   A. 记账凭证 B. 汇总记账凭证
   C. 汇总原始凭证 D. 科目汇总表
9. 下列不属于我国经济单位采用的一般核算形式是(   )。
   A. 分散核算形式 B. 科目汇总表核算形式
   C. 记账凭证核算形式 D. 汇总记账凭证核算形式
10. 以下不属于科学合理地选择账务处理程序意义的是(   )。
    A. 有利于规范会计工作,保证会计信息加工过程的严密性,提高会计信息质量
    B. 有利于保证会计记录的完整性和正确性,增强会计信息的可靠性
    C. 有利于减少不必要的会计核算环节,提高会计工作效率,保证会计信息的及时性
    D. 有利于全面反映经济业务内容和资金运动的来龙去脉
11. (   )核算形式是最基本的一种会计核算形式。
    A. 日记总账 B. 汇总记账凭证 C. 科目汇总表 D. 记账凭证
12. 在记账凭证账务处理程序下,总分类账的记账依据是(   )。
    A. 原始凭证 B. 记账凭证 C. 科目汇总表 D. 汇总记账凭证
13. 下列属于记账凭证账务处理程序一般步骤的是(   )。
    A. 根据各种记账凭证编制有关汇总记账凭证
    B. 根据各种记账凭证编制科目汇总表
    C. 根据记账凭证逐笔登记总分类账
    D. 根据各种汇总记账凭证登记总分类账
14. 记账凭证账务处理程序一般步骤中,不正确的项是(   )。
    A. 根据原始凭证编制汇总原始凭证
    B. 期末,将库存现金日记账、银行存款日记账和明细分类账的余额和有关总分类账的余额核对相符。
    C. 根据各种记账凭证编制有关汇总记账凭证
    D. 根据记账凭证逐笔登记总分类账
15. 关于记账凭证账务处理程序,下列说法不正确的是(   )。
    A. 根据记账凭证逐笔登记总分类账
    B. 总分类账可以较详细地反映经济业务的发生情况
    C. 登记总分类账的工作量较大
    D. 适用于规模较大、经济业务量较多的单位
16. 记账凭证账务处理程序下,不能作为登记明细分类账依据的是(   )。
    A. 汇总原始凭证 B. 原始凭证
    C. 记账凭证 D. 记账凭证汇总表

17. 记账凭证账务处理程序的特点是( )。
    A. 直接根据记账凭证对总分类账进行登记
    B. 直接根据原始凭证对总分类账进行登记
    C. 先根据记账凭证编制汇总记账凭证,再根据汇总记账凭证登记总分类账
    D. 先将所有记账凭证汇总编制成科目汇总表,然后以科目汇总表为依据登记总分类账

18. 记账凭证账务处理程序的优点是( )。
    A. 总分类账反映经济业务较详细   B. 减轻了登记总分类账的工作量
    C. 有利于会计核算的日常分工   D. 便于核对账目和进行试算平衡

19. 下列关于记账凭证账务处理程序优点的表述,正确的是( )。
    A. 登记总分类账的工作量较小
    B. 登记总分类账的工作量较大
    C. 总分类账无法详细反映经济业务的发生情况
    D. 总分类账可以较详细地反映经济业务的发生情况

20. 记账凭证账务处理程序的主要缺点之一是( )。
    A. 不能体现账户的对应关系   B. 不便于会计合理分工
    C. 方法不易掌握   D. 登记总账工作量较大

21. 下列不属于记账凭证会计核算形式缺点的是( )。
    A. 登记总账的工作量大   B. 账页耗用多
    C. 登账的工作效率难以保证   D. 总分类账登记方法易于掌握

22. 记账凭证账务处理程序一般适用于( )。
    A. 规模较大,经济业务比较复杂的企业
    B. 规模较大,但经济业务比较简单的企业
    C. 规模较小,经济业务量较少的企业
    D. 规模不大,但经济业务量较多的企业

23. 规模较小、业务量较少的单位适合采用( )。
    A. 总分类账账务处理程序   B. 明细分类账账务处理程序
    C. 记账凭证账务处理程序   D. 科目汇总表账务处理程序

24. 在科目汇总表账务处理程序下,总账的登记依据是( )。
    A. 科目汇总表   B. 记账凭证   C. 汇总记账凭证   D. 原始凭证

25. 下列关于记账凭证账务处理程序、科目汇总表账务处理程序一般步骤的表述,不是两者共有步骤的是( )。
    A. 根据记账凭证登记总分类账
    B. 根据原始凭证、汇总原始凭证和记账凭证,登记各种明细分类账
    C. 期末现金日记账、银行存款日记账和明细分类账的余额同有关总分类账的余额核对相符
    D. 期末根据总分类账和明细分类账的记录,编制会计报表

26. 下列属于科目汇总表账务处理程序优点的是( )。
    A. 便于反映各账户的对应关系   B. 便于检查核对账目

C. 便于进行试算平衡 　　　　　D. 便于进行分工核算

27. 下列不属于科目汇总表账务处理程序优点的是(　　)。
   A. 科目汇总表的编制和使用较为简便,易学易做
   B. 可以清晰地反映科目之间的对应关系
   C. 可以大大减少登记总分类账的工作量
   D. 科目汇总表可以起到试算平衡的作用,保证总账登记的正确性

28. 科目汇总表账务处理程序的缺点是(　　)。
   A. 程序复杂,不易掌控
   B. 登记总分类账的工作量大
   C. 不能反映账户间对应关系,不利于对账目进行检查
   D. 不能对发生额进行试算平衡

29. 根据科目汇总表登记总账,在简化登记总账工作的同时也起到了(　　)的作用。
   A. 简化报表的编制　　　　　B. 反映账户对应关系
   C. 简化明细账工作　　　　　D. 发生额试算平衡

30. 记账凭证账务处理程序和科目汇总表账务处理程序的主要不同点是(　　)。
   A. 登记日记账的依据不同　　B. 登记总账的依据不同
   C. 编制记账凭证的依据不同　D. 登记明细账的依据不同

31. 以下不属于科目汇总表账务处理程序与记账凭证账务处理程序同时具有的凭证是(　　)。
   A. 汇总原始凭证　B. 原始凭证　C. 科目汇总表　D. 记账凭证

32. 下列关于科目汇总表账务处理程序的表述,正确的是(　　)。
   A. 科目汇总表可以减少登记总分类账的工作量
   B. 科目汇总表可以反映各科目的对应关系
   C. 科目汇总表账务处理程序适用于业务量较小的单位
   D. 科目汇总表账务处理程序下会计凭证及账簿的设置与记账凭证账务处理程序不同

33. 为了便于编制科目汇总表,使得在分别汇总计算其借方和贷方金额时不易发生差错,平时填制转账凭证时,应尽可能使账户的对应关系保持(　　)。
   A. "一借一贷"　B. "一借多贷"　C. "多借一贷"　D. "多借多贷"

34. 科目汇总表的汇总范围是(　　)。
   A. 全部科目的借、贷方发生额和余额
   B. 全部科目的借、贷方余额
   C. 全部科目的借、贷方发生额
   D. 汇总收款凭证、汇总付款凭证、汇总转账凭证的合计数

35. 科目汇总表的编制依据是(　　)。
   A. 原始凭证　　　　　　　　B. 原始凭证汇总表
   C. 各种总账　　　　　　　　D. 记账凭证

36. 某公司采用科目汇总表账务处理程序进行记账,2016年5月1日至15日发生下列收付业务:(1)以现金支付办公费1 000元;(2)以银行存款偿还应付账款11 700元;

(3)通过银行收取货款34 000元;(4)销售产品取得收入1 300元,已存入银行。5月15日某公司编制科目汇总表时,银行存款科目的借方发生额应为( )元。

　　A. 47 000　　　　B. 35 300　　　　C. 12 700　　　　D. 34 000

37. 在汇总记账凭证账务处理中,登记总账的直接依据是( )。

　　A. 付款凭证　　　B. 汇总记账凭证　　C. 记账凭证　　　D. 收款凭证

38. 汇总记账凭证账务处理程序的优点是( )。

　　A. 详细反映经济业务的发生情况　　　B. 可以做到试算平衡

　　C. 便于了解账户之间的对应关系　　　D. 处理手续简便

39. 汇总记账凭证账务处理程序,一般适用的单位是( )。

　　A. 经济业务简单的单位　　　　　　　B. 转账业务较多的单位

　　C. 经营规模较大的单位　　　　　　　D. 经济业务较少的单位

40. 汇总记账凭证是依据( )编制的。

　　A. 记账凭证　　　　　　　　　　　　B. 原始凭证

　　C. 原始凭证汇总表　　　　　　　　　D. 各种总账

41. 下列不属于汇总记账凭证的是( )。

　　A. 汇总收款凭证　　　　　　　　　　B. 汇总付款凭证

　　C. 汇总转账凭证　　　　　　　　　　D. 三栏式凭证

42. 编制汇总记账凭证时,正确的处理方法是( )。

　　A. 汇总付款凭证按库存现金、银行存款账户的借方设置,并按其对应的贷方账户归类汇总

　　B. 汇总收款凭证按库存现金、银行存款账户的贷方设置,并按其对应的借方账户归类汇总

　　C. 汇总转账凭证按每一账户的借方设置,并按其对应的贷方账户归类汇总

　　D. 汇总转账凭证按每一账户的贷方设置,并按其对应的借方账户归类汇总

43. 为了便于填制汇总转账凭证,平时填制转账凭证时,应尽可能使账户的对应关系保持( )。

　　A. "一借一贷"或"一贷多借"　　　　B. "一借一贷"或"一借多贷"

　　C. "一贷多借"或"多借多贷"　　　　D. "一借多贷"或"多借多贷"

44. 关于汇总记账凭证账务处理程序,下列说法错误的是( )。

　　A. 根据记账凭证定期编制汇总记账凭证

　　B. 根据原始凭证或汇总原始凭证登记总账

　　C. 根据汇总记账凭证登记总账

　　D. 汇总转账凭证应当按照每一账户的贷方分别设置,并按其对应的借方科目归类汇总

45. 汇总记账凭证账务处理程序与科目汇总表账务处理程序的相同点是( )。

　　A. 登记总账的依据相同　　　　　　　B. 记账凭证的汇总方法相同

　　C. 保持了账户间的对应关系　　　　　D. 简化了登记总分类账的工作量

二、多项选择题(下列每小题备选答案中有两个或两个以上符合题意的正确答案,请将选定答案前面的英文字母填入括号内。)

1. 科学、合理地选择账务处理程序的意义主要有( )。
   A. 有利于规范会计工作、保证会计信息加工过程的严密性,提高会计信息质量。
   B. 有利于保证会计记录的完整性和正确性,增强会计信息的可靠性。
   C. 有利于减少不必要的会计核算环节,提高会计工作效率,保证会计信息的及时性。
   D. 有利于合理安排经济活动,加速资金周转,提高资金使用效益

2. 下列属于科学、合理地选择账务处理程序的重要意义的是( )。
   A. 有利于规范会计工作
   B. 有利于保证会计信息加工过程的严密性
   C. 有利于提高会计信息的质量
   D. 有利于保证会计记录的完整性

3. 下列属于企业常用的账务处理程序的有( )。
   A. 总账账务处理程序   B. 记账凭证账务处理程序
   C. 科目汇总表账务处理程序   D. 明细账账务处理程序

4. 在记账凭证账务处理程序下,应设置( )。
   A. 收款、付款、转账凭证或通用记账凭证
   B. 科目汇总表或汇总记账凭证
   C. 现金和银行存款日记账
   D. 总分类账和明细分类账

5. 下列属于记账凭证账务处理程序一般步骤的有( )。
   A. 根据收、付款凭证逐笔登记现金日记账和银行存款日记账
   B. 根据原始凭证、汇总原始凭证和记账凭证,登记各种明细分类账
   C. 期末,将现金日记账、银行存款日记账和明细分类账的余额与有关总分类账的余额核对相符
   D. 期末,根据总分类账和明细分类账的记录,编制财务报表

6. 下列属于记账凭证会计核算程序优点的是( )。
   A. 简单明了、易于理解
   B. 总分类账可较详细地记录经济业务发生情况
   C. 便于进行会计科目的试算平衡
   D. 减轻了登记总分类账的工作量

7. 记账凭证账务处理程序一般不适用于( )。
   A. 规模较大,经济业务比较复杂的企业
   B. 规模不大,经济业务比较复杂的企业
   C. 规模不大,经济业务比较简单的企业
   D. 大中型企业

8. 科目汇总表账务处理程序的特点主要表现在( )。
   A. 根据记账凭证定期编制科目汇总表

B. 根据编制的科目汇总表登记总分类账
C. 根据各种记账凭证编制汇总记账凭证
D. 根据记账凭证登记总分类账

9. 下列不能作为科目汇总表编制依据的有(　　)。
   A. 记账凭证　　B. 原始凭证　　C. 明细分类账　　D. 各种总账

10. 为便于科目汇总表的编制,平时编制记账凭证时,应尽可能避免的账户间对应关系是(　　)。
    A. 一借一贷　　B. 一借多贷　　C. 一贷多借　　D. 多借多贷

11. 在科目汇总表账务处理程序下,记账凭证是用来(　　)的依据。
    A. 登记库存现金日记账　　　　B. 登记总分类账
    C. 登记明细分类账　　　　　　D. 编制科目汇总表

12. 下列不属于科目汇总表账务处理程序优点的是(　　)。
    A. 科目汇总表的编制和使用较为简单,易学易做
    B. 可以清晰地反映科目之间的对应关系
    C. 可以大大减少登记总分类账的工作量
    D. 科目汇总表可以起到试算平衡的作用,保证总账登记的正确性

13. 下列不属于科目汇总表账务处理程序优点的是(　　)。
    A. 便于反映各账户间的对应关系　　B. 便于进行试算平衡
    C. 便于检查核对账目　　　　　　　D. 可简化登记总账的工作量

14. 关于记账凭证汇总表,下列表述正确的有(　　)。
    A. 记账凭证汇总表是一种记账凭证
    B. 记账凭证汇总表能起到试算平衡的作用
    C. 记账凭证汇总表保留了账户之间的对应关系
    D. 可以简化总分类账的登记工作

15. 下列凭证中,为汇总记账凭证账务处理程序特别设置的凭证有(　　)。
    A. 汇总原始凭证　　B. 汇总收款凭证　　C. 汇总转账凭证　　D. 汇总付款凭证

16. 下列属于汇总记账凭证的有(　　)。
    A. 汇总收款凭证　　B. 汇总付款凭证　　C. 汇总转账凭证　　D. 多栏式凭证

17. 在各种账务处理程序下,不属于银行存款日记账登账依据的有(　　)。
    A. 原始凭证　　B. 收款凭证　　C. 付款凭证　　D. 科目汇总表

18. 下列关于账务处理程序的表述,正确的有(　　)。
    A. 汇总记账凭证账务处理程序便于核对账目,利于会计工作的分工
    B. 记账凭证账务处理程序一般适用于经济业务较多的单位
    C. 汇总记账凭证账务处理程序反映了有关科目之间的对应关系,便于核对账目
    D. 科目汇总表账务处理程序一般适用于经营规模较大、经济业务量较多的单位

19. 在各种会计核算形式下,明细分类账可以根据(　　)登记。
    A. 原始凭证　　　　　　　　　　B. 记账凭证
    C. 原始凭证汇总表　　　　　　　D. 记账凭证汇总表

20. 常用的各种会计核算程序,它们在( )方面有共同之处。
   A. 编制记账凭证的依据　　　　B. 登记日记账的依据
   C. 编制会计报表的依据　　　　D. 登记总分类账的依据

21. 记账凭证账务处理程序、汇总记账凭证账务处理程序和科目汇总表账务处理程序应共同遵循的程序有( )。
   A. 根据原始凭证、汇总原始凭证和记账凭证登记各种明细分类账
   B. 根据记账凭证逐笔登记总分类账
   C. 期末,现金日记账、银行存款日记账和明细分类账的余额与有关总分类账的余额核对相符
   D. 根据总分类账和明细分类账的记录,编制会计报表

22. 在各种账务处理程序中,能减少登记总账工作量的是( )。
   A. 记账凭证账务处理程序　　　B. 日记总账账务处理程序
   C. 汇总转账凭证编制法　　　　D. 科目汇总表编制法

三、判断题(要求在括号答题,正确的用"√"表示,错误的用"×"表示。)

1. 账务处理程序是会计凭证、会计账簿、会计报表、财产清查相结合的方式。( )
2. 账务处理程序就是指记账程序。( )
3. 账务处理程序是指会计凭证、会计账簿和财务报表相结合的方式。( )
4. 不同账务处理程序的最大区别在于登记明细账的依据不同。( )
5. 各种账务处理程序的主要区别在于登记总账的依据不同。( )
6. 各种账务处理程序之间的主要区别在于编制会计报表的依据和方法不同。( )
7. 同一个企业可以采用几种不同的账务处理程序。( )
8. 账务处理程序主要包括账簿组织和记账程序两部分内容。( )
9. 在各种账务处理程序中,不同的会计主体所采用的会计凭证、会计账簿和会计报表的种类及格式是相同的。( )
10. 各种账务处理程序下,会计报表的编制方法都是相同的。( )
11. 记账凭证账务处理程序的特点是直接根据记账凭证逐笔登记总分类账。( )
12. 记账凭证账务处理程序中,企业只能根据原始凭证编制收款凭证、付款凭证和转账凭证。( )
13. 记账凭证账务处理程序中,企业应将现金日记账、银行存款日记账和明细分类账的余额与有关总分类账的余额核对相符。( )
14. 记账凭证账务处理程序的特点是直接根据原始凭证登记总分类账。( )
15. 在记账凭证账务处理程序下,记账凭证可使用专用记账凭证,也可以使用通用记账凭证。( )
16. 在记账凭证账务处理程序下,其记账凭证必须采用收款凭证、付款凭证和转账凭证三种格式。( )
17. 记账凭证账务处理程序可以减轻总分类账的工作量,但不利于会计核算的日常分工。( )
18. 记账凭证账务处理程序的优点之一是具有试算平衡的作用,有利于保证总账登记的正确性。( )

19. 记账凭证核算形式是适用于一切企业的会计核算形式。（   ）
20. 记账凭证账务处理程序，适用于规模较大的经济业务较复杂的企业。（   ）
21. 科目汇总表账务处理程序是根据定期编制的科目汇总表为依据登记总账的一种账务处理程序。（   ）
22. 科目汇总表账务处理程序是基本的账务处理程序，其他账务处理程序是在它的基础上发展而形成的。（   ）
23. 科目汇总表可每月编制一张，按旬汇总；业务量大的单位也可按旬汇总一次编制一张科目汇总表。（   ）
24. 在编制科目汇总表时，为了便于科目归类汇总，一般要求记账凭证中的科目对应关系保持"一借一贷"。（   ）
25. 科目汇总表是按照会计科目进行归类，定期汇总出每一账户的借方本期发生额和贷方本期发生额，并计算其余额。（   ）
26. 科目汇总表的编制方法是，根据一定时期内全部记账凭证，按照相同的会计科目归类，定期汇总出每一个会计科目的借方余额和贷方余额。（   ）
27. 科目汇总表账务处理程序是以科目汇总表作为登记明细账的依据。（   ）
28. 采用科目汇总表核算程序，总账、明细账和日记账都应根据科目汇总表登记。（   ）
29. 科目汇总表不仅可以起到试算平衡的作用，还可以反应账户之间的对应关系。（   ）
30. 在汇总记账凭证账务处理时需要设置汇总记账凭证。（   ）
31. 汇总记账凭证一律按每一账户的借方设置，并按其对应的贷方账户归类汇总。（   ）
32. 汇总转账凭证是按每一贷方科目分别设置的记账凭证。（   ）
33. 汇总记账凭证账务处理程序的优点是减轻了登记总分类账的工作量。（   ）
34. 汇总记账凭证账务处理程序，既能保持账户的对应关系，又能减轻登记总分类账的工作量。（   ）
35. 汇总记账凭证账务处理程序和科目汇总表账务处理程序都适用于经济业务较多的单位。（   ）
36. 汇总记账凭证账务处理程序的缺点是按每一贷方科目编制汇总转账凭证，不利于会计核算的日常分工，当转账凭证较多时，编制汇总记账凭证的工作量较大。（   ）
37. 记账凭证账务处理程序和科目汇总表账务处理程序的一般步骤中都包括根据记账凭证编制科目汇总表。（   ）
38. 记账凭证账务处理程序和科目汇总表账务处理程序的一般步骤不存在任何相同之处。（   ）
39. 记账凭证账务处理程序、科目汇总表账务处理程序的不同之处在于登记总账的依据不同。（   ）
40. 科目汇总表账务处理程序与记账凭证账务处理程序一样，都是根据各种记账凭证登记总分类账。（   ）

项目九 组织和开展财产清查

一、单项选择题(下列每小题备选答案中只有一个符合题意的正确答案,请将选定答案前的英文字母填入括号内。)

1. 财产清查的主要目的是为了使(　　)。
   A. 账表相符　　　B. 账证相符　　　C. 账实相符　　　D. 账账相符
2. 财产清查的意义不包括(　　)。
   A. 提高资金的使用效益
   B. 可以禁止各项财产物资被非法挪用
   C. 可以查明各项财产物资的实有数量,确定实有数量与账面数量之间的差异,查明原因和责任
   D. 提高会计资料的准确性
3. 全面清查和局部清查是按照(　　)来划分的。
   A. 财产清查的范围　　　　　　B. 财产清查的时间
   C. 财产清查的方法　　　　　　D. 财产清查的性质
4. 下列宜采用局部清查的有(　　)
   A. 年终决算前进行的清查
   B. 企业清产核资时进行的清查
   C. 企业更换财产保管人员
   D. 企业改组为股份制试点企业时进行清查
5. 对于意外造成企业财产损失时的财产清查属于(　　)。
   A. 全面清查和定期清查　　　　B. 全面清查和不定期清查
   C. 局部清查和定期清查　　　　D. 局部清查和不定期清查
6. 某企业在遭受洪灾后,对其受损的财产物资进行的清查,属于(　　)。
   A. 局部清查和定期清查　　　　B. 全面清查和定期清查
   C. 局部清查和不定期清查　　　D. 全面清查和不定期清查
7. 一般来说,在企业撤销、合并和改变隶属关系时,应对财产进行(　　)。
   A. 实地盘点　　　B. 定期清查　　　C. 全面清查　　　D. 局部清查
8. 企业在编制年度财务会计报告前进行的财产清查,属于(　　)。
   A. 重点清查　　　B. 全面清查　　　C. 局部清查　　　D. 抽样清查
9. 单位撤销、合并所进行的清查按时间分类,属于(　　)。
   A. 全面清查　　　B. 清局部查　　　C. 定期清查　　　D. 不定期清查
10. 年终决算前进行的财产清查属于(　　)。
    A. 局部清查和定期清查　　　　B. 全面清查和定期清查
    C. 全面清查和不定期清查　　　D. 局部清查和不定期清查

11. 出纳人员发生变动时,应对其保管的库存现金进行清查,这种财产清查属于(   )。
    A. 全面清查和定期清查   B. 局部清查和不定期清查
    C. 全面清查和不定期清查   D. 局部清查和定期清查
12. 下列表述正确的是(   )。
    A. 库存现金应每日清点一次   B. 银行存款每月至少同银行核对两次
    C. 贵重物品每天应盘点一次   D. 债权债务每年至少核对二至三次
13. 采用实地盘存制,平时对财产物资(   )。
    A. 只登记收入数,不登记发出数 B. 只登记发出数,不登记收入数
    C. 先登记收入数,后登记发出数 D. 先登记发出数,后登记收入数
14. 采用永续盘存制,平时对财产物资(   )。
    A. 只登记收入数,不登记发出数 B. 只登记发出数,不登记收入数
    C. 既登记收入数,又登记发出数 D. 先登记发出数,后登记收入数
15. 在实际工作中,企业一般以(   )作为财产物资的盘存制度。
    A. 收付实现制   B. 权责发生制   C. 永续盘存制   D. 实地盘存制
16. 企业通过实地盘点法先确定期末存货的数量,然后倒挤出本期发出存货的数量,这种处理制度称为(   )。
    A. 权责发生制   B. 收付实现制   C. 账面盘存制   D. 实地盘存制
17. (   )是对各项财产物资平时在账簿上只登记增加数,不登记减少数,月末根据实地盘存的结存数来推算当月减少的一种方法。
    A. 权责发生制   B. 收付实现制   C. 实地盘存制   D. 永续盘存制
18. 某材料采用实地盘存制,期初 1 000 千克,本期增加 300 千克,期末盘存 400 千克,那么本期发出为(   )千克。
    A. 1 100   B. 900   C. 1 300   D. 600
19. 某材料采用永续盘存制核算,期初 3 000 千克,本期增加 1 000 千克,本期减少 600 千克,期末盘存 3 200 千克,则该材料的账存(   )千克。
    A. 3 200   B. 3 400   C. 4 000   D. 3 000
20. 库存现金的清查是通过(   )进行的。
    A. 实地盘点法   B. 账账核对法   C. 技术分析法   D. 账账核对法
21. 现金清查盘点时,(   )必须在场。
    A. 记账人员   B. 出纳人员   C. 单位领导   D 会计主管
22. 银行存款清查常用的方法是(   )。
    A. 技术推算法   B. 实地盘点法   C. 账单核对法   D. 发函询证法
23. 下列关于银行存款清查方面的表述,正确的是(   )。
    A. 定期盘存法   B. 和往来单位核对账目的方法
    C. 实地盘存法   D. 与银行核对账目的方法
24. 企业银行存款日记账与银行对账单的核对,属于(   )。
    A. 账证核对   B. 账实核对   C. 账账核对   D. 账表核对
25. 在企业与银行双方记账无误的情况下,银行存款日记账与银行对账单余额不一致

是由于有( )存在。

　　A. 应收账款　　　B. 应付账款　　　C. 未达账项　　　D. 其他货币资金

26. "未达账项"是指企业与银行双方,由于凭证传递和入账时间不一致,而发生的( )。

　　A. 一方已入账,另一方未入账的款项　　B. 双方登账出现的款项
　　C. 一方重复入账的款项　　　　　　　D. 双方均未入账的款项

27. 企业开出支票一张,银行尚未入账,属于( )情况的未达账项。

　　A. 企业已付,银行未付　　B. 企业已收,银行未付
　　C. 银行已收,企业未收　　D. 银行已付,企业未付

28. 银行存款清查中发现的未达账项应编制( )来检查调整后的余额是否相等。

　　A. 对账单　　　　　　　B. 实存账存对比表
　　C. 盘存单　　　　　　　D. 银行存款余额调节表

29. 大华公司20×6年6月30日银行存款日记账的余额为100万元,经逐笔核对,未达账项如下:银行已收企业未收的2万元;银行已付企业未付的1.5万元。调整后的企业银行存款余额应为( )万元。

　　A. 100　　　B. 100.5　　　C. 102　　　D. 103.5

30. 月末某企业银行存款日记账余额为120万元,经过核对,存在未达账项如下:银行已收企业未收的6万元;银行已付企业未付的8万元。则月末企业银行存款实有数为( )万元。

　　A. 125　　　B. 134　　　C. 118　　　D. 122

31. 银行存款日记账余额为56 000元。调整前银行已收企业未收的款项为2 000元;企业已收银行未收款项为1 200元;银行已付企业未付款项为3 000元。则调整后存款余额为( )元。

　　A. 56 200　　　B. 55 000　　　C. 58 000　　　D. 51 200

32. 银行对账单余额为72 000元,银行已收企业未收的款项为4 500元,企业已收银行未收款项为6 300元,企业已付银行未付款项为4 800元。假定无其他需调整,则调整前银行存款日记账余额为( )元。

　　A. 73 500　　　B. 69 000　　　C. 70 500　　　D. 76 500

33. 对于银行已入账而企业未入账的未达账项,企业应当( )。

　　A. 根据"银行对账单"记录入账
　　B. 在编制"银行存款余额调节表"时入账
　　C. 待有关凭证送达后入账
　　D. 根据对账单和调节表自制凭证入账

34. 银行存款余额调节表中调节后的余额是( )。

　　A. 银行存款账面余额
　　B. 对账单余额与日记账余额的平均数
　　C. 对账日企业可以动用的银行存款实有数额
　　D. 银行方面的账面余额

35. 某企业期末银行存款日记账余额为80 000元,银行送来的对账单余额为82 425

元,经对未达账项调节后的余额为 83 925 元。则该企业在银行的实有存款是( )元。
    A. 82 425   B. 80 000   C. 83 925   D. 24 250

36. 在财产清查中,实物盘点的结果应如实登记在( )。
    A. 盘存单   B. 账存实存对比表
    C. 对账单   D. 盘盈盘亏报告表

37. 对于大量堆积的煤炭的清查,一般采用( )方法进行。
    A. 实地盘点   B. 抽查检验   C. 技术推算盘点   D. 查询核对

38. 下列可作为原始凭证,据以调整账簿记录的是( )。
    A. 现金盘点报告表   B. 银行存款余额调节表
    C. 盘存单   D. 实存账存对比表

39. 下列记录可以作为调整账面数字的原始凭证的是( )。
    A. 盘存单   B. 实存账存对比表
    C. 银行存款余额调节表   D. 往来款项对账单

40. ( )是用以调整财产物资账簿记录的重要原始凭证,也是分析产生差异原因、明确经济责任的依据。
    A. 盘存单   B. 实存账存对比表
    C. 银行对账单   D. 收料单

41. 实存账存对比表是调整账面记录的( )。
    A. 记账凭证   B. 转账凭证   C. 原始凭证   D. 累计凭证

42. 对往来款项的清查,应该采用的方法是( )。
    A. 实地盘点法   B. 发函询证法   C. 技术推算法   D. 抽查法

43. 债权债务的清查方法是( )。
    A. 实地盘点法   B. 技术推算法   C. 核对账目法   D. 抽样盘点法

44. 下列项目清查时应采用实地盘点法的是( )。
    A. 应收账款   B. 应付账款   C. 银行存款   D. 固定资产

45. 对于财产清查结果处理的要求不包括( )。
    A. 分析产生差异的原因和性质,提出处理建议
    B. 向税务部门报告清查结果
    C. 总结经验教训,建立健全各项规章制度
    D. 及时调整账簿记录,保证账实相符

46. 下列会计处理中,企业财产清查时,发现账实不符正确的处理是( )。
    A. 直接作损益处理   B. 先调整账面结存数
    C. 不作任何调整,继续查明原因   D. 按账面数进行调整

47. 财产物资的盘盈是( )。
    A. 账存数大于实存数   B. 实存数大于账存数
    C. 记账差错导致多记的数额   D. 财产物资的账面价值小于市场价值

48. "待处理财产损溢"账户属于( )。
    A. 损益类账户   B. 资产类账户
    C. 成本类账户   D. 所有者权益类账户

49. 某企业在现金清查中,发现现金长款2 200元,在经批准之前应该做的账务处理是(　　)。

　　A. 借:库存现金　　　　　　　　　　　　　　　　　　　　2 200
　　　　贷:管理费用　　　　　　　　　　　　　　　　　　　　2 200
　　B. 借:库存现金　　　　　　　　　　　　　　　　　　　　2 200
　　　　贷:待处理财产损溢　　　　　　　　　　　　　　　　　2 200
　　C. 借:管理费用　　　　　　　　　　　　　　　　　　　　2 200
　　　　贷:库存现金　　　　　　　　　　　　　　　　　　　　2 200
　　D. 借:待处理财产损溢　　　　　　　　　　　　　　　　　2 200
　　　　贷:库存现金　　　　　　　　　　　　　　　　　　　　2 200

50. 企业进行库存现金清查时盘盈库存现金300元,无法查明原因。按照规定,账务处理正确的有(　　)。

　　A. 借:待处理财产损溢　　300　　　B. 借:库存现金　　　　300
　　　　贷:库存现金　　　　　300　　　　　贷:待处理财产损溢　300
　　C. 借:待处理财产损溢　　300　　　D. 借:管理费用　　　　300
　　　　贷:营业外收入　　　　300　　　　　贷:待处理财产损溢　300

51. 某企业在财产清查中,盘亏现金1 000元,其中400元应由出纳赔偿,另外600元是由于管理不善导致的。现经批准后,转销现金盘亏的会计分录为(　　)。

　　A. 借:待处理财产损溢　　　　　　　　　　　　　　　　　1 000
　　　　贷:库存现金　　　　　　　　　　　　　　　　　　　　1 000
　　B. 借:管理费用　　　　　　　　　　　　　　　　　　　　　600
　　　　　营业外支出　　　　　　　　　　　　　　　　　　　　　400
　　　　贷:库存现金　　　　　　　　　　　　　　　　　　　　1 000
　　C. 借:管理费用　　　　　　　　　　　　　　　　　　　　　600
　　　　　其他应收款　　　　　　　　　　　　　　　　　　　　　400
　　　　贷:库存现金　　　　　　　　　　　　　　　　　　　　1 000
　　D. 借:管理费用　　　　　　　　　　　　　　　　　　　　　600
　　　　　其他应收款　　　　　　　　　　　　　　　　　　　　　400
　　　　贷:待处理财产损溢　　　　　　　　　　　　　　　　　1 000

52. 库存现金盘点时发现短缺,批准前应借记的会计科目是(　　)。
　　A. 库存现金　　　　　　　　　　B. 其他应付款
　　C. 待处理财产损溢　　　　　　　D. 其他应收款

53. 无法查明原因的现金盘盈应该记入(　　)科目。
　　A. 管理费用　　　B. 营业外收入　　　C. 销售费用　　　D. 其他业务收入

54. 对于财产清查中发现的存货损失,如果属于企业经营管理不善造成的净损失应(　　)。
　　A. 计入财产的成本　　　　　　　B. 计入营业外支出
　　C. 责令保管员赔偿　　　　　　　D. 计入管理费用

55. 一般来说,账实不符属于管理不善原因造成的损失,应计入( )。
    A. 管理费用　　　B. 营业费用　　　C. 营业外支出　　　D. 其他应收款
56. 在财产清查中,通过"实存账存对比表"发现:甲材账存料 100 000 元,甲材料实存 110 000 元,原因待查。在未批准处理前,下列账务处理正确的是( )。

  A. 借:原材料——甲材料   10 000
    贷:待处理财产损溢——待处理流动资产损溢   10 000
  B. 借:原材料——甲材料   10 000
    贷:营业外收入   10 000
  C. 借:固定资产—甲材料   10 000
    贷:待处理财产损溢——待处理非流动资产损溢   10 000
  D. 借:待处理财产损溢——待处理流动资产损溢   10 000
    贷:原材料——甲材料   10 000

57. 某企业仓库本期期末盘亏原材料,原因已经查明,属于自然损耗,经批准后,会计人员应编制的会计分录为( )。

  A. 借:待处理财产损溢   B. 借:待处理财产损溢
    贷:原材料   贷:管理费用
  C. 借:管理费用   D. 借:营业外支出
    贷:待处理财产损溢   贷:待处理财产损溢

58. 某企业在财产清查中盘亏材料一批共计 5 000 元,经查明原因,属于非常损失的是 4 000 元,另外 1 000 元为自然损耗。经批准后转销材料盘亏的会计分录为( )。

  A. 借:管理费用   5 000
    贷:待处理财产损溢   5 000
  B. 借:营业外支出   5 000
    贷:待处理财产损溢   5 000
  C. 借:管理费用   4 000
    营业外支出   1 000
    贷:待处理财产损溢   5 000
  D. 借:管理费用   1 000
    营业外支出   4 000
    贷:待处理财产损溢   5 000

59. 某企业材料因管理不善发生霉烂变质损失 100 公斤,单价为 200 元/公斤,购货增值税专用发票上注明的增值税为 3 400 元。在报经批准前,以下账务处理正确的是( )。

  A. 借:待处理财产损溢   20 000
    贷:原材料   20 000
  B. 借:原材料   20 000
    贷:待处理财产损溢   20 000
  C. 借:待处理财产损溢   23 400
    贷:原材料   20 000
      应交税费——应交增值税(进项税额转出)   3 400

D. 借：待处理财产损溢　　　　　　　　　　　　　　23 400
　　贷：原材料　　　　　　　　　　　　　　　　　　　20 000
　　　　应交税费——应交增值税（销项税额）　　　　3 400

60. 盘盈的固定资产，一般应记入（　　）账户。
    A. 本年利润　　　　　　　　　B. 以前年度损益调整
    C. 营业外收入　　　　　　　　D. 其他业务收入

61. 盘亏的固定资产经批准后，应转入（　　）账户进行核算。
    A. 本利润　　B. 营业外支出　　C. 管理费用　　D. 制造费用

62. 某企业在财产清查过程中，发现盘亏小汽车一辆，报经批准后，对于净损失正确的会计处理是（　　）。
    A. 计入营业外支出　　　　　　B. 计入主营业务成本
    C. 计入管理费用　　　　　　　D. 计入其他业务成本

63. 在财产清查中发现盘亏一台设备，其账面原值为 80 000 元，已提折旧 20 000 元，则该企业记入"待处理财产损溢"账户的金额为（　　）元。
    A. 80 000　　B. 20 000　　C. 60 000　　D. 100 000

64. 某企业盘点中发现因自然灾害损失一台设备，原始价值 50 000 元，已计提折旧 10 000 元。根据事先签订的保险合同，保险公司应赔偿 30 000 元，则扣除保险公司赔偿后剩余的损失 10 000 元应记入（　　）科目。
    A. 累计折旧　　B. 营业外支出　　C. 管理费用　　D. 资本公积

65. 如果"坏账准备"科目年末有余额，则其期末余额等于（　　）。
    A. 期初余额 + 本期借方发生额 – 本期贷方发生额
    B. 期初余额 – 本期借方发生额 – 本期贷方发生额
    C. 期初余额 + 本期借方发生额 + 本期贷方发生额
    D. 期初余额 + 本期贷方发生额 – 本期借方发生额

66. 某企业 2012 年年末应收账款余额为 100 万元，2013 年年末确认坏账损失 10 万元，年末应收账款余额为 800 万元；2014 收回已转销的坏账 6 万元，年末应收账款余额为 900 万元，坏账准备提取比率为 5%。该企业三年内计提"坏账准备"记入"资产减值损失"账户的金额累计为（　　）万元。
    A. 135　　B. 35　　C. 11　　D. 49

67. 实际发生坏账和计提坏账准备均会使用的会计科目是（　　）。
    A. 资产减值损失　　B. 应收账款　　C. 坏账准备　　D. 其他应收款

68. 确认无法支付的应付款应转入（　　）。
    A. 营业外收入　　　　　　　　B. 资本公积
    C. 其他业务收入　　　　　　　D. 以前年度损益调整

二、多项选择题（下列每小题备选答案中有两个或两个以上符合题意的正确答案，请将选定答案前面的英文字母填入括号内。）

1. 下列属于财产清查意义的有（　　）。
    A. 查明财产物资的实有数量，保证账实相符
    B. 查明各项财产物资的保管情况是否良好，保障财产物资安全完整

C. 查明各项财产物资的库存和使用情况,合理安排经济活动,提高资金使用效益
D. 改善企业经营管理,挖掘财产物资潜力

2. 下列属于财产清查正确分类方法的有(   )。
   A. 全面清查和局部清查   B. 定期清查和不定期清查
   C. 全面清查和定期清查   D. 定期清查和局部清查

3. 财产清查按清查的对象和范围可分为(   )。
   A. 定期清查   B. 不定期清查   C. 全面清查   D. 局部清查

4. 按财产清查的时间不同,可将财产清查分为(   )。
   A. 全面清查   B. 不定期清查   C. 定期清查   D. 局部清查

5. 下列属于全面清查不宜经常进行的原因有(   )。
   A. 清查范围大   B. 清查内容多
   C. 清查时间长   D. 清查参与人员多

6. 下列(   )情形,需要进行全面清查。
   A. 年终决算前
   B. 单位撤销、分立、合并或改变隶属关系前
   C. 财务部门负责人调离工作前
   D. 中外合资、国内联营或开展清产核资

7. 以下情形,应该对财产进行不定期局部清查的是(   )。
   A. 更换出纳人员
   B. 与其他企业合并
   C. 仓库保管人员变动
   D. 自然灾害造成部分财产损失

8. 局部清查的范围是(   )。
   A. 银行存款   B. 固定资产   C. 现金   D. 贵重物资

9. 现金出纳每天工作结束前都要将现金日记账结清并与现金实存数核对,这属于(   )。
   A. 定期清查   B. 不定期清查   C. 全面清查   D. 局部清查

10. 下列有关企业进行库存现金盘点清查时的做法,正确的有(   )。
    A. 库存现金的清查方法采用实地盘点法
    B. 在盘点库存现金时,出纳人员必须在场
    C. 经领导批准,借条、收据可以抵充现金
    D. 现金盘点报告表需由盘点人员和出纳人员共同签章方能生效

11. 下列各项中,(   )应当采用实地盘点法进行财产清查。
    A. 库存现金的清查   B. 银行存款的清查
    C. 实物资产的清查   D. 往来款项的清查

12. 以下资产可以采用实地盘点法进行清查的是(   )。
    A. 库存现金   B. 原材料   C. 银行存款   D. 固定资产

13. 银行存款日记账余额与银行对账单余额不一致,原因可能是(   )。
    A. 银行存款日记账有误   B. 银行记账有误

C. 存在未达账项　　　　　　　　D. 存在未付款项

14. 下列是未达账项的情况有（　　）。
    A. 企业已收款入账，而银行尚未收款入账
    B. 企业已付款入账，而银行尚未付款入账
    C. 银行已收款入账，而企业尚未收款入账
    D. 银行已付款入账，而企业尚未付款入账

15. 编制"银行存款余额调节表"时，应调整银行对账单余额的业务是（　　）。
    A. 企业已收，银行未收　　　　B. 企业已付，银行未付
    C. 银行已收，企业未收　　　　D. 银行已付，企业未付

16. 关于银行存款余额调节表，下列说法正确的是（　　）。
    A. 调节后的余额表示企业可以实际动用的银行存款数额
    B. 该表是通知银行更正错误的依据
    C. 不能够作为调整本单位银行存款日记账记录的原始凭证
    D. 是更正本单位银行存款日记账记录的依据

17. 下列不属于原材料清查方法的有（　　）。
    A. 实地盘点法　　B. 技术推算法　　C. 发函询证法　　D. 编制报表法

18. 下列不可以调整账簿记录的有（　　）。
    A. 实存账存对比表　　　　　　B. 未达账项登记表
    C. 现金盘点报告表　　　　　　D. 银行存款余额调节表

19. 下列可以用询证方法进行清查的有（　　）。
    A. 委托外单位加工材料　　　　B. 在途材料
    C. 应收款项　　　　　　　　　D. 应付款项

20. 下列业务需要通过"待处理财产损溢"账户核算的是（　　）。
    A. 库存现金丢失　　　　　　　B. 原材料盘亏
    C. 发现账外固定资产　　　　　D. 应收账款无法收回

21. 下列各项，在"待处理财产损溢"账户贷方登记的有（　　）。
    A. 财产物资的盘盈数　　　　　B. 批准转销的财产物资的毁损数
    C. 批准转销的财产物资的盘盈数　D. 批准转销的财产物资的盘亏数

22. 下列各项，不在"待处理财产损溢"账户贷方登记的有（　　）。
    A. 财产物资的盘亏数
    B. 财产物资的毁损数
    C. 批准转销的财产物资的盘盈数
    D. 批准转销的财产物资的盘亏及毁损数

23. 下列现金盘亏的账务处理，批准前可能涉及的会计科目有（　　）。
    A. 库存现金　　　　　　　　　B. 管理费用
    C. 待处理财产损溢　　　　　　D. 营业外支出

24. 对于盘亏、毁损的存货，经批准后进行账务处理时，可能涉及的借方账户有（　　）。
    A. 其他应收款　　B. 营业外支出　　C. 管理费用　　D. 原材料

25. 某公司20×9年某月某日因水灾导致库存商品发生毁损，总价值32 000元，经清

理,收回残料估价3 000元,已入库;保险公司经查同意赔偿26 000元,款项已收存银行。对上述事项编制会计分录可能通过以下( )账户。

A. 原材料　　　　B. 营业外收入　　　　C. 营业外支出　　　　D. 其他应收款

三、判断题(要求在括号答题,正确的用"√"表示,错误的用"×"表示。)

1. 财产清查是指对货币资金、实物资产和往来款项的盘点或核对,确定其实存数,查明账存数与实存数是否相符的一种专门方法。( )
2. 通过财产清查,可以查明各项财产的保管情况。( )
3. 财产清查是会计核算方法之一。( )
4. 企业更换出纳员时,需要进行全面清查。( )
5. 更换财产物资保管员时,应进行不定期的全面清查。( )
6. 从财产清查的对象和范围看全面清查只有在年终进行。( )
7. 定期清查财产一般是在结账以后进行。( )
8. 定期清查和不定期清查对象的范围均既可以是全面清查,也可以是局部清查。( )
9. 按照清查执行系统分类,可以分为内部清查和外部清查。( )
10. 只有永续盘存制下才会出现财产的盘盈、盘亏现象。( )
11. 先确定期末库存存货成本,后确定本期发出存货成本的方法,称为永续盘存制。( )
12. 永续盘存制下,可以通过存货明细账的记录随时结出存货的结存数量,故不需要对存货进行盘点。( )
13. 一般而言,对于债权债务,每年至少同对方核对一至两次。( )
14. 库存现金的清查包括出纳人员每日清点和清查小组的定期或不定期的清查。( )
15. 在库存现金盘点结束后,直接填制"库存现金盘点报告表",由盘点人员、会计及其相关负责人签名盖章。( )
16. 银行存款的清查,主要是将银行存款日记账与收付款凭证进行核对。( )
17. 银行存款余额调节表只是为了核对账目,并不能作为调整银行存款账面余额的原始凭证。( )
18. 未达账项是指企业和银行一方已入账,但另一方没有入账的情况。( )
19. 未达账项是指企业与银行之间由于记账时间不一致,而发生的一方已登记入账,另一方尚未记账的项目。( )
20. 产生未达账项的原因是企业与银行的记账时间不同。( )
21. 未达账项不会导致账实不符。( )
22. 银行存款日记账的余额小于银行对账单的余额即为盘亏。( )
23. 企业应该定期根据银行存款余额调节表对银行存款总账进行调整。( )
24. 银行已经付款记账而企业尚未付款记账,会使企业银行存款日记账账面余额大于银行对账单的账面余额。( )
25. 在进行库存现金和存货清查时,出纳人员和实物保管人员应该在场。( )
26. 在进行财产物资盘点时,实物保管员必须在场。( )

27. 在财产物资的变动和结存实际情况与账簿记录不一致时,企业应依据盘点实有数量调整账面数量。(   )

28. 往来款项的清查一般采用函证的方法进行核对。(   )

29. 对往来款项清查时,必需派遣专人赴对方单位核对。(   )

30. 在财产清查中发现的长期未结算的往来款项,应及时清查。对于经查明确实无法支付的应付款项可按规定的程序报经批准后,转作为其他业务收入。(   )

31. 财产清查时应本着"先认定质量,后清查数量、核对有关账簿记录"等原则进行。(   )

32. 对于财产清查结果的账务处理一般分两步进行,即审批前先调整有关账面记录,审批后转入有关账户。(   )

33. 在处理建议得到批准前,不得进行任何账务处理。(   )

34. "待处理财产损溢"科目处理前的借方余额反映企业尚未处理的财产的净收益。(   )

35. 企业盘点现金,发现现金溢余,经查明原因,属于应支付给其他单位和个人的,应借记"待处理财产损溢——待处理流动资产损溢",贷记"其他应付款"。(   )

36. 调整存货盘盈或盘亏的账面价值时,对方科目是"待处理财产损溢"。(   )

37. 非正常原因造成的存货盘亏损失经批准后应该计入营业外支出。(   )

38. 存货发生盘亏时,一般经营性损失或定额内损失,可以记入"营业外支出"科目。(   )

39. 存货发生盘盈,经批准后,借记"待处理财产损溢"科目,贷记"管理费用"科目。(   )

40. 存货盘亏、毁损的净损失一律记入"管理费用"科目。(   )

41. 经批准转销固定资产盘亏净损失时,账务处理应借记"营业外支出"账户,贷记"固定资产清理"账户。(   )

42. 固定资产盘盈可计入营业外收入。(   )

43. 在财产清查中,发现盘盈的固定资产,经查明确属企业所有,应按同类或类似固定资产市场价格,减去按该项资产的新旧程度估计的价值损耗的余额作为前期差错记入"以前年度损益调整"。(   )

44. 坏账准备科目期末余额一般在贷方,反映企业已计提但尚未转销的坏账准备。(   )

45. 已确认为坏账的应收账款,并不意味着企业放弃了追索权,一旦重新收回,应及时入账。(   )

46. 按规定企业转销无法支付的应付账款,应转入"其他业务收入"账户。(   )

四、计算分析题

(一)资料

1. XYZ 公司 20×8 年 11 月 20 日至月末的银行存款日记账所记录的经济业务如下:

(1) 20 日,开出支票#050 计 11 700 元,用以支付购料款。

(2) 21 日,收到 A 公司开来的销货款转账支票 35 100 元。

(3) 23 日,开出支票#051 计 3 400 元,支付购料的运杂费。

(4) 26 日,开出支票#052 计 1 000 元,支付下半年的报刊杂志费。
(5) 29 日,收到 D 公司开来的销货款现金支票 5 850 元。
(6) 30 日,银行存款日记账的账面余额为 92 800 元。

2. 银行对账单所列 XYZ 公司 11 月 20 日至月末的经济业务如下:
(1) 22 日,收到销货款转账支票 35 100 元。
(2) 23 日,收到 XYZ 公司开出的支票#050,金额为 11 700 元。
(3) 25 日,收到 XYZ 公司开出的支票#051,金额为 3 400 元。
(4) 26 日,银行为 XYZ 公司代付本月电话费 1 280 元。
(5) 29 日,为 XYZ 公司代收外地购货方汇来的货款 6 800 元。
(6) 30 日,结算银行借款利息 650 元。
(7) 30 日,银行对账单的存款余额数为 92 820 元。

要求:根据上述资料,代 XYZ 公司完成以下银行存款余额调节表的编制。

银行存款余额调节表

编制单位:XYZ 公司　　　　　　20×8 年 11 月 30 日　　　　　　　　单位:元

项　目	金额	项　目	金额
企业银行存款日记账余额	92 800	银行对账单余额	92 820
加:银行已收企业未收的款项合计	(1)	加:企业已收银行未收的款项合计	5 850
减:银行已付企业未付的款项合计	(2)	减:企业已付银行未付的款项合计	(4)
调节后余额	(3)	调节后余额	(5)

(二) 甲公司期末进行财产清查时,发现如下情况:
(1) 现金盘盈 438 元,原因待查。
(2) 现金盘盈原因无法查明,报经有关部门批准后进行会计处理。
(3) 原材料盘亏 2 170 元,原因待查。
(4) 经查明,原材料盘亏属于正常损失,报经有关部门批准后进行会计处理。
(5) 无法支付的应付账款 5 600 元,报经有关部门批准后进行会计处理。

要求:根据上述资料,逐笔编制甲公司的会计分录。

（三）甲公司期末进行财产清查时，发现如下情况：
(1) 现金盘盈 150 元，原因待查。
(2) 经查明现金盘盈属于多收乙公司的货款，报经有关部门批准将给予退回。
(3) 盘亏设备一台，原价 48 100 元，已提折旧 38 480 元，原因待查。
(4) 经有关部门批准，该设备盘亏全部损失由公司承担。
(5) 无法收回的应收账款有 5 000 元，确认为坏账损失。
要求：根据上述资料，逐笔编制甲公司的会计分录。

（四）甲公司期末进行财产清查时，发现如下情况：
(1) 现金盘盈 408 元，原因待查。
(2) 经查明现金盘盈属于多收乙公司的货款，报经有关部门批准将给予退回。
(3) 库存商品盘亏 4 320 元，原因待查。
(4) 经查明，库存商品盘亏属于正常损失，报经有关部门批准后进行会计处理。
(5) 盘盈一台未入账的设备，该设备市场价格为 69 000 元，估计的新旧程度为九成新，则作为前期会计差错记入"以前年度损益调整"账户的金额为（　　）。
要求：根据上述资料(1)~(4)，逐笔编制甲公司的会计分录，并计算资料(5)。

(五)甲公司期末进行财产清查时,发现如下情况:
(1) 现金毁损 27 760 元,原因待查。
(2) 经查明,现金毁损属于自然灾害所造成,报经有关部门批准后进行会计处理。
(3) 原材料盘盈 7 940 元,原因待查。
(4) 经查明,原材料盘盈是收发计量误差所造成,报经有关部门批准后进行会计处理。
(5) 无法支付的应付账款 7 040 元,报经有关部门批准后进行会计处理。
要求:根据上述资料,逐笔编制甲公司的会计分录。

项目十　编制和报送财务会计报告

一、单项选择题(下列每小题备选答案中只有一个符合题意的正确答案,将选定答案前的英文字母填入括号内。)

1. 企业对外提供的反映企业某一特定日期财务状况和某一会计期间经营成果、现金流量等会计信息的文件是(　　)。
    A. 财务会计报告　　B. 资产负债表　　C. 利润表　　D. 财务报表附注

2. 下列有关财务会计报告的表述,不正确的是(　　)。
    A. 财务会计报告是指企业对外提供的反映企业某一特定日期财务状况和某一会计期间经营成果、现金流量等会计信息的文件
    B. 企业财务会计报告分为年度、半年度、季度和月度财务会计报告
    C. 会计报表附注是财务会计报告的重要组成部分
    D. 财务会计报告就是指会计报表

3. 财务会计报告是反映各单位在某一特定日期财务状况和某一会计期间(　　)等会计信息的文件。
    A. 经营成果、变现能力　　　　　　B. 经营成果、现金流量
    C. 经营状况、经营成果　　　　　　D. 经营状况、现金流量

4. 下列属于财务报表编制依据的是( )。
   A. 原始凭证　　　B. 记账凭证　　　C. 账簿记录　　　D. 汇总记账凭证
5. 财务报表按( )不同,分为中期报表和年度报表。
   A. 编制单位　　　B. 编制主体　　　C. 编制时间　　　D. 编制要求
6. 按照我国现行会计制度规定,( )每个企业都要编制资产负债表。
   A. 月末　　　　　B. 季末　　　　　C. 半年度　　　　D. 年末
7. 财务报表按报送对象可分为( )。
   A. 中期报表和年度报表　　　　　　B. 静态报表和动态报表
   C. 内部报表和外部报表　　　　　　D. 个别报表和合并报表
8. 下列财务报表,属于内部报表的是( )。
   A. 企业成本报表　B. 资产负债表　　C. 现金流量表　　D. 利润表
9. 在下列各个财务报表中,属于企业对外提供的静态报表是( )。
   A. 利润表　　　　　　　　　　　　B. 所有者权益变动表
   C. 现金流量表　　　　　　　　　　D. 资产负债表
10. 不是中期财务报告可以提供的报表是( )。
    A. 资产负债表　　　　　　　　　　B. 利润表
    C. 所有者权益变动表　　　　　　　D. 现金流量表
11. 年度财务会计报告,在每年度终了时编制,应于年度终了后( )个月内对外提供。
    A. 3　　　　　　　B. 4　　　　　　C. 5　　　　　　D. 6
12. 下列属于小企业应当提供的财务会计报表的是( )。
    A. 股东权益变动表　　　　　　　　B. 利润表
    C. 财政补助收入支出表　　　　　　D. 收入支出表
13. 下列有关附注的说法,不正确的是( )。
    A. 附注是财务会计报告的组成部分
    B. 附注是对在会计报表中列示项目的描述或明细资料
    C. 附注是对未能在会计报表中列示项目的说明
    D. 附注不属于财务会计报表的组成部分
14. 下列不属于财务报表编制要求的是( )。
    A. 节约开支　　　B. 计算准确　　　C. 报送及时　　　D. 数字真实
15. 资产负债表是反映企业( )财务状况的会计报表。
    A. 一定时期内　　B. 某一特定日期　C. 某一月份内　　D. 某一年份内
16. 反映企业在某一日期所拥有的经济资源及其分布情况的是( )。
    A. 现金流量表　　　　　　　　　　B. 利润表
    C. 资产负债表　　　　　　　　　　D. 所有者权益变动表
17. 反映企业在某一特定日期财务状况的会计报表是( )。
    A. 现金流量表　　B. 利润分配表　　C. 资产负债表　　D. 利润表
18. 下列可以通过资产负债表反映的是( )。
    A. 某一时点的财务状况　　　　　　B. 某一期间的现金流量

　　　　C. 某一期间的经营成果　　　　　　　D. 某一期间的获利能力
19. 以"资产＝负债＋所有者权益"为编制依据的会计报表是(　　)。
　　　A. 资产负债表　　　　　　　　　　　B. 利润表
　　　C. 现金流量表　　　　　　　　　　　D. 所有者权益变动表
20. 依照我国的会计准则的规定,资产负债表采用的格式为(　　)。
　　　A. 账户式　　　　B. 报告式　　　　C. 单步式　　　　D. 多步式
21. 下列项目列示在资产负债表左方的是(　　)。
　　　A. 实收资本　　　B. 应收股利　　　C. 非流动负债　　D. 资本公积
22. 下列项目列示在资产负债表右方的是(　　)。
　　　A. 其他应收款　　B. 固定资产　　　C. 盈余公积　　　D. 无形资产
23. 下列属于资产负债表中流动资产项目的是(　　)。
　　　A. 固定资产　　　B. 预收账款　　　C. 应收账款　　　D. 盈余公积
24. 下列属于资产负债表中流动负债项目的是(　　)。
　　　A. 应付债券　　　B. 应付股利　　　C. 长期借款　　　D. 资本公积
25. 资产负债表中的各报表项目(　　)。
　　　A. 都按有关账户期末余额直接填列
　　　B. 必须对账户发生额和余额进行分析计算才能填列
　　　C. 应根据有关账户的发生额填列
　　　D. 有的项目可以直接根据账户期末余额填列,有的项目需根据有关账户期末余额
　　　　分析填列
26. 资产负债表左方的资产项目排列标准是(　　)。
　　　A. 重要性原则,即重要项目排在前面,次要项目排在后面
　　　B. 债务清查的先后顺序,即短期债务排在前面,长期债务排在后面
　　　C. 流动性大小,即流动性大的排在前面,流动性小的排在后面
　　　D. 金额的大小,即金额小的排在前面,金额大的排在后面
27. 下列在资产负债表中左方排在最前面的是(　　)。
　　　A. 货币资金　　　B. 交易性金融资产　C. 应收账款　　　D. 存货
28. 下列直接根据总分类账户余额填列资产负债表项目的是(　　)。
　　　A. 固定资产清理　B. 应收账款　　　C. 未分配利润　　D. 存货
29. 资产负债表编制时,根据有关总账的期末余额直接填列项目的是(　　)。
　　　A. 短期借款　　　B. 应收账款　　　C. 无形资产　　　D. 长期借款
30. 下列不能根据总账的期末余额直接填列的资产负债表是(　　)。
　　　A. 固定资产　　　B. 应收票据　　　C. 短期借款　　　D. 实收资本
31. 编制资产负债表中应根据相关总账的期末借方余额直接填列的项目有(　　)。
　　　A. 固定资产　　　　　　　　　　　　B. 股本
　　　C. 应付债券　　　　　　　　　　　　D. 交易性金融资产
32. 下列资产负债表项目中,应根据相关总账的期末贷方余额直接填列的项目有(　　)。
　　　A. 长期借款　　　　　　　　　　　　B. 资本公积

C. 应付债券　　　　　　　　D. 交易性金融资产

33. 编制资产负债表时,需要根据几个总账账户的期末余额分析计算填列的是(　　)。
    A. 应付账款　　B. 盈余公积　　C. 短期借款　　D. 货币资金

34. 编制资产负债表时,下列需要根据有关总账的期末余额分析计算填列的是(　　)。
    A. 应收账款　　B. 资本公积　　C. 短期借款　　D. 存货

35. 资产负债表的下列项目中,需要根据几个总账账户的期末余额进行汇总填列的是(　　)。
    A. 应付职工薪酬　　　　　　B. 短期借款
    C. 货币资金　　　　　　　　D. 资本公积

36. 编制资产负债表时,下列应根据明细科目的期末余额计算填列的是(　　)。
    A. 应收票据　　B. 应收股利　　C. 应收账款　　D. 应收利息

37. "应收账款"科目所属明细科目如有贷方余额,应在资产负债表(　　)项目中反映。
    A. 预付款项　　B. 预收款项　　C. 应收账款　　D. 应付账款

38. 某企业"库存现金"、"银行存款"、"其他货币资金"、"交易性金融资产"、"应收票据"账户期末借方余额分别为2万元、230万元、48万元、70万元、80万元,则其资产负债表"货币资金"项目的金额为(　　)万元。
    A. 232　　　　B. 280　　　　C. 350　　　　D. 360

39. 资产负债表中的"存货"项目应根据(　　)填列。
    A. "存货"账户的期末借方余额直接
    B. "存货"账户的期末贷方余额直接
    C. "原材料"、"在途物资"和"库存商品"等账户的期末借方余额之和
    D. "原材料"、"在途物资"和"库存商品"等账户的期末借方余额之和,再减去"存货跌价准备"账户期末贷方余额的差额

40. 某企业"材料采购"、"原材料"、"库存商品"、"生产成本"、"固定资产"账户期末借方余额分别为10万元、12万元、36万元、27万元、280万元,则其资产负债表"存货"项目的金额为(　　)万元。
    A. 22　　　　B. 58　　　　C. 85　　　　D. 365

41. 甲公司年末"应收账款"科目的借方余额为200万元,"预收账款"科目贷方余额为120万元,其中,明细账的借方余额为23万元,贷方余额为143万元。"应收账款"对应的"坏账准备"期末贷方余额为6万元,该企业年末资产负债表中"应收账款"项目的金额为(　　)万元。
    A. 80　　　　B. 194　　　　C. 217　　　　D. 223

42. 下列账户中,可能影响资产负债表中"预收款项"项目金额的账户是(　　)。
    A. 应收票据　　B. 应收账款　　C. 应收股利　　D. 其他应收款

43. A企业"预付账款"明细账期末余额情况如下:甲企业借方余额为100 000元,乙企业借方余额为150 000元,丙企业贷方余额为200 000元,丁企业借方余额为300 000元。假如该企业"应付账款"明细账均为贷方余额,则该企业资产负债表"预付款项"项目的金额为(　　)元。
    A. 250 000　　B. 350 000　　C. 550 000　　D. 750 000

44. 某企业"应付账款"明细账期末余额情况如下：X 企业贷方余额为 200 000 元,Y 企业借方余额为 180 000 元,Z 企业贷方余额为 300 000 元。假如该企业"预付账款"明细账均为借方余额,则根据以上数据计算的反映在资产负债表上"应付账款"项目的数额为(　　)元。

  A. 680 000　　　　B. 320 000　　　　C. 500 000　　　　D. 80 000

45. 年末资产负债表中"未分配利润"项目的填列依据是(　　)。

  A. "本年利润"科目的借方余额或贷方余额

  B. "利润分配"科目的借方余额或贷方余额

  C. "本年利润"科目的贷方余额加"利润分配"科目的贷方余额

  D. "本年利润"科目的借方余额加"利润分配"科目的借方余额

46. 下列各项,可以通过利润表反映的是(　　)。

  A. 某一时点的财务状况　　　　　　B. 某一时点的偿债能力

  C. 某一期间的经营成果　　　　　　D. 某一期间的现金流量

47. 利润表按反映的经济内容分,属于反映(　　)的报表。

  A. 财务状况　　B. 经营成果　　C. 现金流量　　D. 财务状况变动

48. 利润表编制的主要根据是(　　)。

  A. 损益类各账户的本期发生额

  B. 损益类各账户的期末余额

  C. 所有者权益各账户的本期发生额

  D. 所有者权益各账户的期末余额

49. 依照我国的会计准则,利润表采用的格式为(　　)。

  A. 单步式　　　B. 多步式　　　C. 账户式　　　D. 混合式

50. 为了具体反映利润的形成情况,我国现行的利润表的结构一般采用(　　)报告结构。

  A. 单步式　　　B. 多步式　　　C. 账户式　　　D. 报告式

51. 以"收入－费用＝利润"这一会计等式为编制依据的会计报表是(　　)。

  A. 资产负债表　　　　　　　　　　B. 利润表

  C. 现金流量表　　　　　　　　　　D. 所有者权益变动表

52. 在利润表中,如果要得出净利润,则需将利润总额减去(　　)。

  A. 投资收益　　B. 所得税费用　　C. 营业外收入　　D. 营业外支出

53. 在编制利润表时,下列项目会影响营业收入的是(　　)。

  A. 主营业务收入　　B. 营业外收入　　C. 投资收益　　D. 税金及附加

54. 某企业发生投资损失,则其利润表中的"投资收益"项目应(　　)。

  A. 不填列　　　　　　　　　　　　B. 以负数填列

  C. 以正数填列　　　　　　　　　　D. 可以用正数填列,也可以用负数填列

55. 下列各项中,影响营业利润金额增减变化的项目是(　　)。

  A. 营业外收入　　B. 营业外支出　　C. 税金及附加　　D. 所得税费用

56. 某企业本月主营业务成本为 43 000 元,税金及附加为 700 元,其他业务成本为 6 000 元,营业外支出为 3 000 元,则其利润表中"营业成本"项目的金额为(　　)元。

  A. 43 000　　　B. 49 000　　　C. 49 700　　　D. 52 000

57. 某企业本月主营业务收入为62 000元,投资收益为7 000元,其他业务收入为9 000元,营业外收入为5 000元,公允价值变动损失2 0000元,则其利润表中"营业收入"项目的金额为(　　)元。
　　A. 62 000　　　　B. 69 000　　　　C. 71 000　　　　D. 83 000

58. 某企业本月利润表中的营业收入为650 000元,营业成本为230 000元,税金及附加为7 000元,管理费用为20 000元,销售费用为6 000元,所得税费用30 000元,营业外收入为30 000元,则其营业利润为(　　)元。
　　A. 387 000　　　　B. 417 000　　　　C. 420 000　　　　D. 650 000

二、多项选择题(下列每小题备选答案中有两个或两个以上符合题意的正确答案,请将选定答案前面的英文字母填入括号内。)

1. 以下项目属于中期财务报表的有(　　)。
　　A. 月度财务报表　　　　　　　　B. 季度财务报表
　　C. 半年度财务报表　　　　　　　D. 年初至本中期末的财务报表

2. 下列属于财务会计报告编制要求的有(　　)。
　　A. 数字真实　　　B. 计算准确　　　C. 内容完整　　　D. 编报及时

3. 以下选项属于财务报表的有(　　)。
　　A. 资产负债表　　B. 利润表　　　　C. 现金流量表　　D. 财务报表附注

4. 资产负债表的表头应该包括(　　)。
　　A. 报表名称　　　B. 编表单位名称　C. 编制日期　　　D. 金额计量单位

5. 下列属于资产负债表中流动负债项目的有(　　)。
　　A. 预付款项　　　B. 预收款项　　　C. 短期借款　　　D. 应付职工薪酬

6. 以下资产负债表项目,直接根据某个总账期末余额填列的有(　　)。
　　A. 应付股利　　　B. 盈余公积　　　C. 应交税费　　　D. 实收资本

7. 以下资产负债表项目,可以根据总账科目直接填列的有(　　)。
　　A. 资本公积　　　B. 递延所得税资产　C. 应付票据　　　D. 预计负债

8. 编制资产负债表时,下列不能根据某个总账的期末余额直接填列的项目有(　　)。
　　A. 交易性金融资产　B. 货币资金　　　C. 固定资产　　　D. 应付票据

9. 编制资产负债表时,需根据有关总账账户期末余额分析、计算填列的项目有(　　)。
　　A. 货币资金　　　B. 预付款项　　　C. 存货　　　　　D. 短期借款

10. 资产负债表中"货币资金"项目应根据相关账户的期末余额合计数填列,包括(　　)。
　　A. 应收票据　　　B. 库存现金　　　C. 银行存款　　　D. 其他货币资金

11. 资产负债表中"存货"项目应根据相关账户的期末余额分析计算填列,包括(　　)。
　　A. 库存商品　　　B. 材料成本差异　C. 工程物资　　　D. 生产成本

12. 资产负债表中"一年内到期的非流动负债"项目应根据下列(　　)账户分析计算填列。
　　A. 长期应收款　　B. 长期应付款　　C. 长期待摊费用　D. 长期借款

13. 下列选项可以通过利润表提供的重要信息的有( )。
    A. 营业收入　　　B. 应交税费　　　C. 资产总额　　　D. 净利润
14. 企业购入价值3 000元的固定资产,误记入"管理费用"账户,其结果会导致当期( )。
    A. 费用多计3 000元　　　　　　　B. 资产多计3 000元
    C. 利润总额多计3 000元　　　　　D. 利润总额少计3 000元
15. 利润表中"营业成本"项目填列的依据是( )发生额。
    A. 主营业务成本　B. 营业外支出　C. 其他业务成本　D. 税金及附加
16. 下列影响企业利润总额的有( )。
    A. 销售费用　　　B. 营业外收入　　C. 税金及附加　　D. 所得税费用

三、判断题(要求在括号答题,正确的用"√"表示,错误的用"×"表示。)

1. 财务报表按照报送对象不同,可以分为单位财务报表和汇总财务报表。( )
2. 向不同的会计信息使用者提供财务会计报告,其编制依据也不同。( )
3. 实际工作中,为使财务报表及时报送,企业可以提前结账。( )
4. 向不同的会计信息使用者提供财务会计报告,其编制依据应当一致。( )
5. 财务报表按照编制时间不同,可以分为中期报表和年度报表。( )
6. 财务报表中的各项数据计算应准确无误。( )
7. 为了使财务报表及时报送,可以估计或推算财务报表中的各项数据。( )
8. 财务会计报表至少应当包括资产负债表、利润表、现金流量表、所有者权益变动表、附注等部分。( )
9. 资产负债表是反映企业在某一特定日期财务状况的动态报表,通过它可以了解企业的资产构成、资金的来源构成和企业债务的偿还能力。( )
10. 资产负债表是反映企业在一定会计期间财务状况的会计报表。( )
11. 通过资产负债表,可以帮助报表使用者了解企业在某一特定日期的财务状况,即现金流入、流出及现金增减变动情况。( )
12. 编制资产负债表的理论依据是会计恒等式,即"资产 = 负债 + 所有者权益"。( )
13. 资产负债表的格式主要有账户式和报告式两种,我国企业采用的是账户式。( )
14. 我国企业资产负债表的格式一律采用报告式。( )
15. 资产负债表各项目的"年初余额",应根据上年末资产负债表的"期末余额"栏内数字填列。( )
16. 资产负债表中各项目的"期末余额"栏主要是根据有关明细账本期发生额填列的。( )
17. 资产负债表中各项目的"期末余额"栏主要是根据相关总账本期发生额填列的。( )
18. 账户式资产负债表分左右两方,左方为资产项目,右方为负债及所有者权益项目。( )
19. 资产负债表中资产项目是按资产流动性由小到大的顺序排列的。( )

20. 资产负债表中"货币资金"项目是根据"银行存款"账户的期末余额直接填列的。（   ）

21. "预收账款"账户所属明细账户如有借方余额,应在资产负债表"预付款项"项目中反映。（   ）

22. 资产负债表中"固定资产"项目,应根据"固定资产"账户余额减去"累计折旧"、"固定资产减值准备"等账户的期末余额后的金额填列。（   ）

23. 资产负债表中"无形资产"项目,应根据"无形资产"账户余额减去"累计摊销"、"无形资产减值准备"等账户的期末余额后的金额填列。（   ）

24. 资产负债表中的"应付票据"、"应付利息"、"未分配利润"均是根据有关账户即"应付票据"、"应付利息"、"利润分配"记录的期末余额直接填列的。（   ）

25. 1~11月份,资产负债表中的"未分配利润"项目是根据"本年利润"和"利润分配"账户期末余额的合计数填列的,当两个账户的期末余额都在贷方时,将二者期末余额之和以负数填列。（   ）

26. 利润表是反映企业在某一特定日期经营成果的会计报表。（   ）

27. 利润表是反映企业一定会计期间经营成果的会计报表,是动态报表。（   ）

28. 通过利润表,可以帮助报表使用者了解企业的经营成果,分析企业的偿债能力,从而为未来的经济决策提供参考信息。（   ）

29. 通过利润表,可以了解企业净利润的实现和构成情况。（   ）

30. 利润表的格式主要有多步式和单步式两种,我国企业采用的是单步式。（   ）

31. 我国企业利润表的格式采用多步式。（   ）

32. 利润表中的各项目应根据有关损益类账户的期末余额分析计算填列。（   ）

33. 利润表中各项目"本期金额"栏应根据有关损益类账户的本期发生额分析计算填列。（   ）

34. 利润表中"营业收入"项目,应根据"主营业务收入"和"营业外收入"账户的发生额计算填列。（   ）

35. 利润表中"营业成本"项目,应根据"主营业务成本"和"其他业务成本"账户的发生额分析计算填列。（   ）

36. 利润表中"营业成本"项目,反映企业经营主要业务和其他业务所结转的成本总额。（   ）

37. 利润表中,将营业利润减去营业外收入、营业外支出和所得税费用后得到净利润。（   ）

四、计算分析题

（一）大华工厂20×9年12月31日有关账户资料如下：

总账余额：原材料　　213 460（借方）　　　库存商品　37 260（借方）
　　　　　生产成本　63 750（借方）　　　应付账款　60 000（贷方）
　　　　　应收账款　45 000（借方）

明细账余额：应收账款——大华厂　30 000（贷方）
　　　　　　　　　　——大田厂　95 000（借方）
　　　　　　　　　　——民兴厂　20 000（贷方）

应付账款——建新厂　90 000（贷方）
　　　　——中成厂　10 000（借方）
　　　　——金山厂　20 000（借方）

要求：据以上资料完成天锋工厂 12 月 31 日资产负债表的有关项目。

（1）存货 = _____
（2）应收账款 = _____
（3）预付账款 = _____
（4）应付账款 = _____
（5）预收账款 = _____

（二）×公司 20×8 年 9 月的余额试算平衡表如下：

余额试算平衡表

20×8 年 9 月 30 日　　　　　　　　　　　　　　　　单位：元

会计科目	期末余额	
	借方	贷方
库存现金	740	
银行存款	168 300	
应收账款	85 460	
坏账准备		6 500
原材料	66 500	
库存商品	101 200	
存货跌价准备		1 200
固定资产	468 900	
累计折旧		3 350
固定资产清理		5 600
长期待摊费用	14 500	
应付账款		93 000
预收账款		10 000
长期借款		250 000
实收资本		500 000
盈余公积		4 500
利润分配		19 300
本年利润		12 150
合　计	905 600	905 600

补充资料：

（1）长期待摊费用中含将于一年内摊销的金额 8 000 元。

(2) 长期借款期末余额中将于一年内到期归还的长期借款数为 100 000 元。

(3) 应收账款有关明细账期末余额情况为：应收账款——A 公司　借方余额 98 000

应收账款——B 公司　贷方余额 12 540

(4) 应付账款有关明细账期末余额情况为：应付账款——C 公司　贷方余额 98 000

应付账款——D 公司　借方余额 5 000

(5) 预收账款有关明细账期末余额情况为：预收账款——E 公司　贷方余额 12 000

预收账款——F 公司　借方余额 2 000

要求：请代×公司完成下列资产负债表的编制。

资产负债表(简表)

20×8 年 9 月 30 日

制表单位：×公司　　　　　　　　　　　　　　　　　　　　　　　　　　　　　　　　单位：元

资产	年初数	年末数	负债及所有者权益	年初数	年末数
流动资产：	（略）		流动负债：	（略）	
货币资金		169 040	应付账款		(3)
应收账款		(1)	预收款项		(4)
预付款项		5 000	一年内到期的非流动负债		100 000
存货		(2)	流动负债合计		(5)
一年内到期的非流动资产		8 000	非流动负债：		
流动资产合计		442 040	长期借款		150 000
非流动资产：			非流动负债合计		150 000
固定资产		465 550	负债合计		372 540
固定资产清理		-5 600	所有者权益：		
长期待摊费用		6 500	实收资本		500 000
非流动资产合计		466 450	盈余公积		4 500
			未分配利润		31 450
			所有者权益合计		535 950
资产总计		908 490	负债及所有者权益总计		908 490

(三) 华天公司所得税税率是 25%，该公司 20×8 年 1 月至 11 月各损益类专户的累计发生额和 12 月底转账前各损益类账户的发生额如下(单位：元)：

账户名称	12 月份发生数		1 月至 11 月累计发生数	
	借方	贷方	借方	贷方
主营业务收入		318 000		5 000 000
主营业务成本	252 500		2 800 000	
销售费用	2 600		10 000	

续表

账户名称	12月份发生数		1月至11月累计发生数	
	借方	贷方	借方	贷方
税金及附加	1 000		29 000	
其他业务成本	7 500		32 500	
营业外支出	2 000		11 000	
财务费用	3 000		30 000	
管理费用	4 400		50 000	
其他业务收入		9 500		45 000
营业外收入		3 000		
投资收益		20 000		

则华天公司 20×8 年度利润表的下列报表项目金额为：
(1) 营业收入(　　)元　　　　(4) 利润总额(　　)元
(2) 营业成本(　　)元　　　　(5) 所得税费用(　　)元
(3) 营业利润(　　)元　　　　(6) 净利润(　　)元

(四) 华天公司所得税税率为 25%, 该公司 20×8 年 11 月份的利润表如下表所示。

利润表(简表)

编制单位：华天公司　　　　　　20×8 年 11 月　　　　　　　　　单位：元

项　　目	本期金额	本年累计金额
一、营业收入	略	1 289 600
减：营业成本		885 400
税金及附加		21 700
销售费用		18 500
管理费用		40 900
财务费用		2 000
资产减值准备		3 500
二、营业利润(损失以"－"号填列)		317 600
加：营业外收入		1 400
减：营业外支出		3 000
三、利润总额(损失以"－"号填列)		316 000
减：所得税费用		79 000
四、净利润(亏损以"－"号填列)		237 000

华天公司 12 月份发生以下经济业务：
(1) 对外销售甲商品 1 000 件, 单价 135 元, 增值税率 17%, 收到对方开来的一张金额

为 157 950 元的商业汇票。

（2）经批准处理财产清查中的账外设备一台，估计原价 10 000 元，七成新。

（3）计算分配本月应付职工工资共计 45 000 元，其中管理部门 30 000 元，专设销售机构人员工资 15 000 元。

（4）计提本月办公用固定资产折旧 1 200 元。

（5）结转已销售的 1 000 件甲商品的销售成本 87 000 元。

（6）将本月实现的损益结转至"本年利润"账户。

要求：根据上述资料，完成下列华天公司 20×8 年利润表的编制。

利润表（简表）

编制单位：华天公司　　　　　　　　　　20×8 年度　　　　　　　　　　单位：元

项　目	本期金额	上年金额
一、营业收入	（1）	略
减：营业成本	972 400	
税金及附加	21 700	
销售费用	33 500	
管理费用	（2）	
财务费用	2 000	
资产减值准备	3 500	
二、营业利润（损失以"－"号填列）	（3）	
加：营业外收入	8 400	
减：营业外支出	3 000	
三、利润总额（损失以"－"号填列）	（4）	
减：所得税费用	（5）	
四、净利润（亏损以"－"号填列）	（6）	

第二部分 综合练习

综合练习(一)

一、单项选择题(下列各题中只有一个正确答案,不选、错选均不得分;共20题,每题1分,计20分。)

1. 企业销售商品收取货款,属于资金运动的( )方式。
   A. 资金投入   B. 资金运用
   C. 资金退出   D. 不影响资金运动

2. 下列关于会计监督职能的表述,不正确的是( )。
   A. 会计的监督职能是指对特定对象经济业务的合法性、合理性和真实性进行审查
   B. 会计监督可以分为事前、事中和事后监督
   C. 会计监督是会计核算的基础
   D. 会计监督是会计核算的质量保障

3. 以下有关"资产 = 负债 + 所有者权益"等式的表述,不正确的是( )。
   A. 是编制资产负债表的理论基础
   B. 表明了企业一定时期的财务状况
   C. 反映了资产、负债、所有者权益三要素之间的内在联系和数量关系
   D. 上述等式也称为静态会计恒等式

4. 一般而言,企业对外销售商品(不考虑增值税)会引起( )。
   A. 资产和负债同时增加   B. 资产和所有者权益同时增加
   C. 负债和所有者权益同时增加 D. 以上都不对

5. 账户的基本结构不包括( )。
   A. 账户名称   B. 所依据记账凭证中注明的日期
   C. 所依据记账凭证的编号   D. 会计分录

6. 下列不属于成本类科目的是( )。
   A. 生产成本   B. 主营业务成本   C. 劳务成本   D. 制造费用

7. 甲公司月初"应付账款"账户贷方余额为400万元。本月发生下列业务:(1)赊购原材料一批并已验收入库,取得增值税专用发票上记载的价款为100万元,增值税额为17万元;(2)偿付上月所欠货款280万元。月末甲公司"应付账款"账户余额为( )万元。
   A. 借方237   B. 贷方237   C. 借方563   D. 贷方563

8. 在借贷记账法下,负债类账户期末余额一般( )。
   A. 在借方   B. 在贷方
   C. 在借方,也可以在贷方   D. 为零

9. 下列业务应确认为营业外支出的是( )。
   A. 出租包装物的成本　　　　　　B. 处置固定资产的净损失
   C. 出租固定资产计提的折旧费　　D. 出售不需用材料的成本
10. 下列经济业务会导致企业的实收资本增加的是( )。
    A. 提取法定盈余公积　　　　　　B. 资本公积转增资本
    C. 宣告发放现金股利　　　　　　D. 盈余公积补亏
11. 下列关于收付转凭证的填制要求的说法,错误的是( )。
    A. 转账凭证通常是根据有关转账业务的原始凭证填制的
    B. 转账凭证中,借方金额栏合计数与贷方金额栏合计数应相等
    C. 某些既涉及收款业务,又涉及转账业务的综合性业务,可分开填制不同类型的记账凭证
    D. 记账凭证中的"摘要"填写对所记录的经济业务的详细说明
12. 下列关于发出材料汇总表性质的描述,正确的是( )。
    A. 属自制原始凭证　　　　　　　B. 属外来原始凭证
    C. 属单项原始凭证　　　　　　　D. 属累计原始凭证
13. 银行存款日记账应( )更换一次。
    A. 1 天　　B. 1 个月　　C. 1 个季度　　D. 1 年
14. 下列关于结账的说法,错误的是( )。
    A. 结账前,应将本期内发生的经济业务全部计入有关账簿,若预计本期不会再发生任何业务可以提前结账
    B. 结账前应根据权责发生制要求调整有关账项
    C. 结账前要将损益类科目全部转入"本年利润"账户
    D. 在本期全部经济业务登记入账的基础上,需要结算出资产、负债和所有者权益科目的本期发生额和余额,并结转至下期
15. 下列各项中,( )不属于记账凭证账务处理程序步骤。
    A. 根据原始凭证、汇总原始凭证和记账凭证,登记各种明细分类账
    B. 根据各种记账凭证编制有关汇总记账凭证
    C. 根据原始凭证或汇总原始凭证编制收款凭证、付款凭证和转账凭证
    D. 根据收款凭证、付款凭证逐笔登记现金日记账和银行存款日记账
16. 记账凭证账务处理程序是指对发生的经济业务事项,先根据原始凭证或汇总原始凭证填制记账凭证,再直接根据( )逐笔登记总分类账的一种账务处理程序。
    A. 原始凭证　　　　　　　　　　B. 原始凭证汇总表
    C. 记账凭证　　　　　　　　　　D. 会计凭证
17. 在各种不同账务处理程序中,不能作为登记总分类账依据的是( )。
    A. 记账凭证　　B. 汇总记账凭证　　C. 汇总原始凭证　　D. 科目汇总表
18. 下列不属于财产清查对象的是( )。
    A. 货币资金　　B. 无形资产　　C. 实物资产　　D. 往来款项
19. 盘亏的材料,查明原因属于一般经营损失,经批准后应计入( )。
    A. 管理费用　　B. 销售费用　　C. 财务费用　　D. 投资收益

20. 编制资产负债表所依据的会计等式是( )。
    A. 收入 – 费用 = 利润
    B. 资产 = 负债 + 所有者权益
    C. 借方发生额 = 贷方发生额
    D. 期初余额 + 本期借方发生额 – 本期贷方发生额 = 期末余额

二、多项选择题(下列各题中有两个或两个以上正确答案,不选、少选、多选或错选均不得分;共 20 题,每题 2 分,计 40 分。)

1. 下列关于会计监督职能的表述,错误的有( )。
    A. 会计监督职能是对特定主体经济活动和相关会计核算的真实性、合法性和合理性进行监督检查
    B. 会计监督分为事前监督、事中监督和事后监督
    C. 合理性审查是指检查各项经济业务是否符合国家有关法律法规,遵守财经纪律,执行国家的各项方针政策,以杜绝违法乱纪行为
    D. 真实性审查是指检查各项财务收支是否符合客观经济规律及经营管理方面的要求,保证各项财务收支符合特定的财务收支计划,实现预算目标

2. 企业发生下列经济业务事项时,应该办理会计手续并进行会计核算的有( )。
    A. 签订远期购销合同   B. 原材料入库
    C. 支付职工工资   D. 收到货款 1 万元

3. 下列各项经济业务,能引起资产和所有者权益同时增加的有( )。
    A. 盈余公积金转增资本   B. 提取盈余公积
    C. 收到外单位现金投资存入银行   D. 收到国家投资存入银行

4. 任何一项经济业务都不会导致( )。
    A. 资产增加,所有者权益减少,负债不变
    B. 资产增加,所有者权益增加,负债不变
    C. 负债减少,所有者权益增加,资产不变
    D. 负债减少,资产增加,所有者权益不变

5. 下列属于损益类科目的有( )。
    A. 公允价值变动损益   B. 劳务成本
    C. 所得税费用   D. 投资收益

6. 下列会计科目反映资本的有( )。
    A. 股本   B. 资本公积   C. 实收资本   D. 盈余公积

7. 下列关于"生产成本"账户结构的描述,错误的有( )。
    A. 借方登记减少额   B. 贷方登记增加额
    C. 期末余额一般在贷方   D. 可能没有期末余额

8. 在借贷记账法下,"期末余额 = 期初余额 + 本期借方发生额 – 本期贷方发生额"属于( )会计科目计算期末余额的公式。
    A. 资产类   B. 负债类   C. 所有者权益类   D. 成本类

9. 下列各项可对利润总额产生影响的有( )。
    A. 营业外支出   B. 营业利润   C. 资产减值损失   D. 营业外收入

10. 下列各项应计入产品成本的有（　　）。
    A. 车间生产工人的工资　　　　　　B. 车间管理人员的工资
    C. 生产产品领用的材料　　　　　　D. 车间设备的日常修理费

11. 下列关于记账凭证的说法，正确的有（　　）。
    A. 在审核过程中，如发现差错，应查明原因，按规定办法及时处理和更正
    B. 实行电算化的企业，对于机制记账凭证要认真审核
    C. 只有经过审核无误的记账凭证，才能据以登记账簿
    D. 电算化中，打印出的机制记账凭证要加盖制单人员、审核人员、记账人员及会计机构负责人、会计主管人员印章或者签字，以加强审核，明确责任

12. 会计凭证封面应注明（　　）等事项。
    A. 单位名称　　　　　　　　　　　B. 单位负责人
    C. 会计主管人员　　　　　　　　　D. 凭证种类和张数

13. "除9法"适用于以下（　　）情况。
    A. 将数字写小　　B. 将数字写大　　C. 漏记了一方　　D. 邻数颠倒

14. 横线登记式账页主要适用于登记（　　）。
    A. 材料采购　　B. 在途物资　　C. 应收票据　　D. 管理费用

15. 下列各项中，（　　）在记账凭证账务处理程序下应设置。
    A. 收款、付款、转账凭证或通用记账凭证
    B. 科目汇总表或汇总记账凭证
    C. 库存现金和银行存款日记账
    D. 总分类账和若干明细分类账

16. 在不同的账务处理程序下，登记总账的依据可以有（　　）。
    A. 记账凭证　　　　　　　　　　　B. 汇总记账凭证
    C. 科目汇总表　　　　　　　　　　D. 汇总原始凭证

17. 下列各项宜采用发函询证方法清查的有（　　）。
    A. 应收账款　　B. 应付账款　　C. 存货　　D. 预付账款

18. 下列说法不正确的有（　　）。
    A. 银行存款的清查应采用发函询证法进行核对
    B. 往来款项的清查一般采用发函询证的方法进行核对
    C. 库存现金清查时，出纳人员必须在场，库存现金由出纳人员经手盘点，清查人员从旁监督
    D. "库存现金盘点报告表"不能作为原始凭证调整账簿记录

19. 利润表的特点有（　　）。
    A. 根据相关账户的本期发生额编制
    B. 根据相关账户的期末余额编制
    C. 属于静态报表
    D. 属于动态报表

20. 下列各项属于非流动负债项目的有（　　）。
    A. 应付债券　　　　　　　　　　　B. 应付股利

C. 专项应付款　　　　　　　　D. 应付职工薪酬

三、判断题(下列各题中正确的打"√",错误的打"×",不选、错选均不得分；共20题,每题1分,计20分。)

1. 会计人员月末编制财务报告属于会计核算职能的范畴。(　　)
2. 企业出现严重财务困难时,即表明企业不能持续经营。(　　)
3. 企业收到某企业支付的欠款,该项经济业务会引起会计等式左右两边会计要素发生同时增加的变化。(　　)
4. 经济业务的发生,总是会引起资产总额和权益总额发生变化,但是不会破坏会计基本等式的关系。(　　)
5. 对于不同性质的账户,借贷的含义有所不同。(　　)
6. "应付账款"和"预付账款"都是负债类科目。(　　)
7. 复式记账法可分为借贷记账法、增减记账法和收付记账法。(　　)
8. "预付账款"账户和"应付账款"账户在结构上是相同的。(　　)
9. 企业交纳的印花税、耕地占用税通过"应交税费"科目核算。(　　)
10. 利润总额＝营业利润＋营业外收入－营业外支出。(　　)
11. 企业常用的汇总原始凭证包括发出材料汇总表、工资结算汇总表、限额领料单、差旅费报销单等。(　　)
12. 从银行提取现金时,应编制库存现金收款凭证。(　　)
13. 实行会计电算化的单位,总账和明细账必须每天打印。(　　)
14. 各种账簿必须按照国家统一规定的保存年限妥善保管,保管期满后可销毁。(　　)
15. 记账凭证账务处理程序是指对所发生的经济业务事项,根据原始凭证或汇总原始凭证编制记账凭证,并根据记账凭证逐笔登记总分类账的一种账务处理程序。(　　)
16. 科目汇总表账务处理程序是在记账凭证账务处理程序基础上发展而来的。(　　)
17. 存货发生盘亏时,应根据不同的原因作出不同的处理,若属于管理不善造成的损失,记入"管理费用"科目。(　　)
18. 由于盘盈的存货没有账面记录,因此产生了盘盈应该予以补记,增加存货,增加"待处理财产损溢"账户贷方发生额。(　　)
19. 资产负债表是反映企业某一特定日期经营成果的财务报表。(　　)
20. 通过资产负债表,可以帮助报表使用者全面了解企业在一定时期的现金流入、流出信息及现金增减变动的原因。(　　)

四、计算分析题(共2题,每题10分,计20分。)

1. 甲公司期末进行财产清查时,发现如下情况：
(1) 现金盘盈287元,原因待查。
(2) 现金盘盈原因无法查明,报经有关部门批准后进行会计处理。
(3) 盘亏设备一台,原价21 000元,已提折旧16 800元,原因待查。
(4) 经有关部门批准,该设备盘亏全部损失由公司承担。
(5) 无法支付的应付账款4 400元,报经有关部门批准后进行会计处理。

要求：根据上述资料,逐笔编制甲公司的会计分录。

2. A公司2015年4月发生的经济业务与应付账款总分类账和明细分类账资料如下：
(1) 3日,向甲企业购入A材料400公斤,单价80元,价款为32 000元,购入B材料600公斤,单价70元,价款为42 000元,材料已验收入库,款项尚未支付(不考虑税费)。
(2) 8日,向乙企业购入A材料3 000公斤,单价10元,材料已验收入库,款项尚未支付。
(3) 20日,向甲企业偿还货款60 000元,向乙企业偿还货款20 000元,以银行存款支付。
要求：根据上述资料填写应付账款总分类账、明细分类账中(1)至(5)的金额。

应付账款总账   单位：元

2015年		凭证编号	摘要	借方	贷方	借或贷	余额
月	日						
4	1		期初余额			贷	56 000
	3		购入AB材料		74 000	贷	(1)
	8		购入A材料		30 000	贷	160 000
	20		归还货款	(2)		贷	80 000
			本月合计		(3)	贷	80 000

应付账款——甲企业明细账   单位：元

2015年		凭证编号	摘要	借方	贷方	借或贷	余额
月	日						
4	1		期初余额			贷	(4)
	3		购入材料		74 000	贷	(5)
	20		归还货款	60 000		贷	62 000
			本月合计	60 000	74 000	贷	62 000

综合练习(二)

一、单项选择题(下列各题中只有一个正确答案,不选、错选均不得分;共20题,每题1分,计20分。)

1. 通常情况下,最关心企业偿债能力的会计信息使用者是( )。
   A. 投资者　　　　B. 债权人　　　　C. 政府部门　　　　D. 社会公众
2. 以权责发生制为核算基础,下列不属于本期收入或费用的是( )。
   A. 本期支付下期的房租　　　　B. 本期支付本期的房租
   C. 上期支付的本期房租　　　　D. 本期售出商品但尚未收到货款
3. 下列不属于会计计量属性的是( )。
   A. 重置成本　　　　B. 公允价值　　　　C. 持续经营　　　　D. 历史成本
4. 下列经济业务会引起资产类科目和所有者权益类科目同时增加的是( )。
   A. 赊购原材料　　　　　　　　B. 接受投资者投入的现金资产
   C. 向银行借入长期借款　　　　D. 用银行存款归还企业的银行短期借款
5. 总分类会计科目一般按( )进行设置。
   A. 企业管理的需要　　　　B. 统一会计制度的规定
   C. 会计核算的需要　　　　D. 经济业务的种类不同
6. 以下表述不正确的是( )。
   A. 总分类科目是提供会计要素总括信息的会计科目
   B. 明细分类科目是提供更详细和更具体会计信息的科目
   C. 明细科目较多的总账科目,可在总账科目后设立二级或多级明细科目
   D. 会计科目按其所反映的经济内容不同分为资产类、负债类、所有者权益类、收入类、费用类和利润类六大类
7. 所谓发生额试算平衡,是指根据借贷记账法的记账规则,检查( )记录是否正确的过程。
   A. 某些账户　　　　B. 个别账户　　　　C. 所有账户　　　　D. 资本类账户
8. 根据资产与权益的恒等关系以及借贷记账法的记账规则,检查所有账户记录是否正确的方法称为( )。
   A. 记账　　　　B. 试算平衡　　　　C. 对账　　　　D. 结账
9. 某企业2016年度利润总额为500万元,其中国债利息收入为25万元。假定当年按税法核定的全年业务招待费的扣除标准为300万元,实际发生的业务招待费为320万元。假定该企业无其他纳税调整项目,适用的所得税税率为25%。该企业2016年所得税费用为( )万元。
   A. 125　　　　B. 118.75　　　　C. 123.75　　　　D. 126.25

10. 如果企业的长期借款属于筹建期间的,且不符合资本化条件,则其利息费用应记入的科目是( )。
   A. 管理费用　　　B. 长期待摊费用　　C. 财务费用　　　D. 在建工程

11. ( )一般由税务局等部门统一印制,或经税务部门批准由经营单位印制。
   A. 外来原始凭证　　　　　　　B. 自制原始凭证
   C. 累计凭证　　　　　　　　　D. 汇总凭证

12. 填制原始凭证时,"￥458.00"的大写金额的规范书写是( )。
   A. 人民币肆佰伍拾捌元　　　　B. 人民币肆佰伍拾捌元零分
   C. 人民币肆百伍拾捌元整　　　D. 人民币肆佰伍拾捌元整

13. 下列关于会计账簿的表述,正确的是( )。
   A. 总分类账是根据明细分类账户设置的
   B. 总分类账户的余额不一定等于所属的明细分类账户的余额合计
   C. 库存现金日记账本质上就是库存现金的明细账
   D. 总分类账必须采用活页式账簿

14. 某企业原材料总分类科目的本期借方发生额为 25 000 元,贷方发生额为 24 000 元。其所属的三个明细分类账中,甲材料本期借方发生额为 8 000 元,贷方发生额为 6 000 元;乙材料借方发生额为 13 000 元,贷方发生额为 16 000 元。则丙材料的本期借、贷方发生额分别为( )。
   A. 借方发生额为 12 000 元,贷方发生额为 2 000 元
   B. 借方发生额为 4 000 元,贷方发生额为 2 000 元
   C. 借方发生额为 4 000 元,贷方发生额为 10 000 元
   D. 借方发生额为 6 000 元,贷方发生额为 8 000 元

15. 甲棉业有限公司是一家商贸公司,主要经销棉花。2015 年 3 月市国税稽查局人员对其 2014 年度的纳税情况进行检查时,发现该公司业务量不大,从库存商品总账上发现"现收 5 号凭证"有漏记销售的嫌疑。据此可判断该公司使用的会计核算程序是( )。
   A. 记账凭证核算程序　　　　　B. 科目汇总表核算程序
   C. 汇总记账凭证核算程序　　　D. 多栏式日记账核算程序

16. 通过建立凭证、账簿和报表组织体系,并按一定的步骤或程序将三者有机结合起来,以实现最终产生并提供有用会计信息的目的,称为( )。
   A. 账簿组织　　　　　　　　　B. 账务处理程序
   C. 记账工作步骤　　　　　　　D. 会计组织形式

17. 在财产清查中发现盘亏一台设备,其账面原值为 80 000 元,已提折旧 20 000 元,则该企业记入"待处理财产损溢"账户的金额为( )元。
   A. 80 000　　　B. 20 000　　　C. 60 000　　　D. 100 000

18. 下列各项清查时采用与对方单位核对账目方法的是( )。
   A. 固定资产　　　B. 存货　　　C. 库存现金　　　D. 往来款项

19. 下列各项中,属于"货币资金"包含的项目是( )。
   A. 银行本票存款　　　　　　　B. 银行承兑汇票
   C. 商业承兑汇票　　　　　　　D. 交易性金融资产

20. 某企业期末"固定资产"账户借方余额为200万元,"累计折旧"账户贷方余额为80万元,"固定资产减值准备"账户贷方余额为30万元,"固定资产清理"账户借方余额为2万元。则该企业资产负债表中"固定资产"项目的期末数应为(　　)万元。
  A. 202　　　　　B. 120　　　　　C. 92　　　　　D. 90

二、多项选择题(下列各题中有两个或两个以上正确答案,不选、少选、多选或错选均不得分;共20题,每题2分,计40分。)

1. 管理当局在分析企业的财务状况时,主要包括分析(　　)。
  A. 企业的偿债能力　　　　　　　　B. 企业的营运能力
  C. 企业的获利能力　　　　　　　　D. 企业的核算能力

2. 本月收到上月销售产品的货款存入银行,下列表述正确的有(　　)。
  A. 收付实现制下,应当作为本月收入　　B. 权责发生制下,不能作为本月收入
  C. 收付实现制下,不能作为本月收入　　D. 权责发生制下,应当作为本月收入

3. 下列各项经济业务中,能引起会计等式左右两边会计要素同时变动的有(　　)。
  A. 收到某单位前欠货款存入银行
  B. 以银行存款偿还银行借款
  C. 收到某单位投入机器设备一台
  D. 以银行存款购买材料(不考虑增值税)

4. 在借贷记账法下,经济业务无论怎样复杂,可概括的类型包括(　　)。
  A. 权益内部有增有减,总额不变　　B. 资产与权益同时增加,总额增加
  C. 资产内部有增有减,总额不变　　D. 资产与权益同时减少,总额不变

5. 会计科目按所提供信息的详细程度及其统驭关系的不同,可分为(　　)。
  A. 总分类科目　　B. 明细类科目　　C. 资产类科目　　D. 权益类科目

6. 以下有关明细分类科目的表述,正确的有(　　)。
  A. 明细分类科目也称一级会计科目
  B. 明细分类科目是对总分类科目作进一步分类的科目
  C. 明细分类科目是对会计要素具体内容进行总括分类的科目
  D. 明细分类科目是能提供更加详细更加具体会计信息的科目

7. 下列记账错误,能通过试算平衡检查发现的有(　　)。
  A. 将某一科目的发生额500元,误写为5 000元
  B. 漏记了某一科目的发生额
  C. 将应记入"管理费用"科目的借方发生额,误记入"销售费用"科目的借方
  D. 重复登记了某一科目的发生额

8. 在发生某些账务处理错误的情况下,试算平衡表依然是平衡的。下列选项属于这种情况的有(　　)。
  A. 少记某科目发生额　　　　　　B. 整笔经济业务漏记
  C. 整笔经济业务重记　　　　　　D. 某一科目的金额记错

9. 下列各项中,应计入"营业税金及附加"账户的有(　　)。
  A. 土地使用税　　　　　　　　　B. 销售商品应交的增值税
  C. 销售应税产品的资源税　　　　D. 销售应税消费品应交的消费税

10. 按我国企业会计准则规定,下列项目不应确认为收入的有(　　)。
    A. 销售原材料收取的货款　　　　B. 销售商品代垫的运杂费
    C. 出售飞机票时代收的保险费　　D. 销售商品收取的增值税
11. 付款凭证是用于记录库存现金和银行存款付款业务的记账凭证,可分为(　　)。
    A. 库存现金付款凭证　　　　　　B. 银行存款付款凭证
    C. 支票付款凭证　　　　　　　　D. 复式记账凭证
12. 收料单的传递应规定(　　)。
    A. 材料到达企业后多长时间内验收入库
    B. 收料单由谁填制
    C. 一式几联
    D. 何时传递到会计部门
13. 红字更正法通常适用的情况有(　　)。
    A. 记账后在当年内发现记账凭证所记的会计科目错误
    B. 发现上一年度的记账凭证所记的会计科目错误
    C. 记账后发现会计科目无误而所记金额大于应记金额
    D. 记账后发现会计科目无误而所记金额小于应记金额
14. 下列属于由于记账凭证错误而导致账簿登记错误的错账更正方法的是(　　)。
    A. 划线更正法　　B. 红字更正法　　C. 补充登记法　　D. 尾数更正数
15. 下列关于记账凭证账务处理程序的说法,错误的有(　　)。
    A. 记账凭证账务处理程序的特点是直接根据记账凭证登记总分类账
    B. 采用记账凭证账务处理程序可以有效地减轻登记总账的工作量
    C. 将原始凭证汇总编制汇总原始凭证,根据汇总原始凭证登记记账凭证
    D. 记账凭证账务处理程序适用于经济业务数量较多的单位
16. 选择恰当的账务处理程序,应考虑的因素有(　　)。
    A. 与单位的经营特点和形式等情况相适应
    B. 能够及时、正确和完整地提供会计资料
    C. 可以简化合算程序,提高工作效率,节约人力和物力
    D. 能够科学组织会计核算工作
17. 下列凭证不可以作为调整账面数字的原始凭证的有(　　)。
    A. 财产物资清查盘存单　　　　　B. 实存账存对比表
    C. 银行存款余额调节表　　　　　D. 库存现金盘点报告表
18. 下列财产物资,可以采用实地盘点法进行财产清查的有(　　)。
    A. 库存现金　　B. 银行存款　　C. 原材料　　D. 应收账款
19. 下列属于利润表项目的有(　　)。
    A. 主营业务利润　　B. 营业利润　　C. 本年利润　　D. 净利润
20. 下列属于资产负债表左方反映的经济内容的有(　　)。
    A. 流动负债　　　　　　　　　　B. 流动资产
    C. 长期股权投资　　　　　　　　D. 无形资产及其他资产

三、判断题(下列各题中正确的打"√",错误的打"×",不选、错选均不得分;共20题,每题1分,计20分。)

1. 投资者、债权人、政府部门、企业管理者都属于企业的外部信息使用者。(　　)
2. 20×5年12月份某企业发生会议支出50 000元,并取得宾馆开具的发票。经过内部审批程序后,20×6年2月完成报销,企业采用权责发生制。那么,该笔会议费应该在20×6年2月份确认为费用。(　　)
3. 企业取得了收入,会表现为资产和收入同时增加,或者是在增加收入的同时减少负债。(　　)
4. 企业将短期借款展期,变更为长期借款,该项经济业务会引起会计等式左右两边会计要素发生一增一减的变化。(　　)
5. "应交税费——应交增值税(进项税额)"中的"应交税费"属于总分类科目,"应交增值税"属于二级明细科目。(　　)
6. 会计科目是对会计对象的基本分类。(　　)
7. 借贷记账法的记账规则为:有借必有贷,借贷必相等。即对于每一笔经济业务都要在两个账户中以借方和贷方相等的金额进行登记。(　　)
8. 一定时期内所有交易或事项全部记入账户后,若记账无误,所有账户的借方发生额合计与贷方发生额合计必然是相等的。(　　)
9. 会计期末,将"所得税费用"账户结转"本年利润"账户后,该账户无余额。(　　)
10. 企业发生亏损,可以用实现的利润弥补,也可用累积的盈余公积弥补。(　　)
11. 登记账簿的唯一依据是审核无误的原始凭证。(　　)
12. 填制原始凭证时,金额数字一律填写到角分;有角无分的,分位应当写"0"或用符号"—"代替。(　　)
13. 对每项经济业务在记入总分类账户和明细分类账户过程中,可以有先有后,但必须在同一会计期间全部登记入账。(　　)
14. 根据总账与明细账的平行登记要求,每项经济业务必须在同一期间登记明细账和总账。(　　)
15. 设计会计核算组织程序根本立足点的是保证会计记录的完整性和正确性。(　　)
16. 各个企业的业务性质、组织规模、管理上的要求不同,企业应根据自身的特点,选择恰当的会计账务处理程序。(　　)
17. 对于盘亏的固定资产,按盘亏固定资产的原价扣除累计折旧和过失人及保险公司赔偿后的差额,计入营业外支出。(　　)
18. 企业往来结算款项主要包括应收款项、应付款项和预收、预付款项等。(　　)
19. 资产负债表中,"固定资产"项目根据"固定资产"账户的期末余额,减去"累计折旧"和"固定资产减值准备"账户期末余额后的金额填列。(　　)
20. 资产负债表中"应收账款"项目,应根据"应收账款"账户所属各明细账户的期末借方余额合计填列。如"预付账款"账户所属有关明细账户有借方余额的,也应包括在本项目内。(　　)

四、计算分析题(共2题,每题10分,计20分。)

1. 甲股份有限公司为制造企业,为增值税一般纳税人,20×5年发生下列交易与事项:

(1) 10月1日,接受A公司投入的设备一台,该设备的双方协议价为3 959 000元(协议价与该设备的公允价值相等),甲股份有限公司本次增资的注册资本额为3 859 000元。

(2) 10月2日,从丙公司购入M材料,增值税专用发票列示M材料货款金额为626 000元,增值税为106 420元,均以转账支票支付,M材料尚未验收入库,公司原材料核算采用实际成本法。

(3) 10月5日,以转账支票支付展览费71 500元。

(4) 10月9日,采用汇兑结算方式向某中学捐赠款项830 000元。

(5) 10月31日,计提行政管理部门用F运输设备折旧,F设备采用工作量法计提折旧,F设备原价为271 000元,净残值率4%。总工作量为100 000公里,F设备本月行驶3 000里。

要求:编制会计分录(列出必要的明细科目)。

2. 金地公司20×3年12月31日总分类账户及明细分类账户的期末余额如下:

总分类账户余额　　　　　　　　　　　　　　　单位:元

总分类账户名称	借方余额	贷方余额
库存现金	1 895	
银行存款	129 800	
应收账款	4 000	
坏账准备		200
原材料	72 500	
库存商品	62 000	
生产成本	18 000	
固定资产	358 700	
累计折旧		24 700
无形资产	20 000	
累计摊销		3 500
预收账款		8 500
短期借款		27 500
应付账款		23 000
预付账款	5 000	
长期借款		200 000
实收资本		350 000
盈余公积		18 095
利润分配		16 400
合计	671 895	671 895

有关明细账户余额 单位：元

账户名称	余额方向	金额
应收账款	借	4 000
——A 公司	借	5 500
——奇盛公司	贷	1 500
预收账款	贷	8 500
——C 公司	贷	10 000
——D 公司	借	1 500
预付账款	借	5 000
——E 公司	借	6 200
——F 公司	贷	1 200
应付账款	贷	23 000
——G 公司	贷	23 000

补充资料：长期借款中将于一年内到期归还的长期借款为 60 000 元。

要求：根据上述资料，计算金地公司 20×3 年 12 月 31 日资产负债表的下列项目金额：

(1) 应收账款(　　)元。

(2) 资产合计(　　)元。

(3) 应付账款(　　)元。

(4) 预收款项(　　)元。

(5) 流动负债合计(　　)元。

综合练习(三)

一、单项选择题(下列各题中只有一个正确答案,不选、错选均不得分;共20题,每题1分,计20分。)

1. (　　)是指会计主体在会计确认、计量和报告时以货币作为计量尺度,反映会计主体的经济活动。
   A. 持续经营　　　B. 货币计量　　　C. 实物计量　　　D. 劳动计量
2. 现代会计形成的重要标志是(　　)。
   A. 出现了借贷记账法　　　　　　B. 成本会计形成
   C. 会计原则形成　　　　　　　　D. 分化为财务会计与管理会计
3. 权益一般包括(　　)。
   A. 资产和所有者权益　　　　　　B. 债权人权益和所有者权益
   C. 收入和利润　　　　　　　　　D. 资产和债权人权益
4. 利得是与(　　)无关的,会引起所有者权益增加的经济利益流入。
   A. 所有者利益分配　　　　　　　B. 所有者投入资本
   C. 经济利益流入　　　　　　　　D. 所有者经济活动
5. 按所归属的会计要素不同,"预收账款"属于(　　)类账户。
   A. 资产　　　　B. 负债　　　　C. 所有者权益　　　　D. 成本
6. 以下不是损益类账户的是(　　)。
   A. 反映收益的账户　　　　　　　B. 反映期间费用的账户
   C. 反映销售成本类账户　　　　　D. 反映生产成本类账户
7. 下列不属于会计分录构成要素的是(　　)。
   A. 摘要　　　　B. 借贷方向　　　C. 账户名称　　　　D. 金额
8. 购入原材料5 000元,用银行存款2 000元支付部分货款,剩余款项暂欠。该项经济业务中与"原材料"存在对应关系的是(　　)。
   A. 应付账款　　B. 其他应付款　　C. 预付账款　　　　D. 生产成本
9. 下列应计入管理费用的是(　　)。
   A. 发生的现金折扣　　　　　　　B. 出租无形资产的摊销额
   C. 支付中介机构的咨询费　　　　D. 处置固定资产的净损失
10. 下列表述错误的是(　　)。
    A. 制造费用是指企业生产产品和提供劳务的各项间接费用
    B. 企业发生的制造费用,应当按照合理的分配标准按月分配计入各成本核算对象的生产成本
    C. 结转或分摊制造费用时,借记"制造费用"等科目,贷记"生产成本"科目
    D. 如果月末某种产品全部完工,该种产品生产成本明细账所归集的费用总额就是

该种完工产品的总成本

11. 下列不属于原始凭证的是(　　)。
   A. 销货发票　　　　　　　　B. 运输业增值税专用发票
   C. 借据　　　　　　　　　　D. 固定资产卡片

12. 某单位会计部门编制记账凭证时,第 7 号记账凭证的会计事项需要填制 2 张转账凭证,则这 2 张凭证编号为(　　)。
   A. 转字 7 号、转字 8 号　　　B. 转字 6 号、转字 7 号
   C. 转字 7 1/2 号、转字 7 2/2 号　D. 转字 1/2 号,转字 2/2 号

13. 下列属于账账核对的是(　　)。
   A. 各项财产物资明细账与财产物资的实有数额定期核对
   B. 银行存款日记账余额与银行对账单余额核对
   C. 总账账户借方发生额合计与其有关明细账账户借方发生额合计的核对
   D. 各种应收、应付账款明细账账面余额与有关债权、债务单位的账目余额相核对

14. 明细账应与记账凭证或原始凭证相核对属于(　　)。
   A. 账证核对　　B. 账账核对　　C. 账实核对　　D. 余额核对

15. 汇总记账凭证账务处理程序在记账凭证和账簿的设置方面与记账凭证账务处理程序基本相同,区别在于汇总记账凭证账务处理程序要另外设置(　　)。
   A. 汇总记账凭证　　　　　　B. 日记总账
   C. 记账凭证汇总表　　　　　D. 原始凭证汇总表

16. 根据记账凭证定期编制科目汇总表,再根据科目汇总表登记总分类账。下列属于这种账务处理程序的是(　　)。
   A. 记账凭证账务处理程序　　B. 科目汇总表账务处理程序
   C. 汇总记账凭证账务处理程序　D. 不存在这种账务处理程序

17. "坏账准备"科目期末余额等于(　　)。
   A. 期初余额 + 本期借方发生额 – 本期贷方发生额
   B. 期初余额 – 本期借方发生额 – 本期贷方发生额
   C. 期初余额 + 本期借方发生额 + 本期贷方发生额
   D. 期初余额 + 本期贷方发生额 – 本期借方发生额

18. 企业计提坏账准备的方法由(　　)。
   A. 国家会计制度统一规定　　B. 主管的税务机关规定
   C. 上级主管部门规定　　　　D. 企业自行决定

19. 下列不会影响利润表中"营业利润"金额的是(　　)。
   A. 营业税金及附加　　　　　B. 销售费用
   C. 公允价值变动损益　　　　D. 营业外支出

20. 下列属于中期财务报表至少应当包括的内容是(　　)。
   A. 资产负债表、利润表和现金流量表
   B. 资产负债表、利润表、利润分配表和现金流量表
   C. 资产负债表、利润表、现金流量表和附注
   D. 资产负债表、利润表、现金流量表和所有者权益变动表

二、多项选择题(下列各题中有两个或两个以上正确答案,不选、少选、多选或错选均不得分;共20题,每题2分,计40分。)

1. 企业会计确认、计量和报告的前提包括(   )。
   A. 货币计量   B. 会计主体   C. 持续经营   D. 会计分期

2. 下列各项中,(   )可以视为一个会计主体,但不是法人。
   A. 企业集团   B. 子公司   C. 营业部   D. 生产车间

3. 下列各项中,反映企业经营成果的会计要素有(   )。
   A. 利润   B. 费用   C. 收入   D. 所有者权益

4. 留存收益包含的内容有(   )。
   A. 资本公积   B. 盈余公积   C. 实收资本   D. 未分配利润

5. 下列属于二级科目的有(   )。
   A. 应交税费——应交所得税
   B. 应交税费——应交增值税
   C. 应交税费——应交增值税(进项税额)
   D. 应交税费——应交增值税(销项税额)

6. 下列关于总分类账户与明细分类账户的关系的说法,正确的有(   )。
   A. 总分类账户对其所属明细分类账户具有统驭控制作用
   B. 明细分类账户所提供的明细核算资料是对其总分类账户资料的具体化
   C. 总分类账户所属的明细分类账户对总分类账户具有补充说明作用
   D. 总分类账户与其所属明细分类账户在总金额上应当相等

7. 运用借贷记账法记账规则登记经济业务时,下列说法正确的有(   )。
   A. 应根据经济业务的内容确定所涉及的会计要素
   B. 确定所涉及的会计要素是增加还是减少
   C. 确定经济业务所涉及的会计科目
   D. 确定应将其记入有关账户的借方或贷方及其金额

8. 下列属于试算平衡公式的有(   )。
   A. 期末余额 = 期初余额 + 本期增加发生额 – 本期减少发生额
   B. 全部账户的借方期初余额合计 = 全部账户的贷方期初余额合计
   C. 全部账户的本期借方发生额合计 = 全部账户的本期贷方发生额合计
   D. 全部账户的借方期末余额合计 = 全部账户的贷方期末余额合计

9. 下列选项应计入财务费用的有(   )。
   A. 汇兑损益   B. 现金折扣
   C. 专设售后服务网点的职工薪酬   D. 利息支出

10. 企业实现的净利润可进行的分配有(   )。
    A. 计算缴纳所得税   B. 提取法定盈余公积
    C. 提取任意盈余公积   D. 向投资者分配股利

11. 下列选项可以不附原始凭证的有(   )。
    A. 结账的记账凭证   B. 填制收款凭证
    C. 填制转账凭证   D. 更正错误的记账凭证

12. 记账凭证的填制必须做到记录真实、内容完整、填制及时、书写清楚外,还必须符合( )要求。
    A. 如有空行,应当自金额栏最后一笔金额数字下的空行处至合计数上的空行处划线注销
    B. 发生错误应该按规定的方法更正
    C. 必须连续编号
    D. 除结账和更正错误的记账凭证可以不附原始凭证外,其他的记账凭证必须附有原始凭证

13. 下列属于账实核对的有( )。
    A. 银行对账单余额与银行日记账余额核对
    B. 债权债务明细账余额与对方单位的账面记录核对
    C. 总分类账的金额与所属明细分类账簿的金额之和核对
    D. 现金日记账余额与库存现金实际库存数核对

14. 下列关于对账工作的说法,正确的有( )。
    A. 对账就是核对账目,即对账簿、账户记录的正确与否所进行的核对工作
    B. 对账工作是为了保证账证相符、账账相符和账实相符的一项检查性工作,目的在于使期末用于编制会计报表的数据真实、可靠
    C. 对账工作应该每年至少进行一次
    D. 对账工作一般在月初进行

15. 科目汇总表账务处理程序,月末应将( )余额与有关总分类账的余额进行核对相符。
    A. 现金日记账　　　　　　　　B. 银行存款日记账
    C. 汇总记账凭证　　　　　　　D. 明细分类账

16. 下列各项中,( )在汇总记账凭证账务处理程序下应设置。
    A. 收款凭证、付款凭证和转账凭证
    B. 汇总收款凭证、汇总付款凭证和汇总转账凭证
    C. 库存现金和银行存款日记账
    D. 总分类账

17. 由于仓库意外失火对存货的清查属于( )。
    A. 定期清查　　B. 不定期清查　　C. 局部清查　　D. 全面清查

18. 下列说法正确的是( )。
    A. 自然灾害造成的存货盘亏损失经批准后应该计入营业外支出
    B. 存货资产盘盈计入营业外收入
    C. 由于人为原因造成的财产毁损,应由责任人赔偿
    D. 发生的坏账损失应计入营业外支出

19. 企业的半年度财务报表至少应当包括( )。
    A. 资产负债表　　B. 利润表　　C. 现金流量表　　D. 附注

20. 利润表的金额栏分为( )。
    A. 本期金额　　B. 上期金额　　C. 期初金额　　D. 期末余额

三、判断题(下列各题中正确的打"√",错误的打"×",不选、错选均不得分；共20题,每题1分,计20分。)

1. 会计主体假设明确界定了从事会计工作和提高会计信息的空间范围。（　　）
2. 为了了解每一个单位的财务状况,经营成果和现金流量,要求必须对核算单位作出人为的限制和规定,这就形成了会计主体假设。（　　）
3. 所有者权益是投资人对企业全部资产的所有权。（　　）
4. 企业所有的利得和损失均应计入当期损益。（　　）
5. "制造费用"属于成本类账户。（　　）
6. 总分类账户和所属明细分类账户核算的内容相同,只是反映内容的详细程度有所不同,两者相互补充,相互制约,相互核对。（　　）
7. 企业不能编制"多借多贷"的会计分录,因为不便于进行试算平衡,检查账户记录是否正确。（　　）
8. 一笔会计分录主要包括三个要素即会计科目、应借应贷方向和金额。（　　）
9. 企业应交的房产税、教育费附加、印花税、矿产资源补偿费均应记入"管理费用"科目。（　　）
10. 利润分配的顺序是计算可供分配的利润、提取法定盈余公积、提取任意盈余公积、向投资者分配利润。（　　）
11. 企业中如果采取收款凭证、付款凭证和转账凭证的形式,则记账凭证应按照字号编号法,即把不同类型的记账凭证用"字"加以区别,再把同类的记账凭证按照顺序加以连续编号。（　　）
12. 原始凭证确定了应借、应贷的会计科目及其金额。（　　）
13. 现金日记账账面余额应每天与现金实际库存数相核对,不准以借条抵充现金或挪用现金,做到日清月结。（　　）
14. 对账就是在会计期末(月末、季末、年末)将本期内所有发生的经济业务全部登记入账以后,计算出本期发生额和期末发生额。（　　）
15. 记账凭证账务处理程序、汇总记账凭证账务处理程序和科目汇总表账务处理程序的一般步骤中都包括根据汇总记账凭证登记总分类账。（　　）
16. 在不同的账务处理程序下,财务报表的编制依据不同。（　　）
17. 不定期清查是根据实际需要对财产进行的临时性清查,只能适用于局部清查。（　　）
18. 实际发生坏账损失时,应借记"坏账准备"账户,贷记"资产减值损失"账户。（　　）
19. 企业获得的捐赠利得应该计入"营业外收入"中,使得企业利润表中"利润总额"项目增加。（　　）
20. 企业出售无形资产形成的净损失,应列入利润表的"营业外支出"项目,使得企业的利润表中的"营业利润"项目金额减少。（　　）

四、计算分析题(共2题,每题10分,计20分。)

1. 甲公司2015年1月对账时发现下列错误:
（1）8日,开出转账支票,缴纳上月应交所得税4 000元。记账凭证为:

借：利润分配——应交所得税　　　　　　　　　　　　　　　　4 000
　　贷：银行存款　　　　　　　　　　　　　　　　　　　　　　　　4 000

(2) 10日，销售商品20 000元，收到转账支票存入银行（假设不考虑增值税）。记账凭证为：
借：银行存款　　　　　　　　　　　　　　　　　　　　　　　　29 250
　　贷：其他业务收入　　　　　　　　　　　　　　　　　　　　　29 250

(3) 15日，支付筹建期间的开办费5 000元。记账凭证为：
借：销售费用　　　　　　　　　　　　　　　　　　　　　　　　5 000
　　贷：银行存款　　　　　　　　　　　　　　　　　　　　　　　　5 000

(4) 22日，以银行存款归还短期借款本金10 000元及已计提的利息300元。记账凭证为：
借：短期借款　　　　　　　　　　　　　　　　　　　　　　　　10 300
　　贷：银行存款　　　　　　　　　　　　　　　　　　　　　　　　10 300

(5) 23日，开出转账支票3 500元，偿还上月未付红星工厂的材料款。记账凭证为：
借：预付账款——红星工厂　　　　　　　　　　　　　　　　　　3 500
　　贷：其他货币资金　　　　　　　　　　　　　　　　　　　　　　3 500

要求：企业上述财务处理均有错误，请写出正确的会计分录。

2. 甲公司2015年5月1日"银行存款"账户与"短期借款"账户余额如下（单位：元）：

账户名称	期初借方余额	账户名称	期初贷方余额
银行存款	801 000	短期借款	478 000

甲公司5月份发生下列经济业务：

(1) 用银行存款偿还短期借款300 000元。
(2) 用银行存款支付工资100 000元。
(3) 用银行存款支付5 000元购买材料。
(4) 取得租金收入存入银行50 000元。

要求：计算下列项目：
(1) "银行存款"账户本月借方发生额合计为(　　　)元。
(2) "银行存款"账户本月贷方发生额合计为(　　　)元。
(3) "银行存款"账户本月月末余额为(　　　)元。
(4) "短期借款"账户本月借方发生额合计为(　　　)元。
(5) "短期借款"账户本月月末余额为(　　　)元。

综合练习(四)

一、单项选择题(下列各题中只有一个正确答案,不选、错选均不得分;共20题,每题1分,计20分。)

1. 下列属于会计核算方法的是( )。
   A. 权责发生制 B. 持续经营 C. 财产清查 D. 实质重于形式

2. 会计核算工作的初始阶段和基本环节是( )。
   A. 登记会计账簿
   B. 合法地取得、正确地填制和审核会计凭证
   C. 进行财产清查
   D. 编制财务报表

3. 某企业年初资产总额为12.6万元,负债总额为4.8万元。本年度取得收入共计8.9万元,发生费用共计9.3万元,年末负债总额为5万元。该企业年末资产总额为( )万元。
   A. 12.4 B. 12.2 C. 12.8 D. 13.1

4. 以下不应该确认为费用的是( )。
   A. 长期待摊费用 B. 业务招待费 C. 管理费用 D. 财务费用

5. 企业的"银行存款"账户期初余额为8 000元,本期增加发生额2 000元,本期减少发生额1 000元,则"银行存款"账户的期末余额为( )元。
   A. 8 000 B. 10 000 C. 9 000 D. 7 000

6. ( )具有一定的格式和结构,是用于分类反映会计要素增减变动情况及其结果的载体。
   A. 账户 B. 会计科目 C. 账簿 D. 财务报表

7. 下列关于借贷记账法的表述,正确的是( )。
   A. 漏记一项经济业务通过试算平衡可以发现
   B. 借贷记账法是复式记账法的一种
   C. 在借贷记账法下,负债类账户增加记借方,减少记贷方
   D. 在借贷记账法下,借方登记增加额,贷方登记减少额

8. 下列错误能通过试算平衡发现的是( )。
   A. 某项经济业务未入账
   B. 某项经济业务重复记账
   C. 借贷方金额同时多记
   D. 借贷金额不等

9. 下列不应计入产品成本的费用是( )。
   A. 产品生产时领用的材料费
   B. 产品生产时所发生的燃料和动力费
   C. 车间生产人员工资及车间管理人员工资
   D. 车间设备的日常修理费用

10. 结算本月应付职工薪酬,按用途归集如下:A产品生产工人工资5 000元;B产品生产工人工资4 000元。本月共发生制造费用金额2 700元,根据生产工人工资比例分配并结转本月制造费用,以下说法不正确的是(　　)。

　　A. A产品分配制造费用1 500元

　　B. B产品分配制造费用1 200元

　　C. B产品分配制造费用比例为55.56%

　　D. 应贷记制造费用2 700元

11. 会计凭证的传递是指从(　　),在单位内部有关部门及人员之间的传递程序。

　　A. 会计凭证的填制或取得时起至归档保管过程中

　　B. 会计凭证的填制到登记账簿止

　　C. 会计凭证审核后到归档止

　　D. 会计凭证的填制或取得到汇总登记账簿止

12. 对于"企业赊购一批原材料,已经验收入库"的经济业务,应当编制(　　)。

　　A. 收款凭证　　　　　　　　　　B. 付款凭证

　　C. 转账凭证　　　　　　　　　　D. 付款凭证或转账凭证

13. 下列各种凭证,属于采用补充登记法纠正错误时应编制的是(　　)。

　　A. 红字记账凭证　　　　　　　　B. 一张红字及一张蓝字记账凭证

　　C. 蓝字记账凭证　　　　　　　　D. 不能确定

14. 填制记账凭证时无误,根据记账凭证登记账簿时将30 000元误记为3 000元,更正时应采用(　　)。

　　A. 划线更正法　　B. 红字更正法　　C. 补充登记法　　D. 更换账页法

15. 下列各项中,(　　)属于科目汇总表账务处理程序和汇总记账凭证账务处理程序主要相同点。

　　A. 记账凭证汇总的方法相同

　　B. 登记总账的依据相同

　　C. 可以减少登记总分类账的工作量

　　D. 可以详细地反映经济业务发生情况

16. (　　)不能反映各科目的对应关系,不便于分析和检查经济业务的来龙去脉,不便于查对账目。

　　A. 记账凭证账务处理程序　　　　B. 汇总记账凭证账务处理程序

　　C. 日记账账务处理程序　　　　　D. 科目汇总表账务处理程序

17. 对于财产清查结果处理的要求不包括(　　)。

　　A. 分析产生差异的原因和性质,提出处理建议

　　B. 向税务部门报告清查结果

　　C. 总结经验教训,建立健全各项管理制度

　　D. 及时调整账簿记录,保证账实相符

18. 下列关于库存现金在盘点后应编制的原始凭证是(　　)。

　　A. 实存账存对比表　　　　　　　B. 库存现金盘点报告表

　　C. 银行存款余额调节表　　　　　D. 银行对账单

19. 依照我国的会计准则,资产负债表采用的格式为( )。
    A. 单步报告式   B. 多步报告式   C. 账户式   D. 混合式
20. 在资产负债表中,资产是按照( )排列的。
    A. 清偿时间的先后顺序   B. 会计人员的填写习惯
    C. 金额大小   D. 流动性大小

二、多项选择题(下列各题中有两个或两个以上正确答案,不选、少选、多选或错选均不得分;共20题,每题2分,计40分。)

1. 会计分期这一基本假设的主要意义在于( )。
   A. 使会计原则建立在非清算基础之上
   B. 产生了当期与以前期间、以后期间的差别
   C. 界定了提供会计信息的时间和空间范围
   D. 为分期结算账簿、编制财务报告以及相关会计原则的使用奠定了理论与实务的基础
2. 从会计工作流程看,属于会计循环环节的有( )。
   A. 确认   B. 计量   C. 成本计算   D. 财产清查
3. 根据会计恒等式的原理,下列表述正确的有( )。
   A. 债权人权益增加,所有者权益减少,资产不变
   B. 资产有增有减,权益不变
   C. 资产增加,负债减少,所有者权益不变
   D. 资产不变,负债增加,所有者权益增加
4. 下列属于费用要素特点的有( )。
   A. 经济利益很可能流出企业   B. 会导致所有者权益减少
   C. 与向所有者分配利润无关   D. 经济利益的流出能够可靠计量
5. 如果某一账户的左方登记增加,右方登记减少,期初余额在左方,而期末余额在右方,则下列说法不正确的有( )。
   A. 本期增加发生额低于本期减少发生额的差额小于期初余额
   B. 本期增加发生额低于本期减少发生额的差额大于期初余额
   C. 本期增加发生额超过本期减少发生额的差额大于期初余额
   D. 本期增加发生额超过本期减少发生额的差额小于期初余额
6. 下列属于本期发生额的有( )。
   A. 期初余额   B. 期末余额   C. 本期减少金额   D. 本期增加金额
7. 下列关于会计分录的表述,正确的有( )。
   A. 借贷方向、账户名称和金额构成会计分录的三要素
   B. 会计分录可以分为简单分录和复合分录
   C. 不得编制多借多贷分录
   D. 在实际工作中,编制会计分录是通过填制原始凭证来完成的
8. 经济业务发生后,可以编制的会计分录有( )。
   A. 多借多贷   B. 一借多贷   C. 多借一贷   D. 一借一贷

9. 企业增加实收资本的方式,主要有(   )。
   A. 接受投资者追加投资   B. 发放现金股利
   C. 资本公积转增资本   D. 盈余公积转增资本
10. 期末应该结转到"本年利润"账户的有(   )。
    A. 预收账款   B. 其他业务收入
    C. 营业税金及附加   D. 销售费用
11. 下列关于会计凭证的表述,正确的有(   )。
    A. 可以使用未经国务院公布的简化汉字
    B. 填制原始凭证,汉字大写金额数字一律用正楷或草书书写
    C. 从外单位取得的原始凭证加盖出具凭证单位公章才有效
    D. 记账凭证和原始凭证发挥的作用不同
12. 下列选项符合填制原始凭证要求的有(   )。
    A. 汉字大小写金额必须相符且填写规范
    B. 阿拉伯数字连笔书写
    C. 阿拉伯数字前面的人民币符号写为"￥"
    D. 大写金额有分的,分字后面不写"整"或"正"字
13. 下列关于会计账簿的说法,正确的有(   )。
    A. 由一定格式账页组成
    B. 以经过审核的会计凭证为依据
    C. 设置和登记会计账簿是编制财务报表的基础
    D. 通过账簿的设置和登记,能够分类和汇总信息
14. 设置和登记会计账簿的作用主要有(   )。
    A. 记载和储存会计信息   B. 分类和汇总会计信息
    C. 检查和校正会计信息   D. 编报和输出会计信息
15. 下列有关科目汇总表账务处理程序的表述,正确的有(   )。
    A. 登记总账的工作量大
    B. 不能体现账户之间的对应关系
    C. 可以做到试算平衡
    D. 当转账凭证较多时,汇总转账凭证的编制工作量较大
16. 生产规模较大、业务较多的企业可以采用(   )。
    A. 记账凭证账务处理程序   B. 汇总记账凭证账务处理程序
    C. 科目汇总表账务处理程序   D. 多栏式日记账账务处理程序
17. 某企业发现账外设备一台,该设备全新的市场价值为 5 000 元,经评估该设备六成新,下列账务处理不正确的有(   )。
    A. 借:固定资产   3 000
          贷:待处理财产损溢   3 000
    B. 借:固定资产   5 000
          贷:待处理财产损溢   3 000
             累计折旧   2 000

    C. 借：固定资产　　　　　　　　　　　　　　　　　　　3 000
        贷：以前年度损益调整　　　　　　　　　　　　　　　3 000
    D. 借：待处理财产损溢　　　　　　　　　　　　　　　　3 000
        贷：营业外收入　　　　　　　　　　　　　　　　　　3 000

18. 下列属于财产清查一般程序的是(　　)。
    A. 组织清查人员学习有关政策规定
    B. 确定清查对象、范围，明确清查任务
    C. 制定清查方案
    D. 填制盘存清单和清查结果报告表

19. 下列关于资产负债表的表述，不正确的有(　　)。
    A. 资产负债表反映企业一定时期的财务状况
    B. 资产负债表资产项目按资产的流动性大小排列
    C. "长期借款"项目应根据"长期借款"账户的余额直接填列
    D. 我国资产负债表采用报告式结构

20. 编制资产负债表时，需根据一个或几个总账账户的余额填列的项目有(　　)。
    A. 货币资金　　　B. 预付款项　　　C. 存货　　　D. 短期借款

三、判断题(下列各题中正确的打"√"，错误的打"×"，不选、错选均不得分；共20题，每题1分，计20分。)

1. 编制预算属于会计核算方法之一。(　　)
2. 会计中期，是指短于一个完整的会计年度的报告期间，一般指半年度。(　　)
3. 费用和成本是同一个概念。(　　)
4. 收入一定会导致企业资产增加和负债的减少。(　　)
5. 账户是根据会计要素设置的，具有一定的格式和结构。(　　)
6. 本期发生额是一个期间指标，它说明某类经济内容的增减变动情况。(　　)
7. 如果采用发生额试算平衡法，试算平衡表借贷不相等，可以肯定账户记录有错误；但如果采用余额试算平衡法，即使试算平衡表借贷不相等，也不能说明账户记录有错误。(　　)
8. 在实际工作中发生账户借贷方向颠倒的记账错误，不能通过试算平衡的方法来发现。(　　)
9. "投资收益"账户属于损益类账户，借方登记实现的投资收益和期末转入"本年利润"账户的投资净损失；贷方登记发生的投资损失和期末转入"本年利润"账户的投资净收益。期末结转后，该账户无余额。(　　)
10. 年度计划分配率法，是指按照年度开始前确定的全年度适用的计划分配率分配制造费用的方法。其计算公式为：年度计划分配率＝年度制造费用实际总额／年度各种产品计划产量的定额工时总数。(　　)
11. 复式记账凭证又叫单科目记账凭证。(　　)
12. 单位从外部取得的原始凭证，必须盖有填制单位的公章，自制的原始凭证则无需签名或盖章。(　　)
13. 手工记账的单位，库存现金和银行存款日记账一般采用订本式账簿。(　　)

14. 划线更正法是在错误的文字或数字上划一红线注销,然后在其上端用红字填写正确的文字或数字,并由记账人盖章,以明确责任。(   )

15. 汇总记账凭证账务处理程序的缺点之一是登记总分类账的工作量较大。(   )

16. 科目汇总表不仅可以起到试算平衡的作用,还可反映账户之间的对应关系。(   )

17. 企业清查的各种财产损溢,在期末结账前处理完毕,如果其后批准处理的金额与已处理的金额不一致,调整财务报表本期末记录。(   )

18. 库存现金清查包括出纳人员每日业务终了前进行的库存现金账实核对和清查小组进行的定期或不定期的现金盘点、核对。清查小组清查时,出纳人员可以不在场。(   )

19. 资产负债表的表头部分应列明报表的名称、编制报表的单位名称、编制日期和金额的计量单位。(   )

20. 账户式资产负债表分左右两方,右方为负债及所有者权益项目。(   )

四、计算分析题(共 2 题,每题 10 分,计 20 分。)

1. 某企业为增值税一般纳税人,将一台不需用的机器设备出售,该设备账面原值为 86 000 元,已提折旧 57 300 元,取得变卖收入为 20 000 元,已存入银行。以现金支付清理费 150 元。

要求:

(1)编制转入清理的分录。
(2)编制支付清理费的分录。
(3)编制取得变价收入的分录。
(4)编制计提增值税的分录。
(5)编制结转清理净损益的分录。

2. 甲公司 20×5 年 4 月末有关损益类账户结账前的资料如下:

单位:万元

账户	方向	金额	方向	金额
主营业务收入	借方	2	贷方	87
主营业务成本	借方	25	贷方	1
其他业务收入			贷方	13

续表

账户	方向	金额	方向	金额
销售费用	借方	6		
营业外收入			贷方	2
税金及附加	借方	4		
投资收益	借方	20	贷方	10
其他业务成本	借方	5		
营业外支出	借方	1		
管理费用	借方	9	贷方	0.4
财务费用	借方	2.5	贷方	0.5
所得税费用	借方	2.6		

要求：根据上述资料，计算下列本月利润表项目：

（1）营业收入为（　　）万元。

（2）营业成本为（　　）万元。

（3）投资收益为（　　）万元。

（4）营业利润为（　　）万元。

（5）利润总额为（　　）万元。

综合练习(五)

一、单项选择题(下列各题中只有一个正确答案,不选、错选均不得分;共20题,每题1分,计20分。)

1. 下列属于《企业会计准则》和《小企业会计准则》不同点的是(　　)。
   A. 基础会计　　　　　　　　B. 会计基本假设
   C. 会计信息质量要求　　　　D. 会计计量属性

2. 下列说法能够保证同一企业会计信息前后各期可比的是(　　)。
   A. 为了提高会计信息质量,要求企业所提供的会计信息能够在同一会计期间不同企业之间进行相互比较
   B. 存货的计价方法一经确定,不得随意改变,如需变更,应在财务报告中说明
   C. 对于已经发生的交易或事项,应当及时进行会计确认、计量和报告
   D. 对于已经发生的交易或事项进行会计确认、计量和报告时,不应高估资产或者收益、低估负债或者费用

3. 下列应确认为资产的是(　　)。
   A. 没有经济价值的厂房
   B. 已超过保质期的食品
   C. 自然使用寿命已满但仍在使用的设备
   D. 已签订合同拟于下月购进的材料

4. 下列经济业务事项,既属于财物的收发、增减和使用,又属于收入、费用、支出和成本计算的是(　　)。
   A. 以银行存款购买原材料　　　　B. 支付职工工资和奖金
   C. 生产车间和管理部门领用材料　D. 购买原材料,款项尚未支付

5. 在我国,总分类科目制定的权威部门是(　　)。
   A. 银监会　　　B. 国家税务总局　　C. 保监会　　　D. 财政部

6. 关于会计科目的设置,下列说法正确的是(　　)。
   A. 企业必须严格遵守《企业会计准则——应用指南》的规定设置科目,不得增加和减少,更不得合并和分拆
   B. 企业必须使用全部的会计科目
   C. 企业可以根据实际需要,按照自己的意愿和需要设置会计科目,只要按照国家规定的格式和项目编制财务报表即可
   D. 企业在合法性的基础上,可以根据实际情况增设、分拆、合并会计科目

7. 下列账户,贷方登记增加的是(　　)。
   A. 累计折旧　　　B. 管理费用　　　C. 销售费用　　　D. 营业外支出

8. 下列会计科目,( )期末结转后无余额。
   A. 盈余公积　　　　B. 其他应收款　　C. 资产减值损失　　D. 无形资产
9. 企业在结转出租固定资产成本时,应贷记的账户是( )。
   A. 固定资产　　　　B. 累计折旧　　　C. 其他业务成本　　D. 累计摊销
10. 下列不通过"应付职工薪酬"科目核算的是( )。
    A. 职工出差报销款　　　　　　　　B. 应付职工津补贴
    C. 应付职工工资　　　　　　　　　D. 应付职工奖金
11. 下列关于记账凭证的表述,不正确的是( )。
    A. 如果在填制记账凭证时发生错误,应当重新填制
    B. 实行会计电算化的企业,对于机制记账凭证,可以不审核
    C. 必须审核会计科目是否正确
    D. 必须审核记账凭证项目是否齐全
12. 下列属于审核记账凭证内容的是( )。
    A. 经济业务是否符合国家有关政策的规定
    B. 凭证所列事项是否符合有关的计划、预算和合同等规定
    C. 经济业务是否符合生产经营活动的需要
    D. 内容是否真实、项目是否齐全、科目是否正确、金额是否正确等
13. 库存商品明细账一般都采用( )。
    A. 订本账簿　　　　　　　　　　　B. 三栏式账簿
    C. 分类账簿　　　　　　　　　　　D. 数量金额式账簿
14. 下列明细账,一般采用多栏式明细分类账的是( )。
    A. 应付账款明细账　　　　　　　　B. 库存商品明细账
    C. 管理费用明细账　　　　　　　　D. 原材料明细账
15. 某公司采用科目汇总表账务处理程序进行记账,总账会计每月定期编制科目汇总表。下列属于编制科目汇总表直接依据的是( )。
    A. 原始凭证　　　　　　　　　　　B. 原始凭证汇总表
    C. 记账凭证　　　　　　　　　　　D. 汇总记账凭证
16. 为了便于填制汇总转账凭证,平时填制转账凭证时,应使账户的对应关系保持( )。
    A. "一借一贷"或"一贷多借"　　　B. "一借一贷"或"一借多贷"
    C. "一贷多借"或"多借多贷"　　　D. "一借多贷"或"多借多贷"
17. 对无法查明原因的现金盘盈进行会计处理时,应记入的科目是( )。
    A. 管理费用　　　　　　　　　　　B. 营业外收入
    C. 其他应收款　　　　　　　　　　D. 其他业务收入
18. 下列反映在"待处理财产损溢"账户借方的是( )。
    A. 财产的盘亏数　　　　　　　　　B. 财产的盘盈数
    C. 财产盘亏的转销数　　　　　　　D. 尚未处理的财产净溢余
19. 下列关于资产流动性的表述,正确的是( )。
    A. 其他应收款的流动性强于银行存款

B. 固定资产的流动性强于银行存款
C. 应收账款的流动性强于应收票据
D. 库存现金的流动性强于固定资产

20. 下列属于非流动资产项目的是(　　)。
A. 应收票据　　B. 应收股利　　C. 长期待摊费用　　D. 存货

二、多项选择题(下列各题中有两个或两个以上正确答案,不选、少选、多选或错选均不得分;共20题,每题2分,计40分。)

1. 谨慎性要求会计人员在选择会计处理方法时(　　)。
A. 不高估资产和收益　　　　　　B. 不低估负债和费用
C. 预计任何可能的收益　　　　　D. 设置秘密准备

2. 下列关于具体准则的表述,正确的有(　　)。
A. 具体准则分为一般业务准则、特殊行业和特殊业务准则和财务报告准则
B. 一般业务会计准则规范各类企业一般经济业务确认、计量的准则
C. 特殊行业和特殊业务准则是对特殊行业的特定业务的会计问题做出的处理规范
D. 财务报表列报、合并财务报表等由财务会计报告准则进行规范

3. 下列属于非流动负债账户的有(　　)。
A. 应付职工薪酬　　　　　　B. 长期借款
C. 长期应付款　　　　　　　D. 应付债券

4. 下列属于收入的确认条件的有(　　)。
A. 与收入有关的经济利益应当很有可能流入企业
B. 经济利益流入企业的结果会导致资产的增加或负债的减少
C. 经济利益的流入额能够可靠计量
D. 是在日常活动中形成的

5. 下列关于账户与会计科目的联系与区别的表述,正确的有(　　)。
A. 会计科目是账户的名称,也是设置账户的依据;账户是根据会计科目设置的,账户是会计科目的具体运用
B. 会计账户的性质决定了会计科目的性质,两者的分类一样
C. 会计科目和账户对会计对象经济内容分类的方法、分类的用途和分类的结果是完全相同的
D. 没有会计科目,账户便失去了设置的依据;没有账户,就无法发挥会计科目的作用

6. 会计科目与会计账户的一致性主要表现在(　　)。
A. 两者名称一致　　　　　　　　B. 两者反映的经济内容一致
C. 会计科目是设置会计账户的依据　　D. 两者的基本结构一致

7. 企业用银行存款偿还应付账款99 000元,另用现金偿还应付账款1 000元,下列说法正确的有(　　)。
A. 资产类账户"应付账款"减少99 000元,记入该账户的贷方
B. 负债类账户"应付账款"减少100 000元,记入该账户的借方

C. 资产类账户"库存现金"减少1 000元,记入该账户的借方

D. 资产类账户"银行存款"减少99 000元,记入该账户的贷方

8. 下列对于复式记账特点的描述,正确的有(　　)。
   A. 可以保持资金平衡关系　　　　B. 可以全面反映企业的经济活动
   C. 可以使记账手续更为简单　　　D. 具有一套完整的账户

9. 下列属于"其他应收款"科目核算内容的有(　　)。
   A. 应收的各种赔款、罚款　　　　B. 存入保证金
   C. 备用金　　　　　　　　　　　D. 应收的出租包装物租金

10. 企业以银行存款25 000元捐赠给灾区,下列处理正确的有(　　)。
    A. 借:银行存款25 000　　　　　B. 借:营业外支出25 000
    C. 借:管理费用25 000　　　　　D. 贷:银行存款25 000

11. 下列属于外来原始凭证的有(　　)。
    A. 车票　　　　B. 销货发票　　　C. 购货发票　　　D. 发料单

12. 下列各项业务,不需要编制银行存款收款凭证的有(　　)。(假设不考虑增值税)
    A. 购入一台设备,以银行存款支付　　B. 接受外单位投入的设备一台
    C. 从银行借入款项,存入银行　　　　D. 资本公积转增资本

13. 下列需要划双红线的有(　　)。
    A. 在"本月合计"的下面　　　　　　B. 在"本年累计"的下面
    C. 在12月末的"本年累计"的下面　　D. 在"本年合计"下面

14. 下列关于会计账簿保管的说法,正确的有(　　)。
    A. 年度终了,各种账户在结转下年、建立新账后,一般都要把旧账送交总账会计集中统一管理
    B. 会计账簿由本单位财务会计部门保管一年,满期之后,交有关部门销毁处理
    C. 会计账簿暂由本单位财务会计部门保管一年,期满之后,由财务会计部门编造清册移交本单位的档案部门保管
    D. 年度终了,各种账户在结转下年、建立新账后,一般都要把旧账送交出纳集中统一管理

15. 在汇总记账凭证账务处理程序中,汇总付款凭证根据(　　)科目的贷方进行编制。
    A. 库存现金　　B. 银行存款　　C. 其他货币资金　　D. 应付票据

16. 下列关于汇总记账凭证编制的表述,正确的有(　　)。
    A. 汇总收款凭证,应分别按"库存现金"、"银行存款"账户的借方设置,并按其对应的贷方账户归类汇总
    B. 汇总付款凭证,应分别按"库存现金"、"银行存款"账户的贷方设置,并按其对应的借方账户归类汇总
    C. 汇总收款凭证,应分别按"库存现金"、"银行存款"账户的贷方设置,并按其对应的借方账户归类汇总
    D. 汇总付款凭证,应分别按"库存现金"、"银行存款"账户的借方设置,并按其对应的贷方账户归类汇总

17. 下列关于存货清查的说法,不正确的有( )。
   A. 存货发生盘亏或毁损时,审批前应按实际盘亏或毁损的金额,借记"待处理财产损溢"科目,贷记"原材料"等科目
   B. 存货盘盈报经批准后应该通过"营业外收入"科目核算
   C. 存货盘亏净损失中由于自然灾害造成的部分应通过"管理费用"核算
   D. 存货盘亏净损失中由于管理不善导致的部分应通过"其他应收款"核算

18. 下列属于银行存款余额调节表调增项目的有( )。
   A. 银行已付,企业未付   B. 企业已付,银行未付
   C. 企业已收,银行未收   D. 银行已收,企业未收

19. 下列不属于"营业成本"项目填列依据的有( )。
   A. "劳务成本"账户的本期发生额   B. "生产成本"账户的期末余额
   C. "其他业务成本"账户的期末余额   D. "其他业务成本"账户的本期发生额

20. 通过对资产负债表项目金额及其相关比率的分析,可以帮助报表使用者( )。
   A. 分析企业债务偿还能力
   B. 分析企业在一定时期内的费用支出情况
   C. 全面了解企业的资产状况
   D. 分析企业在一定时期内的盈利情况

三、判断题(下列各题中正确的打"√",错误的打"×",不选、错选均不得分;共20题,每题1分,计20分。)

1. 特殊行业和特殊业务准则适用于银行等金融领域的原保险合同、金融资产转移、套期保值等。( )
2. 企业会计准则具体准则分别规范了存货、长期股权投资、固定资产、投资性房地产、金融工具等确认和计量的会计处理。( )
3. "收入－费用＝利润"这一会计等式,是复式记账法的理论基础,也是编制资产负债表的依据。( )
4. 企业出租专利技术,收取的租金不得确认为收入。( )
5. 实用性原则是指所设置的会计科目应当为提供有关各方所需要的会计信息服务。( )
6. "固定资产"科目和"固定资产"账户核算的内容、范围完全相同。( )
7. "制造费用"账户结构与"库存商品"账户结构相同,借方登记增加,贷方登记减少,期末一般无余额。( )
8. "应收账款"账户的期末余额＝期初余额＋本期贷方发生额－本期借方发生额。( )
9. 股份有限公司发生股票的溢价收入应计入实收资本。( )
10. 企业提供给职工配偶、子女、受赡养人、已故员工遗嘱及其他受益人等的福利,不属于职工薪酬。( )
11. 任何单位在完成经济业务手续和记账后,必须将会计凭证按规定的立卷归档制度形成会计档案资料,妥善保管,防止丢失,不得任意销毁,以便日后随时查阅。( )
12. 原始凭证原则上不得外借,其他单位如有特殊原因确实需要使用时,经本单位会计

机构负责人(会计主管人员)批准,可以外借。( )

13. 发生销售退回时,借记主营业务收入,贷记银行存款,并且用红字金额在"主营业务收入"贷方多栏式明细账的贷方明细栏"产品销售"栏中登记。( )

14. 对明细分类账核算,除用货币计量反映经济业务外,必要时还需要用实物计量或劳动计量单位从数量和时间上进行反映,以满足经营管理的需要。( )

15. 对于科目汇总表中"库存现金"、"银行存款"科目的借方本期发生额和贷方本期发生额,只能根据收款凭证和付款凭证归类,汇总填列,不能直接根据现金日记账和银行存款日记账的收入合计和支出合计填列。( )

16. 汇总记账凭证是按照每个会计账户设置,并汇总出每一个会计账户的借方本期余额和贷方本期余额。( )

17. 转销已批准处理的财产盘盈数登记在"待处理财产损溢"账户的贷方。( )

18. 实地盘存制的优点是简便易行。但如果内部控制制度不严,期末实存数的正确性就成问题,由此倒挤出本期发出数也就未必可靠。( )

19. 利润表可以帮助报表使用者分析企业某一特定日期的经营成果和利润的未来发展趋势。( )

20. 资产负债表应当按照资产、负债和所有者权益三大类别分类列报。( )

四、计算分析题(共 2 题,每题 10 分,计 20 分。)

1. A 企业 20×5 年 6 月发生以下经济业务:

(1) 6 月 7 日,销售多余材料一批,取得的增值税专用发票上注明的价款为 1 000 元,增值税为 170 元,款项尚未收到。

(2) 6 月 8 日,财务部购买复印纸和墨盒,价值 300 元,用现金付讫。

(3) 6 月 19 日,企业销售产品一批,增值税专用发票上注明的价款为 620 000 元,增值税税率为 17%,款项尚未收到,对方开出一张商业承兑汇票抵付货款。

(4) 6 月 30 日,进行材料领用汇总。本月生产用原材料 300 000 元,车间一般耗用 10 000 元,销售部耗用 5 000 元,管理部门耗用 1 200 元。

(5) 6 月 30 日,进行工资费用汇总。本月生产产品工人工资 32 000 元,车间管理人员工资 18 000 元,销售部门人员工资 20 000 元,管理部门人员工资 6 000 元。

要求:根据上述经济业务编制会计分录。

2. 总分类账户本期发生额和余额对照表：

试算平衡表

20×5年12月31日　　　　　　　　　　　　　　　　　　单位：元

账户名称	期初余额		本期发生额		期末余额	
	借方	贷方	借方	贷方	借方	贷方
库存现金	7 200		1 200	3 600	4 800	
银行存款	96 000		(1)	75 600	166 800	
库存商品	60 000		26 400	38 400	48 000	
应收账款	(2)		94 200	100 800	96 000	
无形资产	118 200		28 800	27 000	120 000	
短期借款		60 000	42 000			18 000
长期借款		96 000	10 200	79 800		165 600
实收资本		180 000		36 000		216 000
盈余公积		48 000	24 000	12 000		36 000
合计	384 000	384 000	(3)	(4)	(5)	435 600

要求：计算(1)~(5)项目的金额。

参考答案

第一部分　教材配套练习

项目一　认知会计

一、单项选择题

1. D 2. B 3. D 4. C 5. A 6. C 7. A 8. D 9. A 10. C 11. B 12. D 13. A 14. B
15. D 16. C 17. D 18. D 19. C 20. D 21. B 22. D 23. D 24. D 25. C 26. B 27. D
28. D 29. C 30. D 31. D 32. A 33. D 34. B 35. B 36. B 37. B 38. C 39. D 40. A
41. A 42. D 43. D 44. C 45. B 46. D 47. A 48. D 49. D 50. D 51. B 52. C 53. B
54. C 55. A 56. D 57. A 58. A 59. B 60. C 61. A

二、多项选择题

1. ABD 2. ACD 3. ABCD 4. AB 5. ACD 6. CD 7. AC 8. AD 9. ABC 10. ABD 11. BCD
12. ABCD 13. BC 14. BCD 15. ABCD 16. ABCD 17. ABCD 18. ACD 19. ABCD 20. BCD
21. AC 22. AB 23. BC 24. BD 25. ABC 26. BC 27. ABCD 28. BCD 29. BD 30. ABCD
31. ABC 32. BCD 33. AD

三、判断题

1. √ 2. √ 3. × 4. √ 5. √ 6. √ 7. × 8. × 9. × 10. × 11. √ 12. √ 13. √
14. × 15. √ 16. × 17. × 18. √ 19. √ 20. × 21. √ 22. × 23. √ 24. √ 25. ×
26. × 27. × 28. × 29. √ 30. × 31. × 32. × 33. × 34. √ 35. × 36. √ 37. ×
38. √ 39. × 40. × 41. √ 42. × 43. × 44. √ 45. √ 46. × 47. × 48. × 49. √
50. × 51. × 52. √ 53. × 54. × 55. √ 56. × 57. × 58. √ 59. √ 60. √ 61. √
62. × 63. √ 64. √ 65. √ 66. ×

四、计算分析题

1.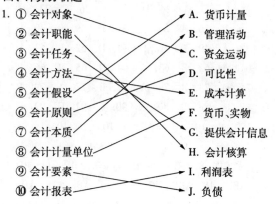

2.

经济业务	收付实现制		权责发生制	
	收入金额	费用金额	收入金额	费用金额
1. 销售产品 56 000 元,其中 36 000 元收到现款,存入银行;另有 20 000 元货款尚未收到	36 000		56 000	
2. 收到上月提供劳务收入 560 元	560			
3. 支付本月份的水电费 680 元		680		680
4. 预付下半年房租 1 800 元		1 800		
5. 支付上月份借款利息 340 元		340		
6. 本月应计劳务收入 890 元			890	
7. 预收销货款 24 000 元	24 000			
8. 本月负担年初已支付的保险费 210 元				210
9. 上月预收货款的产品本月实现销售收入 18 900 元			18 900	
10. 本月负担下月支付的修理费 150 元				150
本 月 收 入	60 560		75 790	
本 月 费 用		2 820		1 040
本 月 利 润	57 740		74 750	

项目二　划分会计要素与建立会计等式

一、单项选择题

1. C　2. B　3. B　4. A　5. A　6. C　7. A　8. A　9. B　10. A　11. A　12. A　13. B　14. C
15. A　16. D　17. B　18. B　19. A　20. D　21. B　22. C　23. A　24. D　25. A　26. C　27. A
28. A　29. D　30. D　31. D　32. D　33. D　34. C　35. B　36. D　37. A　38. D　39. B　40. D
41. B　42. D　43. D　44. B　45. D　46. C　47. D　48. A　49. D　50. D　51. D　52. B　53. D
54. A　55. B　56. B　57. A　58. D　59. B　60. D　61. A　62. B　63. A　64. B　65. B　66. D
67. C　68. D　69. B　70. C　71. B　72. B　73. A　74. D　75. D　76. A　77. B　78. D　79. B
80. A　81. A　82. B　83. D　84. D　85. C　86. D　87. A　88. B　89. A　90. C　91. C　92. C
93. C　94. A　95. D　96. D　97. D　98. C　99. C　100. B　101. D　102. A　103. D　104. A

二、多项选择题

1. ACD　2. ABD　3. ABC　4. CD　5. AD　6. BD　7. ABCD　8. ACD　9. BCD　10. ABD　11. BD
12. BC　13. CD　14. ABC　15. BCD　16. ABCD　17. ABC　18. ABD　19. BD　20. ABC　21. AD
22. ABD　23. AD　24. ABC　25. BCD　26. BD　27. ACD　28. BC　29. ABC　30. ABC　31. ABCD
32. ABCD　33. ABCD　34. AB　35. AB　36. ACD　37. AB　38. AB　39. AB　40. BD　41. AD
42. AB　43. ABC

三、判断题

1. √　2. √　3. √　4. ×　5. ×　6. ×　7. √　8. √　9. ×　10. ×　11. √　12. ×　13. ×
14. √　15. ×　16. √　17. √　18. ×　19. √　20. √　21. ×　22. ×　23. ×　24. ×　25. ×

26. × 27. × 28. × 29. × 30. × 31. √ 32. × 33. × 34. √ 35. × 36. √ 37. ×
38. √ 39. × 40. × 41. √ 42. √ 43. × 44. × 45. √ 46. √ 47. √ 48. √ 49. ×
50. √ 51. √ 52. × 53. × 54. √ 55. √ 56. √ 57. × 58. × 59. × 60. √ 61. ×
62. × 63. × 64. √ 65. √ 66. × 67. × 68. √ 69. √ 70. × 71. × 72. × 73. √
74. √ 75. × 76. √ 77. √ 78. × 79. × 80. × 81. × 82. √

项目三 设置会计科目与开设会计账户

一、单项选择题

1. B 2. B 3. C 4. B 5. D 6. D 7. A 8. C 9. A 10. B 11. A 12. D 13. B 14. A 15. B
16. B 17. D 18. C 19. A 20. C 21. C 22. C 23. C 24. A 25. B 26. D 27. A 28. D
29. C 30. D 31. D 32. A 33. B 34. B 35. B 36. D 37. D 38. B 39. A 40. B 41. A
42. C 43. A 44. D 45. C 46. A 47. D 48. C 49. D 50. C 51. A 52. A 53. C 54. B
55. A 56. B 57. D 58. D 59. D 60. D 61. A 62. D 63. A 64. B

二、多项选择题

1. BC 2. ABD 3. ABCD 4. BC 5. ABCD 6. AC 7. ABD 8. ACD 9. ABCD 10. ABCD 11. ABC 12. AC 13. ACD 14. ABC 15. ABCD 16. ABCD 17. AB

三、判断题

1. × 2. √ 3. √ 4. √ 5. √ 6. √ 7. √ 8. √ 9. √ 10. √ 11. √ 12. × 13. ×
14. × 15. √ 16. √ 17. × 18. √ 19. × 20. × 21. × 22. × 23. × 24. × 25. ×
26. × 27. × 28. × 29. √ 30. √ 31. √ 32. √ 33. × 34. × 35. × 36. × 37. ×
38. × 39. √ 40. ×

四、综合题

(一)

序号	内容	会计要素	会计科目
1	厂房一幢,价值10万元	资产	固定资产
2	银行存款12万元	资产	银行存款
3	投资者甲的资本额200万元	所有者权益	实收资本
4	应交税费4 000元	负债	应交税费
5	须于半年后归还的借款2万元	负债	短期借款
6	尚未收回的货款12万元	资产	应收账款
7	生产甲产品的专利权5万元	资产	无形资产
8	机器设备5台,价值15万元	资产	固定资产
9	库存零用的现金6 000元	资产	库存现金
10	公司送货用的卡车6万元	资产	固定资产
11	欠原材料供应单位的货款10万	负债	应付账款
12	将于二年后归还的银行借款4万元	负债	长期借款
13	企业当年实现净利润2万元	所有者权益	本年利润
14	在产品200件,价值1万元	资产	生产成本
15	盈余公积金1万元	所有者权益	盈余公积

(二)

项 目	会计要素	会计科目
出纳员保管的现金	资产	库存现金
银行的存款	资产	银行存款
库存原材料	资产	原材料
正在加工中的产品	资产	生产成本
库存完工产品	资产	库存商品
暂借给职工的差旅费	资产	其他应收款
暂付给供应单位的包装物押金	资产	其他应收款
应收购货单位的销货款	资产	应收账款
房屋、建筑物	资产	固定资产
机器及设备	资产	固定资产
运输汽车	资产	固定资产
投资者投入资本	所有者权益	实收资本
机器设备的损耗价值	资产	累计折旧
已宣布但尚未支付给投资人的利润	负债	应付股利
企业发行的五年期的债券	负债	应付债券
准备长期持有的向乙单位投入的资本	资产	长期股权投资
本年度实现的利润	所有者权益	本年利润
本年度分配的利润	所有者权益	利润分配
历年累计未分配的利润	所有者权益	利润分配
向银行借入的期限为6个月的借款	负债	短期借款
应付供应单位的购料款	负债	应付账款
暂收购货单位的包装物押金	负债	其他应付款
应交未交的税金	负债	应交税费

资产 = 1 000 + 100 000 + 55 000 + 20 000 + 30 000 + 2 000 + 2 000 + 40 000 + (400 000 + 667 000 + 250 000 − 360 000) + 200 000 = 1 407 000(元)

负债 = 215 000 + 500 000 + 50 000 + 30 000 + 4 000 + 26 000 = 825 000(元)

所有者权益 = 450 000 + 234 100 − 142 100 + 40 000 = 582 000(元)

资产 = 负债 + 所有者权益

(三)(1) A = 120 000 元

B = 122 000 元

C = 750 000 元

(2) 流动资产总额 = 2 000 + 54 000 + 70 000 + 104 000 = 230 000(元)

(3) 负债总额 = 20 000 + 64 000 + 18 000 + 122 000 = 224 000(元)

(4) 净资产总额 = 750 000 − 224 000 = 526 000(元)

或 = 480 000 + 46 000 = 526 000(元)

项目四 会计记账方法

一、单项选择题

1. B 2. B 3. A 4. C 5. A 6. B 7. A 8. C 9. A 10. D 11. D 12. A 13. A 14. A 15. A
16. B 17. A 18. C 19. B 20. B 21. B 22. B 23. B 24. D 25. D 26. A 27. D 28. B 29. C
30. D 31. B 32. C 33. D 34. D 35. D 36. D 37. C 38. B 39. D 40. A 41. B 42. C 43. A
44. D 45. B 46. B 47. B 48. B 49. D 50. B 51. A 52. B 53. A 54. A 55. A 56. D 57. D
58. D 59. A 60. D 61. C 62. D

二、多项选择题

1. ABC 2. ABC 3. ABC 4. ABC 5. BC 6. AD 7. AC 8. ABD 9. ABCD 10. ABC 11. ABC
12. BD 13. ABC 14. BD 15. ABC 16. ACD 17. AB 18. ACD 19. ABC 20. ACD 21. ABC
22. ABC 23. AB 24. ABCD 25. ABCD 26. BCD 27. BC 28. ABC 29. ABC 30. ABC 31. AB
32. AC 33. ABC 34. ABCD 35. ABD 36. ABCD 37. AB

三、判断题

1. √ 2. × 3. × 4. √ 5. × 6. × 7. × 8. √ 9. √ 10. × 11. × 12. × 13. √
14. × 15. √ 16. × 17. √ 18. × 19. × 20. × 21. × 22. × 23. × 24. √ 25. ×
26. × 27. × 28. × 29. × 30. × 31. √ 32. √ 33. × 34. × 35. √ 36. × 37. ×
38. √ 39. × 40. √

四、计算分析题

(一)(1) 借：固定资产　　30
　　　　　　贷：银行存款　　30

(2) 应付债券或长期应付款、递延所得税负债(列1个即可)

(3) 300 + 30 − 30 + 12 + 20 + 10 = 342(万元)

(4) 12 + 10 = 22(万元)

(5) 300 + 20 = 320(万元)

(二) 长期股权投资：610 000　　银行存款：110 000　　应付账款：70 000
　　　短期借款：25 000　　应收账款：40 000　　实收资本：270 000　　其他应付款：0

(三) 总分类账户本期发生额及余额表

20×9年5月31日　　　　　　　　　　　　　　　　　　　　　　　　　　　　单位：元

账户名称	期初余额		本期发生额		期末余额	
	借方	贷方	借方	贷方	借方	贷方
库存现金	300		—	—	(300)	
银行存款	38 000		13 000	(21 300)	29 700	
应收账款	3 000		—	3 000	(0)	
原材料	80 000		60 000	(50 000)	90 000	
生产成本	(30 000)		70 000	80 000	20 000	
产成品	(40 000)		80 000	20 000	100 000	
固定资产	200 000		(40 000)	20 000	220 000	
短期借款		(39 000)	—	10 000		49 000
应付账款		(9 300)	9 300	60 000		60 000
实收资本		343 000	(32 000)	40 000		351 000
合计	(391 300)	(391 300)	(304 300)	(304 300)	(460 000)	(460 000)

项目五 核算企业的主要经济业务

一、单项选择题

1. D 2. A 3. B 4. C 5. B 6. B 7. C 8. B 9. C 10. D 11. D 12. A 13. C 14. C 15. D
16. D 17. B 18. B 19. B 20. D 21. A 22. A 23. D 24. D 25. B 26. A 27. C 28. A
29. B 30. C 31. B 32. A 33. B 34. C 35. D 36. B 37. C 38. C 39. D 40. C 41. D
42. D 43. C 44. D 45. B 46. D 47. B 48. A 49. C 50. A 51. A 52. B 53. D 54. B 55. B
56. A 57. C 58. D 59. D 60. B 61. A 62. A 63. D 64. D 65. D 66. D 67. C 68. D 69. B
70. A 71. A 72. D 73. D 74. C 75. D 76. A 77. C 78. D 79. D 80. D 81. B 82. A 83. A
84. B 85. A 86. B 87. B 88. B 89. D 90. C 91. C 92. C 93. B 94. D 95. B 96. C 97. D
98. D 99. D 100. A 101. D 102. A 103. C 104. B 105. D 106. C 107. C 108. D
109. A 110. C 111. A 112. A 113. A 114. A 115. A 116. D 117. B 118. D 119. B
120. B 121. C 122. A 123. B 124. B 125. A 126. A 127. D 128. B 129. C 130. C
131. C 132. C 133. C 134. B 135. C 136. C 137. A 138. D 139. A 140. C 141. A
142. B 143. C 144. A 145. B 146. D 147. C 148. D 149. D 150. A 151. C 152. D
153. A 154. D 155. B 156. C 157. C 158. D 159. D 160. D 161. B 162. D 163. B

二、多项选择题

1. AC 2. AC 3. CD 4. BC 5. BCD 6. ABCD 7. BCD 8. ABCD 9. AC 10. AB
11. ABC 12. AC 13. ACD 14. ACD 15. ABCD 16. ABD 17. ABC 18. ABCD 19. ABD
20. BCD 21. ABCD 22. ABD 23. AB 24. ABC 25. AB 26. ABD 27. CD 28. CD
29. ABC 30. ABC 31. AB 32. ABC 33. ABD 34. BCD 35. ACD 36. BCD 37. ACD
38. ABD 39. BCD 40. ABCD 41. AB 42. ABD 43. ABD 44. ABC 45. BC 46. AB
47. ABD 48. ABCD 49. BD 50. AB 51. ABD 52. BCD 53. ACD 54. BC 55. ABD
56. BCD 57. ABCD 58. BC 59. ABC 60. ABCD 61. AB 62. ABD 63. ABC 64. BCD
65. AD 66. ABC

三、判断题

1. × 2. √ 3. √ 4. × 5. √ 6. × 7. × 8. √ 9. √ 10. √ 11. × 12. × 13. √
14. × 15. √ 16. √ 17. √ 18. √ 19. × 20. √ 21. √ 22. √ 23. × 24. √ 25. ×
26. √ 27. × 28. × 29. √ 30. √ 31. √ 32. √ 33. × 34. √ 35. √ 36. √ 37. ×
38. √ 39. × 40. √ 41. √ 42. √ 43. √ 44. √ 45. √ 46. √ 47. √ 48. √ 49. ×
50. √ 51. √ 52. × 53. √ 54. √ 55. √ 56. √ 57. √ 58. √ 59. √ 60. √ 61. ×
62. √ 63. √ 64. √ 65. √ 66. √ 67. √ 68. √ 69. √ 70. √ 71. √ 72. √ 73. √
74. √ 75. × 76. √ 77. √ 78. √ 79. √ 80. × 81. × 82. √ 83. √ 84. × 85. √
86. √ 87. × 88. √ 89. √ 90. √ 91. √ 92. √ 93. √ 94. √ 95. √ 96. √ 97. √
98. √ 99. √ 100. × 101. √ 102. √ 103. × 104. × 105. √ 106. √ 107. √ 108. ×
109. × 110. √ 111. √ 112. √ 113. √ 114. √ 115. × 116. × 117. √ 118. √
119. √ 120. × 121. √

四、计算分析题

(一)(1)"银行存款"账户本月借方发生额合计 = 300 000 + 5 000 = 305 000 = (元)

(2)"银行存款"账户本月贷方发生额合计 = 100 000 + 500 = 100 500(元)

(3)"银行存款"账户本月月末余额为 = 89 000 + 305 000 − 100 500 = 293 500(元)

(4)"短期借款"账户本月贷方发生额合计 = 300 000(元)

(5)"短期借款"账户本月月末余额 = 50 000 + 300 000 = 350 000(元)

(二)(1)"银行存款"账户本月借方发生额合计 35 000 元。
(2)"银行存款"账户本月贷方发生额合计 63 000 元。
(3)"银行存款"账户本月月末余额 50 000 元。
(4)"应付账款"账户本月贷方发生额合计 1 000 元。
(5)"应付账款"账户本月月末余额为 26 000 元。
(三)(1)借:其他货币资金——存出投资款　　　　　　　　　　　　30 000 000
　　　　贷:银行存款　　　　　　　　　　　　　　　　　　　　　30 000 000
　　(2)借:交易性金融资产——成本　　　　　　　　　　　　　　 1 600 000
　　　　贷:其他货币资金——存出投资款　　　　　　　　　　　　 1 600 000
　　(3)借:投资收益　　　　　　　　　　　　　　　　　　　　　　　3 500
　　　　贷:其他货币资金——存出投资款　　　　　　　　　　　　　　3 500
　　(4)借:其他货币资金——存出投资款　　　　　　　　　　　　 2 194 800
　　　　贷:交易性金融资产——成本　　　　　　　　　　　　　　 1 600 000
　　　　　　投资收益　　　　　　　　　　　　　　　　　　　　　　594 800
　　(5)20×9 年度因上述交易或事项而确认的投资收益额:
　　　投资收益 = 594 800 - 3 500 = 591 300(元)
(四)(1)借:固定资产　　　　350 000　　　(2)借:银行存款　　　500 000
　　　　贷:实收资本　　　　　350 000　　　　　贷:短期借款　　　500 000
　　(3)借:无形资产　　　　100 000　　　(4)借:银行存款　　　800 000
　　　　贷:实收资本　　　　　100 000　　　　　贷:长期借款　　　800 000
　　(5)借:银行存款　　　　700 000　　　(6)借:短期借款　　　600 000
　　　　　固定资产　　　　　800 000　　　　　贷:银行存款　　　600 000
　　　　贷:实收资本　　　　1 500 000
　　(7)借:长期借款　　　　900 000
　　　　贷:银行存款　　　　　900 000
(五)(1)借:固定资产　　　　　　　　　　　　　　　　　　　　　　　300
　　　　贷:实收资本——A 公司　　　　　　　　　　　　　　　　　　 300
　　(2)借:固定资产　　　　　　　　　　　　　　　　　　　　　　　200
　　　　　无形资产　　　　　　　　　　　　　　　　　　　　　　　100
　　　　贷:实收资本——B 公司　　　　　　　　　　　　　　　　　　 300
　　(3)借:银行存款　　　　　　　　　　　　　　　　　　　　　　　300
　　　　贷:实收资本——C 公司　　　　　　　　　　　　　　　　　　 300
　　(4)借:银行存款　　　　　　　　　　　　　　　　　　　　　　　400
　　　　贷:实收资本——D 公司　　　　　　　　　　　　　　　　　　 300
　　　　　　资本公积——资本溢价　　　　　　　　　　　　　　　　　100
　　(5)借:无形资产　　　　　　　　　　　　　　　　　　　　　　　400
　　　　贷:实收资本——E 公司　　　　　　　　　　　　　　　　　　 300
　　　　　　资本公积——资本溢价　　　　　　　　　　　　　　　　　100
(六)(1)借:银行存款　　　　　　　　　　　　　　　　　　　　 2 961 000
　　　　贷:实收资本　　　　　　　　　　　　　　　　　　　　 2 961 000
　　(2)借:管理费用　　　　　　　　　　　　　　　　　　　　　　24 000
　　　　贷:银行存款　　　　　　　　　　　　　　　　　　　　　　24 000
　　(3)借:固定资产　　　　　　　　　　　　　　　　　　　　　　479 000

	应交税费——应交增值税(进项税额)	81 430
	贷：银行存款	560 430

(4) 借：原材料 　　　　　　　　　　　　237,930(231000+6930)
　　　　应交税费——应交增值税(进项税额)　40 032.3(39270+762.3)
　　　　　贷：应付账款 　　　　　　　　　　　　　　　　277 962.3

(5) 借：管理费用 　　　　　　　　　　　　1 800
　　　　制造费用 　　　　　　　　　　　　1 200
　　　　　贷：银行存款 　　　　　　　　　　　　　　　　3 000

(七)(1) 20×9年1月20日购入A设备时：
　　　借：固定资产 　　　　　　　　　　　　560
　　　　应交税费——应交增值税(进项税额)　93.5
　　　　　贷：银行存款 　　　　　　　　　　　　　　　　653.5

(2) 20×9年2月计提A设备折旧额时：
　　　借：管理费用 　　　　　　　　　　　　4.5
　　　　　贷：累计折旧 　　　　　　　　　　　　　　　　4.5

平均年限法：

$$月折旧额 = \frac{560-20}{10 \times 12} = 4.5(万元)$$

(3) 20×9年7月15日购入B设备时：
　　　借：在建工程 　　　　　　　　　　　　600
　　　　应交税费——应交增值税(进项税额)　102
　　　　　贷：银行存款 　　　　　　　　　　　　　　　　702

(4) 20×9年8月19日支付安装费时：
　　　借：在建工程 　　　　　　　　　　　　3
　　　　　贷：银行存款 　　　　　　　　　　　　　　　　3

8月25日设备达到预定可使用状态时：
　　　借：固定资产 　　　　　　　　　　　　603
　　　　　贷：在建工程 　　　　　　　　　　　　　　　　603

(5) 20×9年9月计提B设备折旧额时：
　　　借：制造费用 　　　　　　　　　　　　8.64
　　　　　贷：累计折旧 　　　　　　　　　　　　　　　　8.64

工作量法：

$$9月份B设备应计提折旧额 = \frac{603-3}{50\,000} \times 720 = 8.64(万元)$$

(八)(1) 借：在途物资——A材料 　　　　　　5 000
　　　　应交税费——应交增值税(进项税额)　850
　　　　　贷：银行存款 　　　　　　　　　　　　　　　　5 850

(2) 借：原材料——B材料 　　　　　　　　80 000
　　　　应交税费——应交增值税(进项税额)　13 600
　　　　　贷：应付账款 　　　　　　　　　　　　　　　　93 600

(3) 借：原材料——C材料 　　　　　　　　40 000
　　　　　贷：在途物资——C材料 　　　　　　　　　　　40 000

(4) 借：应收账款 　　　　　　　　　　　　234 000

贷：主营业务收入——甲产品	200 000
应交税费——应交增值税(销项税额)	34 000
(5)借：银行存款	234 000
贷：应收账款	234 000

(九)(1)借：原材料　　　　　　　　　　　　　　　　　27 000
　　　　　应交税费——应交增值税(进项税额)　　　　4 590
　　　　贷：应付账款　　　　　　　　　　　　　　　　31 590
　　(2)借：固定资产　　　　　　　　　　　　　　　　　53 000
　　　　　应交税费——应交增值税(进项税额)　　　　9 010
　　　　贷：银行存款　　　　　　　　　　　　　　　　62 010
　　(3)借：制造费用　　　　　　　　　　　　　　　　　13 800
　　　　　管理费用　　　　　　　　　　　　　　　　　　9 200
　　　　贷：累计折旧　　　　　　　　　　　　　　　　23 000
　　(4)借：管理费用　　　　　　　　　　　　　　　　　4 900
　　　　贷：银行存款　　　　　　　　　　　　　　　　4 900
　　(5)借：管理费用　　　　　　　　　　　　　　　　　2 900
　　　　贷：银行存款　　　　　　　　　　　　　　　　2 900

(十)(1)采购费用分配率＝13 300÷100 000＝0.133(元/公斤)
　　　　N 材料分配的采购费用＝0.133×40 000＝5 320(元)
　　　　N 材料的采购成本＝40 000×11＋5 320＝445 320(元)
　　(2)M 材料分配的采购费用＝0.133×60 000＝7 980(元)
　　　　M 材料的采购成本＝60 000×7＋7 980＝427 980(元)
　　(3)借：原材料——N　　　　　　　　　　　　　　　445 320
　　　　　原材料——M　　　　　　　　　　　　　　　427 980
　　　　贷：在途物资——N　　　　　　　　　　　　　445 320
　　　　　　在途物资——M　　　　　　　　　　　　　427 980
　　(4)借：银行存款　　　　　　　　　　　　　　　　　20 943
　　　　贷：其他业务收入　　　　　　　　　　　　　　17 900
　　　　　　应交税费——应交增值税(销项税额)　　　3 043
　　(5)已销材料成本＝10.74×1 000＝10 740(元)
　　　　借：其他业务成本　　　　　　　　　　　　　　10 740
　　　　贷：原材料　　　　　　　　　　　　　　　　　10 740
　　(6)借：银行存款　　　　　　　　　　　　　　　　　6 178 000
　　　　贷：长期借款　　　　　　　　　　　　　　　　6 178 000

(十一)(1)借：制造费用　　　　　　　　　　　　　　　　1 660
　　　　　　应交税费——应交增值税(进项税额)　　　282.20
　　　　　贷：银行存款　　　　　　　　　　　　　　　1 942.20
　　　(2)借：制造费用　　　　　　　　　　　　　　　　　8 000
　　　　　贷：累计折旧　　　　　　　　　　　　　　　　8 000
　　　(3)借：制造费用　　　　　　　　　　　　　　　　　2 800
　　　　　贷：原材料　　　　　　　　　　　　　　　　　2 800
　　　(4)15 600/80 000＝0.195
　　　(5)借：生产成本——甲产品　　　　　　　　　　　1 950

	生产成本——乙产品	5 850
	生产成本——丙产品	7 800
	贷：制造费用	15 600

（十二）(1) 制造费用分配率 = 6 300/(2 000 + 1 150) = 2
　　　　　甲产品分配的制造费用 = 2 000 × 2 = 4 000(元)
　　　　　乙产品分配的制造费用 = 1 150 × 2 = 2 300(元)
　　　　　借：生产成本——甲产品　　　　　　　　　　　　　　　　4 000
　　　　　　　生产成本——乙产品　　　　　　　　　　　　　　　　2 300
　　　　　　　贷：制造费用　　　　　　　　　　　　　　　　　　　6 300
　　　　(2) 甲产品总成本 = 21 000 + 6 500 + 4 000 = 31 500(元)
　　　　　乙产品总成本 = 13 000 + 4 500 + 2 300 = 19 800(元)
　　　　　借：库存商品——甲产品　　　　　　　　　　　　　　　　31 500
　　　　　　　　　　　——乙产品　　　　　　　　　　　　　　　　19 800
　　　　　　　贷：生产成本　　　　　　　　　　　　　　　　　　　51 300

（十三）(1) 8.252
　　　　(2) 借：生产成本　　　　　　　　　　　　　　　　　　　　34 650
　　　　　　　贷：制造费用　　　　　　　　　　　　　　　　　　　34 650
　　　　(3) 生产成本
　　　　(4) 94 800 + 67 032 + 19 800 = 181 632(元)
　　　　(5) 181 632/60 = 3 027.20(元)

（十四）1. 借：库存现金　　　　　　　　　　　　　　　　　　　　89 600
　　　　　　贷：银行存款　　　　　　　　　　　　　　　　　　　　89 600
　　　　2. 借：应付职工薪酬　　　　　　　　　　　　　　　　　　89 600
　　　　　　贷：库存现金　　　　　　　　　　　　　　　　　　　　89 600
　　　　3. 借：生产成本——A 产品　　　　　　　　　　　　　　　600 000
　　　　　　　生产成本——B 产品　　　　　　　　　　　　　　　200 000
　　　　　　　制造费用　　　　　　　　　　　　　　　　　　　　　4 000
　　　　　　贷：原材料　　　　　　　　　　　　　　　　　　　　　804 000
　　　　4. 借：制造费用　　　　　　　　　　　　　　　　　　　　44 000
　　　　　　　管理费用　　　　　　　　　　　　　　　　　　　　　8 000
　　　　　　贷：累计折旧　　　　　　　　　　　　　　　　　　　　52 000
　　　　5. 借：生产成本——A 产品　　　　　　　　　　　　　　　24 000
　　　　　　　生产成本——B 产品　　　　　　　　　　　　　　　21 000
　　　　　　　制造费用　　　　　　　　　　　　　　　　　　　　　18 600
　　　　　　　管理费用　　　　　　　　　　　　　　　　　　　　　26 000
　　　　　　贷：应付职工薪酬　　　　　　　　　　　　　　　　　　89 600
　　　　6. 制造费用 = 4 000 + 44 000 + 18 600 = 66 600(元)
　　　　　制造费用分配率 = 66 600/(24 000 + 21 000) = 1.48
　　　　　A 产品分配的制造费用 = 24 000 × 1.48 = 35 520(元)
　　　　　B 产品分配的制造费用 = 21 000 × 1.48 = 31 080(元)
　　　　　借：生产成本——A 产品　　　　　　　　　　　　　　　　35 520
　　　　　　　生产成本——B 产品　　　　　　　　　　　　　　　　31 080
　　　　　　贷：制造费用　　　　　　　　　　　　　　　　　　　　66 600

7. A产品总成本 = 600 000 + 24 000 + 35 520 = 659 520(元)
   B产品总成本 = 200 000 + 21 000 + 31 080 = 252 080(元)
   借：库存商品——A产品　　　　　　　　　　　　　　　　659 520
   　　　库存商品——B产品　　　　　　　　　　　　　　　　252 080
   　　贷：生产成本　　　　　　　　　　　　　　　　　　　　　　911 600
(十五)(1) 借：原材料——A材料　　　　　　　　　　　　　　400 000
　　　　　　　应交税费——应交增值税(进项税额)　　　　　　68 000
　　　　　　贷：应付账款　　　　　　　　　　　　　　　　　　　468 000
　　(2) 借：应付职工薪酬　　　　　　　　　　　　　　　　　100 000
　　　　　贷：银行存款　　　　　　　　　　　　　　　　　　　　100 000
　　(3) 借：应收账款　　　　　　　　　　　　　　　　　　　936 000
　　　　　贷：主营业务收入　　　　　　　　　　　　　　　　　　800 000
　　　　　　　应交税费——应交增值税(销项税额)　　　　　　　136 000
　　　同时
　　　借：主营业务成本　　　　　　　　　　　　　　　　　　600 000
　　　　贷：库存商品　　　　　　　　　　　　　　　　　　　　　600 000
　　(4) 借：生产成本　　　　　　　　　　　　　　　　　　　100 000
　　　　　　制造费用　　　　　　　　　　　　　　　　　　　　20 000
　　　　　　管理费用　　　　　　　　　　　　　　　　　　　　30 000
　　　　　贷：应付职工薪酬　　　　　　　　　　　　　　　　　　150 000
　　(5) 借：制造费用　　　　　　　　　　　　　　　　　　　　20 000
　　　　　　管理费用　　　　　　　　　　　　　　　　　　　　 4 000
　　　　　贷：累计折旧　　　　　　　　　　　　　　　　　　　　24 000
(十六)(1) 借：应收账款　　　　　　　　　　　　　　　　　　46 800
　　　　　　贷：主营业务收入　　　　　　　　　　　　　　　　　40 000
　　　　　　贷：应交税费——应交增值税(销项税额)　　　　　　 6 800
　　(2) 借：银行存款　　　　　　　　　　　　　　　　　　　200 000
　　　　　贷：应收账款　　　　　　　　　　　　　　　　　　　　200 000
　　(3) 借：银行存款　　　　　　　　　　　　　　　　　　　210 600
　　　　　贷：主营业务收入　　　　　　　　　　　　　　　　　　180 000
　　　　　贷：应交税费——应交增值税(销项税额)　　　　　　　 30 600
　　(4) 借：主营业务成本　　　　　　　　　　　　　　　　　350 000
　　　　　贷：库存商品——A产品　　　　　　　　　　　　　　　250 000
　　　　　　　　　　——B产品　　　　　　　　　　　　　　　100 000
　　(5) 借：税金及附加　　　　　　　　　　　　　9 000(180 000×5% = 9 000)
　　　　　贷：应交税费——应交消费税　　　　　　　　　　　　　 9 000
　　(6) 借：银行存款　　　　　　　　　　　　　　　　　　　 16 380
　　　　　贷：其他业务收入　　　　　　　　　　　　　　　　　　 14 000
　　　　　　　应交税费——应交增值税(销项税额)　　　　　　　 2 380
　　(7) 借：其他业务成本　　　　　　　　　　　　　　　　　 10 000
　　　　　贷：原材料　　　　　　　　　　　　　　　　　　　　　 10 000
(十七)(1) 借：应收账款　　　　　　　　　　　　　　　　　　468 000
　　　　　　贷：主营业务收入　　　　　　　　　　　　　　　　　400 000

应交税费——应交增值税(销项税额)	*68 000*
（2）借：税金及附加	*9 000*
贷：应交税费——应交消费税	*9 000*
（3）借：银行存款	*163 800*
贷：其他业务收入	*140 000*
应交税费——应交增值税(销项税额)	*23 800*
（4）借：主营业务成本	*350 000*
贷：库存商品	*350 000*
（5）其他业务成本	
（十八）（1）借：其他应收款	*2 900*
贷：库存现金	*2 900*
（2）借：管理费用	*2 800*
库存现金	*100*
贷：其他应收款	*2 900*
（3）借：财务费用	*1 000*
贷：应付利息	*1 000*
（4）借：管理费用	*1 500*
贷：财务费用	*1 500*
（5）借：销售费用	*35 000*
贷：银行存款	*35 000*
（6）借：预付账款	*4 500*
贷：银行存款	*4 500*
（7）借：管理费用	*5 000*
贷：银行存款	*5 000*
（8）借：银行存款	*26 000*
贷：营业外收入	*26 000*
（9）借：营业外支出	*12 000*
贷：银行存款	*12 000*
（十九）（1）借：银行存款	*2 626 000*
贷：实收资本	*2 626 000*
（2）借：管理费用	*21 000*
贷：银行存款	*21 000*
（3）借：固定资产	*291 000*
应交税费——应交增值税(进项税额)	*49 470*
贷：银行存款	*340 470*
（4）借：原材料	*80 340*
应交税费——应交增值税(进项税额)	*13 517.40*
贷：应付账款	*93 857.40*
（5）借：管理费用	*2 400*
制造费用	*1 600*
贷：银行存款	*4 000*
（二十）（1）借：无形资产——商标使用权	*13 779 000*
贷：实收资本——乙公司	*13 679 000*

	资本公积——资本溢价	100 000
（2）	借：原材料——N 材料	919 000
	应交税费——应交增值税（进项税额）	156 230
	贷：银行存款	1 075 230
（3）	借：销售费用	55 900
	贷：银行存款	55 900
（4）	借：营业外支出	677 000
	贷：银行存款	677 000

（5）折旧总额 = 原值 - 净残值 = 原值 - 原值 × 净残值率 = 原值 × (1 - 净残值率)

工作量法：每公里折旧额 = 折旧总额/总工作量 = 140 000 × (1 - 4%)/100 000 = 1.344

7月折旧额 = 每公里折旧额 × 本月公里数 = 1.344 × 3 000（元）

	借：管理费用	4 032
	贷：累计折旧	4 032
（二十一）（1）	借：主营业务收入	4 500 000
	其他业务收入	525 000
	投资收益	450 000
	营业外收入	37 500
	贷：本年利润	5 512 500
	借：本年利润	4 860 000
	贷：主营业务成本	3 450 000
	其他业务成本	300 000
	税金及附加	60 000
	销售费用	375 000
	管理费用	450 000
	财务费用	75 000
	营业外支出	150 000

（2）甲公司 20×9 年应交所得税金额

　　 = (5 512 500 - 4 860 000) × 25% = 652 500 × 25% = 163 125（元）

（3）	借：所得税费用	163 125
	贷：应交税费——应交所得税	163 125
	借：本年利润	163 125
	贷：所得税费用	163 125

（4）此时本年利润余额即净利润为：(5 512 500 - 4 860 000 - 163 125)。因为题目没有给出本年利润 12 月初余额，所以直接将本月净利润结转未分配利润：

	借：本年利润	489 375
	贷：利润分配——未分配利润	489 375
（5）	借：利润分配——提取法定盈余公积	48 937.5
	——提取任意盈余公积	24 468.75
	贷：盈余公积——法定盈余公积	48 937.5
	——任意盈余公积	24 468.75
	借：利润分配——应付现金股利或利润	500 000
	贷：应付股利	500 000
	借：利润分配——未分配利润	573 406.25

                贷:利润分配——提取法定盈余公积   48 937.5
                    ——提取任意盈余公积   24 468.75
                    ——应付现金股利或利润   500 000
(二十二) (1) 400×25% = 100(万元)
        (2) 借:所得税费用   100
            贷:应交税费   100
        (3) 借:利润分配   45
            贷:盈余公积   45
        (4) 借:利润分配   40
            贷:应付利润   40
        (5) 150 + 300 - 45 - 40 = 365(万元)

项目六 填制和审核会计凭证

一、单项选择题

1. C 2. B 3. C 4. C 5. A 6. A 7. C 8. B 9. B 10. A 11. C 12. A 13. D 14. D
15. A 16. B 17. A 18. C 19. B 20. C 21. C 22. C 23. B 24. C 25. B 26. C 27. B
28. D 29. D 30. C 31. D 32. C 33. A 34. B 35. C 36. B 37. D 38. C 39. A 40. B
41. B 42. D 43. D 44. B 45. B 46. D 47. C 48. D 49. C 50. D 51、C 52. D 53. A
54. B 55. B 56. D 57. D 58. C 59. B 60. C 61. C 62. C 63. C 64. B 65. A 66. A
67. D 68. D 69. C 70. C 71. C 72. B 73. D 74. D 75. D 76. C 77. C 78. A 79. D 80. C
81. C 82. D 83. A 84. D 85. C 86. C 87. B 88. C 89. D 90. B

二、多项选择题

1. AB 2. ABC 3. AC 4. ABC 5. ABCD 6. AB 7. AC 8. ABC 9. BCD 10. CD 11. ACD
12. BD 13. AD 14. ACD 15. ABD 16. ACD 17. ABCD 18. ABCD 19. BC 20. ABCD 21. AB
22. ABC 23. ABC 24. BD 25. AC 26. BC 27. ABD 28. BC 29. CD 30. BD 31. BD 32. BD
33. AC 34. ABC 35. BC 36. AC 37. BC

三、判断题

1. × 2. √ 3. × 4. × 5. × 6. √ 7. × 8. × 9. × 10. × 11. √ 12. × 13. √
14. √ 15. × 16. × 17. √ 18. × 19. × 20. × 21. × 22. × 23. √ 24. √ 25. ×
26. √ 27. × 28. × 29. × 30. √ 31. × 32. × 33. × 34. √ 35. × 36. √ 37. ×
38. × 39. × 40. √ 41. × 42. × 43. √ 44. × 45. × 46. √ 47. √ 48. × 49. ×
50. × 51. × 52. × 53. √ 54. √ 55. × 56. ×

项目七 设置和登记会计账簿

一、单项选择题

1. C 2. C 3. C 4. C 5. A 6. C 7. B 8. A 9. C 10. B 11. A 12. B 13. D 14. D 15. A
16. D 17. B 18. D 19. A 20. D 21. C 22. B 23. D 24. B 25. C 26. B 27. D 28. A
29. B 30. C 31. C 32. C 33. C 34. C 35. C 36. C 37. D 38. C 39. C 40. C 41. B
42. C 43. C 44. C 45. C 46. A 47. D 48. D 49. C 50. A 51. C 52. C 53. C 54. A
55. A 56. B 57. C 58. B 59. D 60. D 61. A 62. A 63. C 64. C 65. C 66. C 67. C
68. C 69. B 70. D 71. C 72. C 73. D 74. D 75. D 76. C 77. D 78. D 79. D 80. D
81. A 82. A 83. B 84. A 85. B 86. A 87. B 88. D 89. C 90. A 91. C 92. C 93. C

94. C 95. C 96. C 97. B 98. D 99. C 100. A 101. D 102. A 103. D 104. A 105. B
106. D 107. C 108. C 109. A 110. B 111. A 112. D 113. A 114. D 115. A 116. B
117. B 118. B 119. B 120. D 121. C 122. C 123. C

二、多项选择题

1. ABCD 2. AD 3. BCD 4. ACD 5. A B D 6. AC 7. BC 8. AD 9. AC 10. ACD 11. ABD
12. BC 13. AC 14. ABCD 15. ABC 16. AB 17. BCD 18. ACD 19. BC 20. AC 21. ABC 22. ABC
23. BCD 24. ABCD 25. BCD 26. ABC 27. ABC 28. BD 29. ABCD 30. ABCD 31. BCD
32. BCD 33. CD 34. BC 35. AB 36. BC

三、判断题

1. √ 2. × 3. √ 4. √ 5. × 6. √ 7. √ 8. × 9. √ 10. × 11. √ 12. √ 13. √
14. × 15. √ 16. √ 17. × 18. × 19. √ 20. × 21. × 22. × 23. √ 24. √ 25. ×
26. × 27. √ 28. √ 29. √ 30. × 31. × 32. √ 33. √ 34. × 35. × 36. × 37. √
38. √ 39. √ 40. √ 41. √ 42. √ 43. √ 44. √ 45. √ 46. √ 47. √ 48. √ 49. √
50. √ 51. × 52. √ 53. √ 54. √ 55. √ 56. √ 57. √ 58. √ 59. √ 60. √ 61. √
62. × 63. × 64. × 65. × 66. √ 67. √ 68. × 69. × 70. × 71. √ 72. × 73. ×
74. √ 75. √ 76. ×

四、计算分析题

(一)

银行存款日记账

单位:元

2016年		凭证		摘 要	对方账户	收 入	付 出	余 额
月	日	字	号					
5	1			月初余额				300 000
	5	银付	501	归还短期借款	短期借款		23 000	277 000
	7	银收	501	收到投资人投入资金	实收资本	60 000		337 000
	15	银付	502	偿还前欠货款	应付账款		37 000	300 000
	19	现付	501	现金存入银行	库存现金	10 000		310 000
	22	银付	503	提取现金	库存现金		48 000	262 000
	31	银付	504	支付广告费	销售费用		20 000	242 000
5	31			本月合计		70 000	128 000	242 000

(2)编制的银行存款余额调节表如下:

单位:元

项 目	金额	项 目	金额
企业银行存款日记账余额	242 000	银行对账单余额	304 000
加:银行已收企业未收款项	50 000	加:企业已收银行未收款项	10 000
减:银行已付企业未付款项	15 000	减:企业已付银行未付款项	37 000
调节后余额	277 000	调节后余额	277 000

(二)(1)借:在途物资   180 000
       应交税费——应交增值税(进项税额)   30 600
   贷:应付账款   210 600

(2) 借：固定资产　　　　　　　　　　　　　　　　　　　　433 000
　　　　　应交税费——应交增值税(进项税额)　　　　　　　　 73 610
　　　　　　贷：银行存款　　　　　　　　　　　　　　　　　506 610
　　(3) 借：管理费用　　　　　　　　　　　　　　　　　　　　 30 000
　　　　　　贷：银行存款　　　　　　　　　　　　　　　　　 30 000
　　(4) 借：生产成本　　　　　　　　　　　　　　　　　　　　 48 610
　　　　　　贷：原材料　　　　　　　　　　　　　　　　　　 48 610
　　(5) 借：管理费用　　　　　　　　　　　　　　　　　　　　334 484
　　　　　　贷：累计折旧　　　　　　　　　　　　　　　　　334 484

项目八　选择和应用账务处理程序

一、单项选择题

1. B　2. D　3. B　4. B　5. A　6. D　7. C　8. C　9. A　10. D　11. D　12. B　13. C　14. C　15. D
16. D　17. A　18. A　19. D　20. D　21. D　22. C　23. D　24. A　25. A　26. C　27. B　28. C
29. D　30. B　31. C　32. A　33. A　34. C　35. D　36. B　37. D　38. C　39. C　40. A　41. D
42. D　43. A　44. B　45. D

二、多项选择题

1. ABC　2. ABCD　3. BC　4. ACD　5. ABCD　6. AB　7. ABD　8. AB　9. BCD　10. BCD　11. ACD
12. AB　13. AC　14. ABD　15. BCD　16. ABC　17. AD　18. CD　19. ABC　20. ABC　21. ACD
22. CD

三、判断题

1. ×　2. ×　3. √　4. ×　5. √　6. ×　7. ×　8. √　9. ×　10. √　11. √　12. ×　13. √
14. ×　15. √　16. ×　17. ×　18. ×　19. ×　20. ×　21. ×　22. ×　23. √　24. √　25. ×
26. ×　27. ×　28. ×　29. ×　30. ×　31. √　32. ×　33. ×　34. ×　35. √　36. √　37. √
38. ×　39. ×　40. √　41. ×

项目九　组织和开展财产清查

一、单项选择题

1. C　2. B　3. A　4. C　5. D　6. C　7. C　8. B　9. D　10. B　11. B　12. A　13. A　14. C
15. C　16. D　17. C　18. B　19. B　20. A　21. B　22. C　23. D　24. B　25. C　26. B　27. A
28. D　29. B　30. C　31. C　32. D　33. C　34. C　35. C　36. C　37. C　38. A　39. B　40. B
41. C　42. B　43. C　44. D　45. B　46. C　47. C　48. C　49. B　50. C　51. D　52. C　53. B
54. D　55. A　56. A　57. C　58. D　59. C　60. C　61. C　62. C　63. C　64. B　65. D　66. D
67. C　68. A

二、多项选择题

1. ABCD　2. AB　3. CD　4. BC　5. ABCD　6. ABD　7. ACD　8. ABCD　9. AD　10. ABD　11. AC
12. ABD　13. ABC　14. ABCD　15. AB　16. AC　17. CD　18. BD　19. CD　20. AB　21. ABD
22. ABC　23. AC　24. ABCD　25. ACD

三、判断题

1. √　2. √　3. √　4. ×　5. ×　6. ×　7. ×　8. √　9. √　10. √　11. ×　12. ×　13. √
14. √　15. ×　16. ×　17. √　18. √　19. ×　20. ×　21. ×　22. ×　23. ×　24. √　25. √
26. √　27. √　28. √　29. ×　30. ×　31. ×　32. √　33. ×　34. ×　35. √　36. √　37. √

38. × 39. √ 40. × 41. × 42. × 43. √ 44. √ 45. √ 46. ×

四、计算分析题

（一）

银行存款余额调节表

编制单位：XYZ公司　　　　　　　　　20×8年11月30日　　　　　　　　　单位：元

项　　目	金额	项　　目	金额
企业银行存款日记账余额	92 800	银行对账单余额	92 820
加：银行已收企业未收的款项合计	6 800	加：企业已收银行未收的款项合计	5 850
减：银行已付企业未付的款项合计	1 930	减：企业已付银行未付的款项合计	1 000
调节后余额	97 670	调节后余额	97 670

（二）(1) 借：库存现金　　　　　　　　　　　　　　　　　　　　　　　　438
　　　　　贷：待处理财产损溢——待处理流动资产损溢　　　　　　　　　　438
　　(2) 借：待处理财产损溢——待处理流动资产损溢　　　　　　　　　　438
　　　　　贷：营业外收入　　　　　　　　　　　　　　　　　　　　　　438
　　(3) 借：待处理财产损溢——待处理流动资产损溢　　　　　　　　　2 170
　　　　　贷：原材料　　　　　　　　　　　　　　　　　　　　　　2 170
　　(4) 借：管理费用　　　　　　　　　　　　　　　　　　　　　　2 170
　　　　　贷：待处理财产损溢——待处理流动资产损溢　　　　　　　2 170
　　(5) 借：应付账款　　　　　　　　　　　　　　　　　　　　　　5 600
　　　　　贷：营业外收入　　　　　　　　　　　　　　　　　　　　5 600

（三）(1) 借：库存现金　　　　　　　　　　　　　　　　　　　　　　150
　　　　　贷：待处理财产损溢——待处理流动资产损溢　　　　　　　　150
　　(2) 借：待处理财产损溢——待处理流动资产损溢　　　　　　　　　150
　　　　　贷：其他应付款——乙公司　　　　　　　　　　　　　　　　150
　　(3) 借：待处理财产损溢－待处理固定资产损溢　　　　　　　　　9 620
　　　　　累计折旧　　　　　　　　　　　　　　　　　　　　　　38 480
　　　　　贷：固定资产——设备　　　　　　　　　　　　　　　　48 100
　　(4) 借：营业外支出　　　　　　　　　　　　　　　　　　　　9 620
　　　　　贷：待处理财产损溢——待处理固定资产损溢　　　　　　　9 620
　　(5) 借：坏账准备　　　　　　　　　　　　　　　　　　　　　5 000
　　　　　贷：应收账款　　　　　　　　　　　　　　　　　　　　5 000

（四）(1) 借：库存现金　　　　　　　　　　　　　　　　　　　　　　408
　　　　　贷：待处理财产损溢——待处理流动资产损溢　　　　　　　　408
　　(2) 借：待处理财产损溢——待处理流动资产损溢　　　　　　　　　408
　　　　　贷：其他应付款——乙公司　　　　　　　　　　　　　　　　408
　　(3) 借：待处理财产损溢——待处理流动资产损溢　　　　　　　4 320
　　　　　贷：库存商品　　　　　　　　　　　　　　　　　　　　4 320
　　(4) 借：管理费用　　　　　　　　　　　　　　　　　　　　　4 320
　　　　　贷：待处理财产损溢——待处理流动资产损溢　　　　　　　4 320
　　(5) 69 000×90%＝62 100（元）
　　　　借：固定资产品　　　　　　　　　　　　　　　　　　　62 100

	贷：以前年度损益调整	62 100

（五）（1）借：待处理财产损益——待处理流动资产损溢　　　　27 760
　　　　　　贷：库存现金　　　　　　　　　　　　　　　　　　27 760
　　（2）借：营业外支出　　　　　　　　　　　　　　　　　　　27 760
　　　　　　贷：待处理财产损益——待处理流动资产损溢　　　　27 760
　　（3）借：原材料　　　　　　　　　　　　　　　　　　　　　 7 940
　　　　　　贷：待处理财产损益——待处理流动资产损溢　　　　 7 940
　　（4）借：处理财产损益——待处理流动资产损溢　　　　　　　 7 940
　　　　　　贷：管理费用　　　　　　　　　　　　　　　　　　　 7 940
　　（5）借：应付账款　　　　　　　　　　　　　　　　　　　　 7 040
　　　　　　贷：营业外收入　　　　　　　　　　　　　　　　　　 7 040

项目十　编制和报送财务会计报告

一、单项选择题

1. A 2. D 3. B 4. C 5. C 6. A 7. C 8. A 9. D 10. C 11. B 12. B 13. D 14. A
15. B 16. C 17. C 18. A 19. A 20. A 21. B 22. C 23. C 24. B 25. D 26. C 27. A
28. A 29. A 30. A 31. D 32. B 33. D 34. D 35. C 36. C 37. B 38. B 39. D 40. C
41. C 42. B 43. C 44. C 45. B 46. C 47. B 48. A 49. B 50. B 51. C 52. B 53. A
54. B 55. C 56. B 57. C 58. A

二、多项选择题

1. ABC 2. ABCD 3. ABCD 4. ABCD 5. BCD 6. ABCD 7. ABCD 8. BC 9. AC 10. BCD
11. ABD 12. BD 13. AD 14. AD 15. AC 16. ABC

三、判断题

1. × 2. × 3. × 4. √ 5. √ 6. √ 7. × 8. √ 9. √ 10. × 11. × 12. √ 13. √
14. × 15. √ 16. × 17. × 18. √ 19. × 20. × 21. × 22. √ 23. √ 24. × 25. ×
26. × 27. √ 28. × 29. √ 30. × 31. √ 32. √ 33. √ 34. × 35. √ 36. √ 37. ×

四、计算分析题

（一）（1）存货 = 213 460 + 37 260 + 63 750 = 314 470（元）
　　（2）应收帐款 = 95 000（元）
　　（3）预付帐款 = 10 000 + 20 000 = 30 000（元）
　　（4）应付帐款 = 90 000（元）
　　（5）预收帐款 = 30 000 + 20 000 = 50 000（元）

（二）
资产负债表（简表）
20×8年9月30日

制表单位：×公司　　　　　　　　　　　　　　　　　　　　　　　　　　单位：元

资产	年初数	年末数	负债及所有者权益	年初数	年末数
流动资产：	（略）		流动负债：	（略）	
货币资金		169 040	应付账款		98 000
应收账款		93 500	预收款项		24 540
预付款项		5 000	一年内到期的 非流动负债		100 000

续表

资产	年初数	年末数	负债及所有者权益	年初数	年末数
存货		166 500	流动负债合计		222 540
一年内到期的非流动资产		8 000	非流动负债:		
流动资产合计		442 040	长期借款		150 000
非流动资产:			非流动负债合计		150 000
固定资产		465 550	负债合计		372 540
固定资产清理		-5 600	所有者权益:		
长期待摊费用		6 500	实收资本		500 000
非流动资产合计		466 450	盈余公积		4 500
			未分配利润		31 450
			所有者权益合计		535 950
资产总计		908 490	负债及所有者权益总计		908 490

（三）(1) 营业收入（5 372 500）元　　　　(2) 营业成本（3 092 500）元
　　　(3) 营业利润（2 170 000）元　　　　(4) 利润总额（2 160 000）元
　　　(5) 所得税费用（540 000）元　　　　(6) 净利润（1 620 000）元

（四）　　　　　　　　　　　利润表（简表）
编制单位：华天公司　　　　　20×8年度　　　　　　　　　单位：元

项　目	本期金额	上年金额
一、营业收入	(1) 1 424 600	略
减：营业成本	972 400	
营业税金及附加	21 700	
销售费用	33 500	
管理费用	(2) 72 100	
财务费用	2 000	
资产减值准备	3 500	
二、营业利润（损失以"-"号填列）	(3) 319 400	
加：营业外收入	8 400	
减：营业外支出	3 000	
三、利润总额（损失以"-"号填列）	(4) 324 800	
减：所得税费用	(5) 81200	
四、净利润（亏损以"-"号填列）	(6) 243 600	

第二部分 综合练习

综合练习(一)

一、**单项选择题**(下列各题中只有一个正确答案,不选、错选均不得分;共20题,每题1分,计20分。)
1. B 2. C 3. B 4. B 5. B 6. B 7. B 8. B 9. B 10. B 11. B 12. A 13. D 14. A
15. B 16. C 17. C 18. B 19. A 20. B

二、**多项选择题**(下列各题中有两个或两个以上正确答案,不选、少选、多选或错选均不得分;共20题,每题2分,计40分。)
1. CD 2. BCD 3. CD 4. AD 5. ACD 6. ABC 7. ABC 8. AD 9. ABCD 10. ABC 11. ABCD
12. ACD 13. ABD 14. ABC 15. ACD 16. ABC 17. ABD 18. AD 19. AD 20. AC

三、**判断题**(下列各题中正确的打"√",错误的打"×",不选、错选均不得分;共20题,每题1分,计20分。)
1. √ 2. √ 3. × 4. × 5. √ 6. × 7. √ 8. × 9. × 10. √ 11. × 12. × 13. ×
14. × 15. √ 16. √ 17. √ 18. √ 19. × 20. ×

四、**计算分析题**(共2题,每题10分,计20分。)
1. (1) 借:库存现金　　　　　　　　　　　　　　　　　　　287
　　　　贷:待处理财产损溢　　　　　　　　　　　　　　　　　287
  (2) 借:待处理财产损溢　　　　　　　　　　　　　　　　287
　　　　贷:营业外收入　　　　　　　　　　　　　　　　　　　287
  (3) 借:待处理财产损溢　　　　　　　　　　　　　　　　4 200
　　　　　累计折旧　　　　　　　　　　　　　　　　　　　16 800
　　　　贷:固定资产　　　　　　　　　　　　　　　　　　　21 000
  (4) 借:营业外支出　　　　　　　　　　　　　　　　　　4 200
　　　　贷:待处理财产损溢　　　　　　　　　　　　　　　　4 200
  (5) 借:应付账款　　　　　　　　　　　　　　　　　　　4 400
　　　　贷:营业外收入　　　　　　　　　　　　　　　　　　4 400
2. (1) 130 000　(2) 80 000　(3) 104 000　(4) 48 000　(5) 122 000

综合练习(二)

一、**单项选择题**(下列各题中只有一个正确答案,不选、错选均不得分;共20题,每题1分,计20分。)
1. B 2. A 3. C 4. B 5. B 6. D 7. C 8. B 9. C 10. A 11. A 12. D 13. C 14. B
15. A 16. B 17. C 18. D 19. A 20. D

二、**多项选择题**(下列各题中有两个或两个以上正确答案,不选、少选、多选或错选均不得分;共20题,每题2分,计40分。)
1. ABC 2. AB 3. BC 4. ABC 5. AB 6. BD 7. ABD 8. BC 9. CD 10. BCD 11. AB
12. ABCD 13. AC 14. BC 15. BD 16. ABCD 17. AC 18. AC 19. BD 20. BCD

三、判断题(下列各题中正确的打"√",错误的打"×",不选、错选均不得分;共20题,每题1分,计20分。)

1. × 2. × 3. √ 4. × 5. √ 6. × 7. × 8. √ 9. √ 10. √ 11. × 12. × 13. √
14. √ 15. × 16. √ 17. √ 18. √ 19. √ 20. ×

四、计算分析题(共2题,每题10分,计20分。)

1. (1) 借:固定资产   3 959 000
    贷:实收资本(或股本)——A   3 859 000
      资本公积——资本溢价   100 000

 (2) 借:在途物资   626 000
      应交税费——应交增值税(进项税额)   106 420
    贷:银行存款   732 420

 (3) 借:销售费用   71 500
    贷:银行存款   71 500

 (4) 借:营业外支出   830 000
    贷:银行存款   830 000

 (5) 借:管理费用   7804.8
    贷:累计折旧   7 804.8

2. (1) 6 800   (2) 647 695   (3) 24 200   (4) 11 500   (5) 123 200

综合练习(三)

一、单项选择题(下列各题中只有一个正确答案,不选、错选均不得分;共20题,每题1分,计20分。)

1. B 2. D 3. B 4. B 5. B 6. D 7. A 8. A 9. C 10. C 11. D 12. C 13. C 14. A
15. A 16. B 17. D 18. D 19. D 20. C

二、多项选择题(下列各题中有两个或两个以上正确答案,不选、少选、多选或错选均不得分;共20题,每题2分,计40分。)

1. ABCD 2. ACD 3. ABC 4. BD 5. AB 6. ABCD 7. ABCD 8. BCD 9. ABD 10. BCD
11. AD 12. ACD 13. ABD 14. ABC 15. ABD 16. ABCD 17. BC 18. AC 19. ABCD 20. AB

三、判断题(下列各题中正确的打"√",错误的打"×",不选、错选均不得分;共20题,每题1分,计20分。)

1. √ 2. √ 3. × 4. × 5. √ 6. √ 7. × 8. √ 9. × 10. √ 11. √ 12. × 13. √
14. × 15. × 16. × 17. × 18. × 19. √ 20. ×

四、计算分析题(共2题,每题10分,计20分。)

 1. (1) 借:应交税费——应交企业所得税   4 000
     贷:银行存款   4 000

  (2) 借:银行存款   20 000
     贷:主营业务收入   20 000

  (3) 借:管理费用   5 000
     贷:银行存款   5 000

  (4) 借:短期借款   10 000
     应付利息   300
     贷:银行存款   10 300

  (5) 借:应付账款   3 500
     贷:银行存款   3 500

2. (1) 50 000 (2) 405 000 (3) 446 000 (4) 300 000 (5) 178 000

综合练习(四)

一、单项选择题(下列各题中只有一个正确答案,不选、错选均不得分;共20题,每题1分,计20分。)
1. C 2. B 3. A 4. A 5. C 6. A 7. B 8. D 9. D 10. C 11. A 12. C 13. C 14. A
15. C 16. D 17. B 18. B 19. C 20. D

二、多项选择题(下列各题中有两个或两个以上正确答案,不选、少选、多选或错选均不得分;共20题,每题2分,计40分。)
1. BD 2. AB 3. AB 4. BC 5. ACD 6. CD 7. AB 8. ABCD 9. ACD 10. BCD 11. CD
12. ACD 13. ABCD 14. ABCD 15. BC 16. BC 17. ABD 18. ABCD 19. ACD 20. AD

三、判断题(下列各题中正确的打"√",错误的打"×",不选、错选均不得分;共20题,每题1分,计20分。)
1. × 2. × 3. × 4. × 5. × 6. √ 7. × 8. √ 9. × 10. × 11. × 12. × 13. ×
14. × 15. × 16. × 17. × 18. × 19. × 20. √

四、计算分析题(共2题,每题10分,计20分。)
1. (1) 借:固定资产清理   28 700
       累计折旧   57 300
       贷:固定资产   86 000
   (2) 借:固定资产清理   150
       贷:库存现金   150
   (3) 借:银行存款   20 000
       贷:固定资产清理   20 000
   (4) 借:银行存款   3 400
       贷:应交税费——应交增值税(销项税额)   3 400
   (5) 借:营业外支出   8 850
       贷:固定资产清理   8 850
2. (1) 98 (2) 29 (3) -10 (4) 38.4 (5) 39.4

综合练习(五)

一、单项选择题(下列各题中只有一个正确答案,不选、错选均不得分;共20题,每题1分,计20分。)
1. D 2. B 3. C 4. C 5. D 6. D 7. A 8. C 9. B 10. A 11. B 12. D 13. D 14. C
15. C 16. A 17. B 18. A 19. D 20. C

二、多项选择题(下列各题中有两个或两个以上正确答案,不选、少选、多选或错选均不得分;共20题,每题2分,计40分。)
1. AB 2. ABCD 3. BCD 4. ABC 5. ACD 6. ABC 7. BD 8. ABD 9. ACD 10. BD 11. AC
12. ABD 13. CD 14. AC 15. AB 16. AB 17. BCD 18. CD 19. ABC 20. AC

三、判断题(下列各题中正确的打"√",错误的打"×",不选、错选均不得分;共20题,每题1分,计20分。)
1. √ 2. √ 3. × 4. × 5. × 6. √ 7. × 8. × 9. × 10. × 11. √ 12. × 13. √
14. √ 15. × 16. × 17. × 18. × 19. √ 20. × 21. √

四、计算分析题(共2题,每题10分,计20分。)
1. (1) 借:应收账款   1 170

    贷：其他业务收入   *1 000*
      应交税费——应交增值税(销项税额)   *170*
 (2) 借：管理费用   *300*
    贷：库存现金   *300*
 (3) 借：应收票据   *725 400*
    贷：主营业务收入   *620 000*
      应交税费——应交增值税(销项税额)   *105 400*
 (4) 借：生产成本   *300 000*
    制造费用   *10 000*
    销售费用   *5 000*
    管理费用   *1 200*
    贷：原材料   *316 200*
 (5) 借：生产成本   *32 000*
    制造费用   *18 000*
    销售费用   *20 000*
    管理费用   *6 000*
    贷：应付职工薪酬   *76 000*
2. (1) 146 400 (2) 102 600 (3) 373 200 (4) 373 200 (5) 435 600